복음주의 예배학

한국복음주의 실천신학회 편

요단

복음주의 예배학

2011년 5월 15일 제1판 1쇄 발행
2018년 10월 20일 제2판 8쇄 발행

지은이 | 한국복음주의 실천신학회
펴낸이 | 이 요 섭
펴낸데 | 요단출판사

150-870 서울특별시 영등포구 국회대로 76길 10
기　획 | (02) 2643-9155
영　업 | (02) 2643-7290-1
　　　　Fax. (02) 2643-1877
등　록 | 1973. 8. 23. 제13-10호

ⓒ 박영재 2009

정가 13,000원
ISBN 978-89-350-0585-7 03230

이 책의 저작권은 저자가 소유하고 있습니다.
저자와 출판사의 사전 승인없이 책의 내용이나 표지 등을 복제, 인용할수 없습니다.

요단인터넷서점 www.jordanbook.com

본서에서 침례와 세례 표기는 저자들의 의도를 존중하되 한국복음주의 실천신학회의 연합적 성격을 감안하여 '침례'는 '침(세)례'로 '세례'는 '세(침)례'로 표기하였다 – 편집자 주.

차례
CONTENTS

1 예배의 정의 | 침례신학대학교 이명희 교수　　13

2 예배의 성경적 배경 | 서울신학대학교 조기연 교수　　45

3 예배의 신학적 배경 | 전 아세아연합신학대학교 김영욱 교수　　81

4 예배의 역사적 배경 | 서울신학대학교 정인교 교수　　91

5 예배의 요소와 순서 | 전 복음신학대학교 허도화 교수　　117

6 예배와 성례전 | 한국성서대학교 김순환 교수　　157

7 예배와 교회력 | 한영신학대학교 최범선 교수　　187

8 예배와 음악 | 서울신학대학교 김한옥 교수　　207

9 예배와 언어 | 전 성결대학교 이성민 교수　　243

10 예배와 생활 | 한국성서대학교 김순환 교수　　265

11 탈의식적 예배 | 성결대학교 전요섭 교수　　299

출간사

    1970~1980년대 한국교회가 민중신학 등 자유주의 신학의 거센 도전을 맞이하면서, 보다 복음주의신학을 확립하고 견지하자는 목적으로 한국복음주의신학회가 결성되었습니다. 그리고 복음주의신학의 보다 역동적인 연구와 학회의 발전을 도모하기 위해 1997년 "한국복음주의신학회 실천신학분과학회"가 결성되었습니다.

    그 동안 한국복음주의 실천신학회는 여러 차례 논문 발표회를 개최하면서 많은 발전을 이룩해 왔습니다. 특히 전회장 홍성철 박사님께서 「한국복음주의 실천신학개론」(서울: 도서출판 세복, 1999)을 출간한 것은 크나큰 자랑이 아닐 수 없습니다. 또한 「실천신학논총 제1집」, 「실천신학논총 제2집」의 발간 역시 매우 뜻 깊은 일이었습니다.

    「한국복음주의 실천신학 총서」의 출간은 1999년 11월 한국복음주의 실천신학회 임원회에서 「실천신학 총서」를 출간하기로 결의하면서 태동되었습니다. 사실 그 동안 많은 수의 실천신학 분야 책들이 출간되어 온 것이 사실입니다. 하지만 복음주의 실천신학회 소속 실천신학자들이 뜻과 노력을 모아 낸 책은 거의 없었습니다.

예배학, 목회학, 설교학, 전도학, 목회상담학, 교회행정학, 영성신학, 교회성장학, 치유목회학 등 모두 9권으로 기획된 총서는, 여러 신학대학교에서 해당 분야의 과목들을 오랫동안 강의해 오신 한국복음주의신학회 소속 교수님들에 의해 집필되는 것이기에, 성경적이고 복음주의적인 입장에서 저술되어짐을 믿어 의심치 않습니다. 한 권 한 권 예정된 대로 출간될 때마다 우리 모두의 기쁨이 더해질 것입니다.

바쁘신 가운데도 귀한 원고를 집필해 주신 교수님들께 다시 한 번 깊은 감사를 드립니다. 그리고 여러 교수님들의 원고를 모아 정리하고 편집해주신 한국복음주의 실천신학회 총무 전요섭 박사님과 편집위원 교수님들의 노고에도 감사를 드립니다. 또한 한국교회 예배 사역의 발전을 위해 출판 일정을 조정하면서까지 출판에 힘을 기울여주신 요단출판사의 이상대 원장님과 송원섭 출판본부장님께 그리고 실무를 맡아 수고해 주신 여러 직원들께 감사를 드립니다.

이 실천신학 총서가 한국교회의 성숙과 신학 발전에 보탬이 되기를 기원하며, 아무쪼록 한국교회 예배학 발전에 전기를 제공하고, 예배 사역에 큰 지침이 되기를 바랍니다. 또한 여러 신학교에서 교재와 부교재로 널리 사용되기를 기대합니다.

한국복음주의신학회
실천신학분과학회장

이명희 교수

서문

21세기 기독교 목회의 화두는 건강한 교회인 것 같다. 건강한 교회는 교회성장학에서 지적하는 교회의 여러 가지 질병들을 극복하고 성경이 교훈하는 교회의 균형 잡힌 모습을 실현하는 교회상을 말한다. 건강한 교회에서 중요한 것은 건강한 예배 사역이다. 건강한 교회성장을 위해서는 건강한 예배를 실천해야 한다.

한국교회 침체의 이유를 여러 가지 들 수 있겠지만 그 중 하나가 예배 사역의 문제라고 생각한다. 최근에 거론되고 있는 예배의 문제는 지나친 설교 중심의 예배, 말씀과 의식의 불균형, 회중의 참여가 제한되어 관중이 되는 예배, 예배와 생활의 괴리현상, 기복적인 예배관, 인간중심적인 예배, 예배 순서의 경직성, 주정주의적 예배, 불신자 중심의 예배 등이다. 마당만 밟고 가는 헛된 예배자들에게 이사야 선지자는 준엄한 경고를 했다. "너희의 무수한 제물이 내게 무엇이 유익하뇨… 너희가 내 앞에 보이러 오니 그것을 누가 너희에게 요구하였느뇨 내 마당만 밟을 뿐이니라… 성회와 아울러 악을 행하는 것을 내가 견디지 못하겠노라"(사 1:11-13). 미국의 일부 교회에는 십자가 대신 비둘기 상징이 장식되어 있고, 빈야드 교회당에는 독수리가 웅비하고 있다. 오늘의 교회에 이 질문이 필요한 것 같다. "도대체 무엇을 하고 있습니까?" 현대 목회의 문제는 무엇을 하느냐 또는 하지 않느냐보다 이것저것 하기는 많이 하는데 올바른 것을 하지 않는다는 것이다. 예배 사역에 있어서도 마찬가지다.

19세기부터 시작된 예배운동은 의식주의적인 경향으로 기울어졌다. 개신교회의 예배 갱신 운동은 주로 예배 의식의 복고로 이어졌고, 일부 교회에서는 예배 복고 경향성에 반발하여 반형식주의 운동을 전개했다. 이것은 예배의 세속화를 초래했다. 현대에 일어나고 있는 예배 갱신 또는 예배 개혁은 말씀과 성만찬의 조화를 추구하거나 개인적이고 주관적인 예배 혹은 감상적인 예배에 대한 반성을 하고 있다. 혹자는 예배 갱신에 대해 "현대의 미디어 매체의 기술에서 큰 영향을 받고 있으며, 보고 듣기만 하는 예배에서 몸으로 직접 참여하고 육감을 동원하여 느끼는 예배가 되어야 한다"고 주장하기도 한다. 그래서 예배를 축제의 개념으로 보며 창의적 표현으로서 예배 이론을 개발해 나가고 있다.

근래에 예배 갱신이라는 말이 유행처럼 번지고 있다. 예배를 갱신하자고 할 때 무엇을 갱신하자는 말인가? 예배의 대상을 새롭게 하자는 말인가? 예배의 순서나 진행방식 또는 표현 방식을 새롭게 하자는 말인가? 예배의 갱신은 사람들에게 초점을 맞추기보다는 하나님께 맞추어야 한다. 예배에 너무 인간적인 것들을 첨가하여 문화적 행사나 쇼를 만들어서는 안 된다. 예배의 갱신은 예배를 받으시는 하나님께서 어떤 예배를 원하시는가에 달려 있다. 갱신이란 변천하는 시대의 유행에 타협하는 것이 결코 아니다. 갱신이란 성경적이고 복음주의적인 교회 전통의 핵심 부분을 재발견하는 것이고, 이 전통을 이어받아 표현하는 데 있어서 새롭고 참신한 방법을 재발견하는 것이다. 즉 갱신이란 본질의 훼손 없이 오히려 본질을 더욱 강조하며 잘 보존하려는 노력으로 이해해야 한다.

　예배학은 예배를 학문적으로 연구하는 실천신학의 한 분야다. 예배학이란 예배에 관한 모든 것을 역사적, 신학적, 문화적, 실천적으로 연구하는 학문이다. 그렇다고 예배학이 교리화된 예배이론만을 다루는 것은 아니다. 예배가 만남이요 응답이며 대화라면 그것은 항상 창조적이며 역동적인 것이다. 예배학이 처음 학문적인 용어로 나타난 것은 1863년 닐(J. M. Neale)의 「예배학과 교회사에 대한 에세이」(Essay on Liturgiology and Church History)가 쓰여지기 시작한 때부터다.

　예배학은 개념적으로 매우 포괄적인 내용을 담는다. 침(세)례, 신앙고백, 설교, 기도, 성만찬, 찬송 등 예배와 관계 있는 모든 것들의 원리와 실제를 신학적으로 세우는 학문이다. 예배학은 보통(교회의 역사 속에서 또는 교회가 처했던 시대적 상황 속에서 예배의 개념 또는 예배 의식이 어떻게 변화되었는가를 다루는) 예배 역사, (설교, 기도, 신앙고백, 의식, 찬송, 예배당 등을 다루는) 예배 이론, (예배에 대한 교리적인 내용을 정리하는) 예배 신학, 그리고 (각종 의식문, 기도문 등을 문학적으로 연구하는) 예배 문학 등으로 나누어 취급한다.

　기독교 예배는 실용주의적인 안목에서만이 아니라 철저하게 성경적이고 복음주의적인 신학의 토대 위에서 이루어져야 한다. 예배신학은 현상학적으로나 심미적으로 이루어지는 학문이 아니다. 우선 성경신학적으로 접근되어야 한다. 근대의 예배운동은 초대교회의 예배를 알기 위한 성경연구에 힘을 기울였다. 예배는 성경에 의해 규정되어야 한다. 예배를 지도하는 객관적이고 이론적인 교훈을 성경에서 얻어야 한다.

　이사야 6장에 기록된 이사야의 성전예배 모습과 요한복음 13장에 기록된 예수님과 제자들의 다락방예배 모습은 균형 잡힌 예배의 요소들과 예배 의식의 전형을 제시하는 훌륭한 모델이다. 이사야 6장을 토대로 해서는 계시와 인식, 영광의 찬양, 반성과 자백, 사죄와 감사, 말씀과 초청,

응답과 헌신, 축복과 파송 등의 일곱 가지 요소들을 제시할 수 있다. 다락방예배를 토대로 할 때는 떡과 잔을 통한 복음의 기념, 말씀강론, 찬송, 기도, 교제와 섬김 등의 요소들을 제시할 수 있다. 신학이 없으면 예배는 자칫 감상주의로 변질될 가능성이 높으며, 예배가 없는 신학 또한 화석같이 무미건조하고 굳어져 버릴 수밖에 없을 것이다. 예배와 신학은 조화를 이루어야 한다.

21세기를 맞이하면서 한국교회를 위해 보다 복음주의적인 예배 사역의 성취를 위한 방안 제시의 필요성이 강조되고 있다. 이 때, 여러 신학교에서 예배학을 강의하고 계시는 한국복음주의신학회 소속 교수님들이 오랜 강의에서 우러난 예배학의 정수를 각 주제별로 제시해주신 것은 매우 뜻깊은 일이 아닐 수 없다. 집필자들의 다양한 학문적 배경과 소속된 교회의 사역적 특징들로 인해 사용하는 용어나 표현 그리고 강조점에 있어서 다소 차이가 있을 수 있지만, 한편으로 전반적인 이해의 폭을 넓히는 기회가 될 수도 있을 것이다.

실천신학총서 예배학 집필자 대표

이명희 교수

복음주의 예배학

한국복음주의 실천신학회 편

1
예배의 정의

침례신학대학교 이명희 교수

미국 칼빈신학교에서 발간하는 학술지 "칼빈 신학 저널"(Calvin Theological Journal) 1997년 11월호 논설의 제목이 "예배 전쟁"(worship wars)이었다. 이것은 그만큼 예배에 대한 이해와 행습이 엇갈리고 있다는 말일 것이다. 그런데 근래 예배에 대한 논의는 상당히 예배 방법에 집중되어 있는 것 같다. 단지 예배 스타일에 대한 논란만을 벌이는 것은 예배의 기초를 무시하는 것이 아닐 수 없다. 우리는 "어떻게 예배할 것인가?"의 물음 이전에 "예배란 무엇인가?"를 물어야 할 것이다. 그러므로 예배학 논의는 "예배의 정의"로부터 시작하는 것이 마땅하다.

한국교회의 영성은 예배 중심적이라고 할 수 있다. 교회의 기능 중 예배를 가장 중요한 것으로 여기면서 예배 중심적인 교회 사역을 펼치고 있다. 하지만 예배를 행하는 만큼 예배의 의미나 본질적인 가치를 인식하고 있지는 않다. 매주 주일과 평일에 몇 번씩 예배를 행하고 있으면서도 막상 예배가 무엇인가 또는 예배를 왜 하는가 혹은 어떻게 예배하는 것이 올바른 것인가 등의 질문을 받게 되면 할 말을 찾지 못하는 것이 교회의 현실이다.

윌리암 템플은 일찍이 예배하는 것은 "하나님의 거룩하심에 의해 양심을 각성시키는 것이며, 하나님의 진리로서 지성을 기르는 것이고, 하나님의 아름다우심에 의해 상상력을 맑게 하는 것이며, 하나님의 사랑에 마음을 여는 것이고, 하나님의 목적에 뜻을 바치는 것이다"라고 말했다. 성공적인 예배 사역의 성취를 위해서는 예배에 대한 올바른 정의를 확립하는 것으로부터 시작해야 한다. 예배의 정의를 설명하기 위해서 먼저 언어적인 의미를 살펴보고, 이어 예배신학자들이 설명하는 예배의 개념을 정리하며, 몇몇 성경구절에 깃들어 있는 예배의 개념을 정리하고, 예배의 명제적 의미를 제시하도록 하겠다.

1. 예배에 관한 언어의 의미

우리말에서 예배(禮拜)라는 용어는 "예를 갖추어 절한다"는 의미로 이해된다. 기독교에서 예배라고 할 때 그것은 교회의 공적인 모임으로서 통상적으로 일요일 즉 주일 아침에 하나님께 드리는 예배 의식을 일컫는다. 예배를 가리키는 용어는 구약성경에 샤하아, 아바드 등이 있고 신약성경에는 프로스쿠네오와 라이투르기아 등이 있다. 그리고 영어의 워십(worship)이 있다. 이러한 예배에 관한 언어들의 뜻을 살펴볼 때 예배에 대한 개념을 잘 이해할 수 있을 것이다.

1 샤하아

애굽에서 신음하던 이스라엘 백성들을 구하고자 하시는 하나님의 뜻을 따라 모세와 아론이 보냄을 받아 하나님께서 주신 모든 말씀을 백성들에게 고했다. 그 때 백성들은 여호와를 믿으며, 여호와께서 이스라엘 자손을 돌아보시고 그 고난을 감찰하셨다 함을 듣고 머리 숙여 경배하였다(출 4:31). 샤하아는 바로 "머리 숙여 경배하는 것"을 의미하며, "자신을 엎드리다", "머리를 숙이다", "절하다"라는 뜻을 갖는다. 이 말은 창세기 24장 26절에서 "머리를 숙여 여호와께 경배하는" 종의 행위나 출애굽기 34장 8절에서 "땅에 엎드리어 경배하는" 모세의 행위를 나타내는 데도 사용되었다.

인간이 엎드리고 머리를 숙이며 절하는 행위는 존경과 순복의 표시다. 샤하아의 행위는 숭배, 순종, 봉사의 종교적인 의미를 가지고 있으며, 오늘날 몸과 마음의 존경을 표시하는 행위다. 오늘날 예배자들은 이 엎드림을 가지고 있는가? 말씀이 마음에 맞으면 엎드리고, 마음에 맞지 않으면 거부하지는 않는가? 전폭적으로 순복하려는 마음 자세를 갖자. 시편 기자는 "오라 우리가 굽혀 경배하며 우리를 지으신 여호와 앞에 무릎을 꿇자. 대저 저는 우리 하나님이시요 우리는 그의 기르시는 백성이며 그 손의 양이라"(시 95:6, 7)고 외쳤다.

2 아바드

예배와 연관되어 구약성경에서 가장 많이 쓰이고 있는 용어는 아바드다. 아바드는 "일하다", "섬기다"의 뜻을 가지고 있다. 즉 예배한다는 것은 하나님을 주님으로 섬기는 행위다. 종이 주인을 섬기듯이 예배자는 하나님을 주인으로 섬기는 것이다. 영어로 예배를 서비스(service)라고 말하기도 하는데, 이 말이 아바드와 통한다고 하겠다.

예배의 첫 번째 목적은 하나님으로부터 무엇인가를 받으려 하는 데 있지 않고 하나님께 바치는 데 있다. 예배는 인간의 모든 것들 - 지성, 감성, 태도 그리고 모든 소유들 - 을 하나님께 바치며 섬기는 것이다. 이스라엘이 종노릇하던 애굽을 떠나 하나님께서 약속하시는 가나안을 향해 나아갈 때, 하나님은 바로에게 이렇게 외치라고 하셨다. "내 백성을 보내라 그들이 나를 섬길 것이니라"(출 7:16, 8:1, 9:1). 하나님을 섬기는 것은 하나님께 희생 제물을 드리는 것이고, 하나님께서 제정하신 절기를 지키는 것이며, 하나님의 뜻을 따라 살아가는 것을 의미한다.

3 프로스쿠네오

히브리어 샤하아가 70인역(LXX)에서 프로스쿠네오로 번역되었다. 예배와 연관하여 신약에서 가장 많이 사용되는 말은 프로스쿠네오인데 "누구의 손에 입을 맞추다" 또는 "자세를 낮추어 경배하다"의 의미를 가지고 있다. 사단이 유혹할 때 예수님께서 "주 너의 하나님께 경배하고 다만 그를 섬기라"(마 4:10)고 말씀하셨을 때 이 단어가 사용되었고, 수가의 여인에게 "하나님은 영이시니 예배하는 자가 신령과 진정으로 예배할지니라"고 말씀하실 때에도 이 단어가 사용되었다(요 4:24). 프로스쿠네오는 사랑과 존경의 관계가 있는 상대방에게 존경과 사랑을 표시하는 행위다.

4 라이툴기아

아바드가 70인역에서는 라이툴기아로 번역되었는데 그 뜻은 "백성의 일" 또는 "사역", "경배", "섬김"이다. 이 말은 "백성"의 의미를 지닌 레오스(lews)와 "일"의 뜻을 지닌 에르곤(ergwn)의 합성어로, "하나님 백성의 마땅한 일"이라고 할 수 있다. 신약성경에서 이 말은 사가랴의 제사장 직무를 가리킬 때(눅 1:23), 사도 바울이 자신의 헌신과 봉사를 말할 때(빌 2:17), 예수님의 중보자로서의 직무를 말할 때(히 3:6) 사용되었다.

   라이툴기아는 "봉사하다", "섬기다"는 뜻을 가진 말이다. 진정한 라이툴기아는 믿음으로 인하여 행동으로 발현하는 실천으로서, 신자의 일상생활 전반에 걸쳐서 이루어진다. 믿음의 실천으로서의 라이툴기아의 개념은 중세기를 거치면서 생활의 표현으로서의 신앙이 아니라 예배 의식에 참석하는 것으로 바뀌어 버렸다. 그래서 엿새 동안은 어떻게 살든 상관없고 주일날 예배 의식에만 참석하면 예배한 것으로 간주되었다. 라이툴기아가 생활예배로서의 의미는 퇴색되어버리고 예배 의식이라는 의미만 남게 된 것이다. 이것이 더 나아가서 예배 순서를 뜻하는 말로 협소화되었다. 신앙적 생활과 삶으로서의 라이툴기아가 의식적인 예배를 가리키는 말로 바뀌고 다시 예배 순서를 나타내는 말로 변화된 것이다.

이 말은 처음에는 헬라 정교회에서 예배의 일부인 성만찬 의식문을 의미하는 말로 쓰이다가 예배 전부를 의미하는 말로 바뀌어졌고, 후에 로마 카톨릭에서도 사용하게 되면서 말씀의 설교가 없는 예배 의식을 말할 때 사용되었다. 종교개혁 이후 개신교회들도 의식주의적인 색채가 청산되었다고 보고 예배를 지칭할 때 이 말을 사용하기 시작했다. 현재 개신교에서는 이 말이 협의적으로는 예배 중에 사용되는 세례문답이나 성만찬 의식문 등 의식화된 요소들을 의미하고, 광의적으로는 예배 전부를 의미하는 것으로 사용된다. 오늘날 일반적으로 예배는 섬김과 봉사의 개념에서 예배를 이해하려는 것 같다. 그러한 의미에서 예배학 또는 예전학을 표현할 때 라이툴기아에서 나온 리터지알러지(liturgiology)란 말을 주로 사용하고 있다.

5 워십

워십(worship)이란 말은 앵글로색슨어의 워스사이프(weorthscipe)에서 유래되었다. 이 말이 워스십(worthship)으로 변천되었는데 이 말은 "가치"를 의미하는 워스(worth)와 "신분"을 의미하는 접미어 십(ship)으로 이루어진 복합명사다. 즉 이 말은 "존경과 존귀를 받을 가치가 있는 존재"라는 뜻을 가지고 있다. 이 말이 다시 워십(worship)이 되었는데, 그

뜻은 "가치를 돌린다"(to ascribe worth)는 것이다. 즉 누군가에게 워십이란 말을 사용한다면 그것은 그 대상을 존경 받을 만한 가치가 있는 존재로 인정한다는 것을 의미한다. 하나님께 예배한다는 것은 하나님께 최상의 가치를 돌린다는 뜻이다. 즉 예배는 존경과 존귀를 받을 가치가 있으신 하나님께 그 가치에 합당한 분이심을 고백하며 선포하는 행위다. 그래서 시편 기자는 "여호와의 이름에 합당한 영광을 돌리며 거룩한 옷을 입고 여호와께 경배할지어다"(시 29:2)라고 외쳤다.

예배는 하나님의 가치를 선포하는 것이다. 거룩하신 하나님을 거룩하시다고 선언하는 것이며, 전능하신 하나님을 전능하시다고 고백하는 것이 예배다. 거룩하지 않은 존재 앞에서 거룩하다고 하거나 전능하지 않은 존재에게 전능하다고 하는 것은 예배가 아니라 우상숭배다. 성경이 "죽임을 당하신 어린 양이 능력과 부와 지혜와 힘과 존귀와 영광과 찬송을 받으시기에 합당하도다. …보좌에 앉으신 이와 어린 양에게 찬송과 존귀와 영광과 능력을 세세토록 돌릴지어다"(계 5:12-14)라고 말할 때 "합당하도다"나 "돌릴지어다"라는 표현들이 바로 하나님께 엎드려 경배하는 워십의 정신을 드러내는 표현들이다. 참된 가치를 인식하면 그 존재 앞에서 인간의 태도가 달라진다. 하나님은 절대적 가치를 지니신 분이다. 가치 없는 또는 합당하지 않은 존재에 대한 헛된 존경의 표시는 우상숭배다. 예배 때 우리가 할 일은 하나님을 하나님으로 인정하고, 경배하는 것이다. 하나님을 경배하려면 하나님을 알아야 한다.

언어적으로 볼 때 예배란 다음과 같이 정리할 수 있을 것이다. 최고의 가치를 가지신 하나님께 사람이 표현할 수 있는 가장 큰 사랑의 고백이며, 하나님의 성품과 능력에 대한 선포며, 하나님의 뜻에 순복하고자 하는 사람의 영적인 삶과 일정한 형식과 순서를 따라 나타내는 존경과 순복의 표시행위다.

2. 예배의 명제적 의미

예배의 정의에 대하여 여러 예배신학자들이 나름대로의 견해를 내놓았다. 그들의 목소리에 귀를 기울이는 것은 예배의 개념을 보다 폭넓게 이해하기 위해서 꼭 필요하다고 본다. 예배신학자들의 견해에 근거하여 예배의 명제적 의미를 정리해보도록 하겠다.

1 만남

예배는 하나님과 예배자의 만남이다. 침례교 예배신학자인 지글러(Franklin Segler)는 "예배는 그리스도 안에서 가지는 하나님과 사람의 교제"라고 설명하였다. 감리교 신학자인 폴 훈(Paul Hoon) 은 「예배의 통합」(*The Integrity of Worship*)이라는 책에서 하나님과 예배자의 만남의 중심에 예수님께서 계시며 예수님을 통해서만 만남이 가능하다고 하는 예수님 중심적인 예배관을 피력하였다. 즉 예배는 예수님을 통한 하나님과 인간의 만남이라고 했다. 그는 예배의 의미를 이해함에 있어서 기독론적 기초가 필수적임을 강조하였다.

예배에 대한 본질적인 정의는 예수님을 중보로 한 하나님과 예배자의 교제 또는 만남이라고 할 수 있다. 에덴 동산에서 하나님의 명령에 불순종하여 하나님과의 교제가 단절되고 죄인된 인간이 하나님 앞에 나아가 하나님의 거룩한 이름을 부르며 경배할 수 있게 된 것은 다만 중보자 되시는 예수님의 구속적 은혜로 가능하게 된 것이다. 바로 예수님의 구속적 은혜가 예배적 만남의 기초가 된다. 죄인된 인간들이 구속의 은총 가운데 하나님 앞에 나아가서 하나님의 거룩한 이름을 부르며 경배할 수 있게 된 것이다. 하나님은 예수님을 통하여 그의 피로 구속함을 받은 그의 백성들 가운데 현존해 계시며 그로 인해 우리들은 하나님과 교제하는 축복의 은총을 누리게 된다. 그러므로 하나님의 백성은 하나님의 현존, 임재와 복내리심의 은총에 대해 믿음으로 응답하고 봉사하는데, 이것이 바로 기독교 예배의 본질인 것이다.

예배의 가장 간단한 정의는 죄악되고 유한한 인간을 찾아오신 절대자와의 만남이다. 인간의 불안감이 근본적으로 절대자 하나님과의 단절에서 오는 것이라고 할 때, 그 단절을 뛰어넘는 체험으로서 예배는 인간의 중요한 과업이다. 예배는 유한한 사람이 궁극적이고 무한한 존재를 찾아가는 추구며, 인간의 지성으로 다 이해할 수 없는 신비에 대한 해답을 찾고자 하는 요구다. 또한 고독감, 소외성 그리고 상실성에서 우러난 소속감과 사귐의 요구며, 하나님과의 단절을 감지하고 있는 사람이 그 불안감을 해소하려는 가장 기초적인 시도다. 사람들은 예배를 통하여 인간 존재의 의미와 목적을 발견하고자 하고, 상한 감정과 영혼에 위로와 치유를 기대한다.

로버트 웨버(Robert Webber)는 예배를 "하나님의 인격과 그의 사역을 찬양하면서 하나님께 영광을 돌리는 하나님과의 인격적인 만남"이라고 했다. 만남에는 두 가지가 있는데, 그 중 하나는 예수님을 통한 만남이다. 구속사건 십자가와 부활이 예배의 중심축이기 때문에 예수님 중심적인 예배관을 전개해야 한다. 즉 예수님을 통한 만남이 강조되는 것이다. 만남을 통해서 새 생명을 얻고, 하나님의 생명력을 덧입을 수 있다. 예배는 하나님께서 사람들에게 하나님의 생명력을 부여해 주시는 하나님의 행위다. 폴 훈은 예배를 통해 그리스도의 구속적 사건이 시공간을 뛰어넘어 우리에게로 직접 임하며, "예배의 핵심은 하나님께서 자신의 생명을 인간에게 주시고, 인간을 이끌어 그 생명을 누리도록 하시는 거룩한 행위"라고 설명했다.

아무튼 지금까지 말한 대로 예배란 하나님의 현존이 가장 뚜렷하며 백성들과의 만남의 역사가 이루어지는 현장이다. 예배는 하나님과의 인격적 만남이다. 그 만남 속에서 우리는 하나님의 인격과 행동들을 인하여 하나님을 찬양하고 하나님께 영광을 돌린다. 그러므로 예배의 본질적 정의는 "예수 그리스도를 중보로 한 하나님과 예배자와의 교제 또는 만남"이라고 할 수 있다.

2 대화

존 헉스터블(John Huxtable)은 기독교 예배란 하나님과 그 백성간의 대화(communication)라고 정의하였다. "기독교 예배는 예수 그리스도 안에 나타난 하나님 자신의 인격적인 계시에 대한 인간들의 인격적인 신앙 안에서의 정성어린 응답"이라고 한 지글러의 말은 대화로서의 예배를 잘 드러낸 것이다. 예배는 일방적인 대화가 아니라 쌍방적인 대화다. 인간은 생활 속에서 하나님과의 끊임없는 대화를 이루며 살아간다. 그리고 의식예배를 통해서 공적으로 선포되는 하나님의 말씀을 듣고 또 하나님께 말씀을 드리는 쌍방 대화를 이룬다. 하지만 예배는 지글러의 말대로 사람의 발명이 아니라 하나님께서 제공해주시는 것이기 때문에 예배에서의 대화의 주도권은 하나님에게 있다.

계시와 응답을 통한 하나님과의 대화라는 예배의 정의는 "기독교 예배란 예수 그리스도 안에서 자신을 보여주신 하나님의 계시와 그에 대한 인간의 응답" 또는 "예수 그리스도 안에 있는 인간의 영을 향한 하나님의 역사와 예수님을 통하여 하나님께 응답하는 인간의 행위"라고 설명한 폴 훈의 말을 통해서도 잘 드러나 있다. 성공회 신학자인 에벌린 언더힐(Evelyn Underhill)도 "예배는 그것이 어떤 수준과 형태를 취하고 있던지 간에 창조주 하나님에 대한 피조물의 응답"이라고 말했고, 정장복 교수도 "예배란 피조물인 인간이 하나님의 구원의 역사와 수많은 은총에 감격하여 그 하나님을 경외하고 찬양하며 감사하고 봉헌하려는 피조물의 응답적인 행위"라고 주장했다. 예배는 영원한 존재에 대한 피조물의 반응이다. 눈에 보이든 눈에 보이지 않든 이 우주에 가득한 모든 것들이 우주의 기원이시며 보존자이시고 우주의 궁극적 존재이신 하나님께 영광을 돌리고 있다. 예배는 역사 속에 자신을 나타내신 영원하신 하나님께 대한 인간의 전적인 응답이다.

이사야는 성전 안 높은 보좌에 앉으신 여호와를 뵈었을 때 참된 예배의 반응을 나타냈다. 하나님의 존전 앞에서 그가 보인 반응은 경외함과 찬양 그리고 회개와 자백이 뒤섞인 것이었다. 그는 스랍들의 찬송 소리를 들었다. "거룩하다 거룩하다 거룩하다"(사 6:3). 이사야는 거룩하신 하나님 앞에서 자신의 죄악됨을 고백하였다(사 6:5). 하나님께서는 그의 악을 제하여 주셨고 그를 거룩한 사역으로 부르셨다. 살아계신 하나님을 만난 그는 하나님의 사업을 위해 자신을 드리는 헌신을 서원했다(사 6:8). 예배는 하나님께로부터 비롯되며 그 백성들의 응답을 요구한다. 거룩하신 하나님께 대한 이사야의 경험은 그로 하여금 자백과 회개, 찬송과 헌신의 응답을 하게 하였다. 참된 예배의 우선적인 목적은 하나님께 영광과 존귀를 돌려드리는 것이다. 그리고 예배는 항상 예배자의 믿음을 굳건하게 해주는 결과를 가져다주며, 예배자로 하여금 예배의 대상이신 살아계신 하나님께 봉사하도록 인도해준다. 그래서 예배에는 드림과 받음, 헌신과 축복이 함께 포함되는 것이다. 참된 예배는 예배자의 지, 정, 의가 균형 있게 작용하도록 만든다. 예배자의 균형 있는 응답은 경외심, 존경심 등과 같은 마음의 태도와 엎드림, 찬양함, 드림, 봉사함 같은 행동을 수반한다. 예배의 유일한 동기는 하나님을 기쁘시게 해드리는 것이 되어야 한다. 즉 예배란 계시하시는 하나님과 응답하는 인간의 대화다.

3 봉사

예배는 하나님과 예배자 상호간에 이루어지는 봉사다. 루터교 신학자이자 하이델베르그대학의 교수인 피터 브루너(Peter Bruner)는 그의 저서

「예수님의 이름으로 드리는 예배」(*Worship in the Name of Jesus*)에서 봉사로서의 예배의 의미에 대해 잘 설명해 주었다. 그는 독일어 고테스딘스트(Gottesdienst)의 의미를 풀이하면서 예배를 "하나님의 인간에 대한 봉사"와 "인간의 하나님께 대한 봉사"로 제시하고 하나님과 예배자 사이에서 이루어지는 쌍방향의 봉사를 강조하였다.

예배는 먼저 예배자들을 위한 하나님의 봉사다. 하나님께서는 은혜와 섭리 가운데 예배자들을 예배의 자리로 부르신다. 하나님은 예배자에게 은혜를 베풀어주시고 용서와 지혜와 능력과 말씀과 만족을 주신다. 동시에 예배는 하나님을 향한 예배자들의 봉사다. 예배자는 하나님께 감사하며, 영광을 돌리고, 신앙고백을 드리고, 찬송을 드리고, 헌신을 드린다. 예배를 워십 서비스(worship service)라고도 하는데 바로 이러한 면을 잘 드러낸다고 하겠다. 서비스로서의 예배는 일방적이 아니라 쌍방적이다. 맥아더(John MacArthur)는 예배를 하나님의 모든 것에 대하여 합당하게 반응하는 인간의 모든 것이며 최상의 존재에게 존경과 경의와 찬양과 영광을 드리는 것이라고 설명했다.

예배자는 일방적으로 하나님께 드리려고만 해서도 안 되고 또 반대로 하나님께 무엇인가를 받으려고만 해서도 안 된다. 예배는 하나님과 예배자 사이에 이루어지는 봉사다. 그러나 인간이 스스로의 힘으로 하나님께 봉사할 수는 없다. 하나님의 은혜와 도우심이 절대적으로 필요하다.

4 축제

풀러신학교의 예배신학자 마틴(Ralph Martin)은 예배를 영적이고 극적인 축제(spiritual and dramatic celebration)라고 정의하였다. 즉 하나님의 참된 가치가 인간의 생활 속에 나타나게 될 때 그 최고의 가치를 가지신 하나님의 존전 앞에서 이루어지는 축제라고 본 것이다. 예배는 본질적으로 역사 안에서 이루시는 하나님의 역사에 대한 축제다. 하나님의 임재하심 가운데로 들어가 그의 위대하심과 높으심을 선포하고 즐거워하는 것이다. 하나님께서는 인간 가운데서 창조와 섭리, 예수님을 통한 구속적 언약의 성취, 성령님의 강림과 인도 등을 통해 하나님의 역사를 이루고 계신다. 폰 보그트(Von Ogden Vogt)는 예배를 하나님의 선하심을 찬양하고 경축하기 위해 일을 중지하는 행위로 보았다.

버크하르트(John Burkhart)는 "예배란 하나님께서 우리들을 위하여 하셨고, 하시고 계시며, 또 앞으로 하실 것에 대한 축제적 응답이다"라고 말했다. 이것은 알멘(Von Allmen)이 예배를 과거와 현재와 미래에 이루시는 그리스도의 과업을 기념하는 것이라고 하면서 예배의 종말론적인 성격을 강조한 것과 같은 맥락으로 볼 수 있다. 즉 과거를 기억하며 현재를 감사하고 미래를 소망하는 축제를 예배의 의미로 본 것이다. 그래서 랑게(E. Lange)는 예배를 언약 갱신의 축제 또는 축하 행위라고 말했다. 언더힐은 모든 공적인 예배 속에서 이루어지는 의식은 "종교적 감정을 표현하는 것"이라고 하였다. 종교적 감정은 축제의 마당에서 가장 잘 표현될 수 있다. 예배는 인간 주도적인 인간만의 축제는 절대 아니다. 하나님과 예배자가 함께 이루는 축제다.

예배는 영적 사역이다. 하나님이 영이시기 때문에 물론 물질적인 것이 동원되지만 궁극적인 것은 영적이다. 성령님의 역사와 인간의 영적인 반응이 중요하다. 예배는 영적 축제다. 또 예배는 극적인 면을 강조한다. 즉, 연극이다. 연극에는 구성과 움직임이 있다. 이것은 시작과 끝이 있고, 어디서 시작하여 어떻게 전개되고 어디를 향해 나아가면서 변화되고 전개되는지 그 움직임의 방향성과 진행성과 역동성이 있는 것이다. 그러므로 예배는 하나 하나의 모든 순서들을 엮어서 하나의 드라마가 되어야 한다.

축제는 기쁨과 희열과 만족과 환희요, 긍정적이고 밝은 미래에 대한 약속이다. 그 가운데 눈물과 자기 반성도 있을 수 있지만 어둡고 무거운 것이 아니라 밝고 힘차고 긍정적이고 소망적이기 때문에 항상 예배는 미래 지향적인 것이다. 박근원은 현대 기독교의 치명적인 변질 가운데 하나가 예배의 축제성을 상실한 것이라고 지적했다. 예배신학은 예배의 축제성을 회복해야 하는 과제를 갖는다.

5 체험

예배는 관념적이고 추상적인 것이 아니라 실제적이고 체험적인 것이다. 지글러는 "기독교의 예배는 정의를 탐탁하게 여기지 않는다. 이것은 다만 경험될 수 있을 뿐이다"라고 말함으로서 예배의 체험적인 면을 강조하였다. 예배에서 이루어지는 모든 표현들은 내적 경험의 외적 표현이라고 할 수 있다.

깁스(Gibbs)는 예배를 하나님과의 교제라고 전제하면서 예배의 체험적인 면을 강조하였다. 여기서 교제라고 할 때 그것은 은혜 받은 경험이다. 은혜를 받으면 내적인 감사로 반응하게 된다. 이것은 하나의 경험이며 예배 속에서 다가오는 감동이다. 할 수 있다면 예배의 모든 순서의 모든 순간마다 체험적 감동의 전율로 채워져야 한다. 예배 체험은 예배 자리에 임하시는 하나님의 임재 체험에서 비롯된다. 예배자의 하나님 임재 체험은 영적 탄성을 가능하게 한다. 하나님의 임재를 그리워하다가 그 임재하심 속으로 들어가서 그 안에서 위로받고 능력받고 새로워지고 평안과 소망과 그 영적 충만감과 만족감에서 터져나오는 새로운 탄성과 외침을 영적 탄성이라고 하는데, 이것이 있어야 한다. 그 영적 탄성이 예배다. 예배를 통하여 하나님께 사로잡히면 무슨 말씀이든 아멘이 되고 순종하게 되는 것이다. 삶 속에서 지친 영혼이 하나님의 은혜를 받으면서 감사함으로 하나님 앞에 나가고 그 품에서 위로받고 새로운 힘으로 영적 탄성을 발하게 되는 것이다.

위어스비(Warren Wiersbe)는 "예배란 하나님의 존재와 하나님께서 말씀하신 것 그리고 하나님께서 행하신 모든 것에 대한 인간의 모든 것, 즉 몸과 마음과 감정과 뜻을 다한 신자의 응답이다. 이 응답은 개인적으로 주관적인 경험 안에서 신비로운 면을 포함한다. 그러면서 하나님의 계시된 진리에 대한 객관적인 순종으로 표현되는 실천적인 면도 포함한다. 이것은 하나님을 경외함으로 균형이 잡히는 사랑의 응답이다. 그리고 신자가 하나님을 더 많이 알아갈수록 점점 깊어지는 응답이다"라고 했다.

결국 지금까지 살핀 예배의 정의들을 볼 때, 거기에는 두 가지의 뚜렷한 특징들이 발견되는데, 하나는 예배가 기독론적으로 해석되고 있다는 점이며, 또 하나는 응답(response)과 만남(encounter)이라는 용어가 두드러지게 사용되고 있는 점이다. 즉 예배란 예수님의 사역에 기초하며, 하나님의 계시와 인간의 응답이 만나는 현장이다. 다시 말해서 예배란 예수님 안에서 자신을 계시해 주신 하나님과 그 하나님 앞에 뜨겁게 응답하는 만남의 현장인 것이다. 물론 이 만남을 주도하시는 분은 하나님이다. 예배는 하나님께 최고의 가치와 최고의 사랑과 최고의 헌신을 드리는 것이다. 그리고 예배는 하나님의 자기 계시에 대한 인간의 인격적 응답이다. 이 예배를 어떤 형식으로 담아 나타내는 것이 예배 의식이며 예배 의식을 일정한 형태로 표현하는 것이 예배 프로그램이다.

3. 성경적 이해

예배의 개념 이해를 위해서는 반드시 성경본문 연구를 포함해야 한다. 예배적 상황을 묘사하는 성경구절들이 많이 있지만 여기서는 창세기에 기록된 믿음의 조상 아브라함의 예배 장면 두 경우를 분석적으로 고찰해보도록 하겠다.

1 아브라함의 첫 예배(창 12:1-8)

창세기 12장은 아브람이 하나님의 부르심을 받아 그가 살고 있던 갈대아 우르와 하란을 떠나 하나님께서 약속하신 가나안을 향해 나아가는 여정의 이야기가 기록되어 있다. 그는 갈 바를 알지 못했으나 믿음으로 하나님의 인도하심을 바라보고 말씀을 좇아 나아갔다. 그리고 광야의 여행을 거쳐 마침내 가나안 땅에 들어갔다. 가나안에 도착한 아브람은 하나님 앞에서 단을 쌓았다. 여기서 단을 쌓았다는 것은 그가 예배했다는 말이다. 우리는 가나안에 들어간 아브람의 예배 모습을 발견할 수 있다. 그의 예배는 어떤 특징이 있었는지 알아보자. 아브람은 자기에게 나타나신 여호와를 위하여 거기서 단을 쌓았다.

첫째, 아브람은 "자기에게 나타나신" 여호와를 예배하였다(He worshiped to God who appeared to him). 하나님에 대한 이해를 몇 가지로 나누어 볼 수 있다. 먼저 관념적이고 이론적인 하나님 이해다. 하나님은 거룩하고, 자비로우시고, 무소부재하시고, 전지전능하시고, 사랑이 많으시고… 우리는 그러한 하나님을 알고 있다. 단지 교과서에 설명되어 있는 하나님에 대한 신학적 진술을 알고 있다. 필자는 그러한 하나님 이해를 교과서적인 하나님 이해라고 부른다. 하나님은 교과서적인 하나님이 아니시다. 인류의 삶 속에서 역사하는 살아있는 하나님이시다. 필자는 그러한 하나님을 실천신학적인 하나님이라고 부른다. 지금 나의 하나님은 내게 어떤 분이신가를 묻고 그에 대한 답변을 붙잡고 예배의 자리로 나아가 그 하나님 앞에서 "하나님" 하고 부를 수 있어야 할 것이다. 즉 "거룩하신 하나님"이라고 진술한다면 진정으로 "거룩하신 하나님을 경험하고, 그 경험에서 우러나오는 신앙고백적인 진술로 하나님을 부를 때" 그 고백이 진실한 고백이 될 수 있는 것이다.

하나님은 또한 역사적인 하나님이시다. 성경은 종종 하나님을 말할 때 "아브라함과 이삭과 야곱의 하나님"이라고 한다. 이것은 하나님에 대한 고백이 역사적 고백임을 말해주는 것이다. 예배자는 예배에서 하나님을 예배하는 데 그냥 이론적인 하나님이 아니라 생활 속에서 경험을 통해 만난 하나님을 예배하는 것이다.

둘째, 아브람은 "여호와를 위하여" 예배했다. "여호와를 위하여" 예배했다는 것은 예배의 목적과 본질을 잘 나타내는 말씀이다. 즉 아브람은 예배자인 자기 자신을 위해서가 아니라 하나님을 위해서 예배한 것이었다. 이것은 "예배는 예배 이외의 어떤 목적을 갖지 않는다"는 예배의 첫 번째 원리를 잘 말해주는 것이 아닐 수 없다. 예배는 목적일 뿐 수단이 될 수 없다. 기독교 예배는 오직 예배 받으시기에 합당한 하나님을 위하여 예배한다.

셋째, 아브람은 "그 곳에서" 예배했다. 여기서 말하는 "그 곳"은 여호와 하나님께서 아브람에게 자신을 나타내주신 곳이며 아브람이 자기에게 자신을 나타내주신 여호와 하나님을 인식한 곳이다. 바로 그 곳이 어디이건 예배의 자리가 되며, 바로 그 시간이 언제이건 예배의 시간이 될 수 있는 것이다.

넷째, 아브람은 "단을 쌓아" 예배했다. 예배는 일정한 형식을 필요로 한다. 신자의 삶 자체가 예배인 것이 사실이다. 하지만 기독교 예배의 특징은 생활로서의 예배뿐만이 아니라 의식으로서의 예배도 중시한다.

다섯째, 아브람은 장막을 "옮길 때마다" 단을 쌓았다. 예배는 한두 번으로 완수될 수 있는 것이 아니다. 인생 여정에서 지속적으로 이루어져야 하는 영적 과업이다.

2 아브라함이 이삭을 바치는 예배(창 22:1-19)

하나님께서는 약속의 자녀로 주신 이삭을 번제로 바치도록 아브라함에게 명하셨다. 처음에는 부족함이 많은 아브라함이었지만 하나님의 특별하신 섭리와 인도하심 가운데 연단을 받아 명실공히 믿음의 조상이 되기에 부족함이 없도록 성숙시켜 주셨다. 그래서 때가 되었을 때, 하나님은 아브라함에게 아주 특별한 예배를 드리도록 기회를 주시고 은혜를 주셔서 순종할 수 있게 하셨다. 하나님은 지금도 살아계셔서 우리에게 은혜를 주시고 순종할 수 있게 하신다. 우리는 이 이야기를 통하여 다음과 같은 예배적 교훈들을 발견할 수 있다.

첫째, 예배의 주도권은 하나님께 있다. 우리로 예배하도록 부르시고 감동하시고 이끌어주시는 분은 하나님이시다. 하나님은 아브라함에게 하나님이 지시하시는 예배를 하도록 주도권을 가지시고 이끄셨다. 아브라함이 먼저 하나님께 나아가 "하나님, 제가 아들 이삭을 번제로 바칠까요?"라고 묻지 않았다. 하나님께서 그렇게 하도록 지시하셨다. 인간이 아무리 원한다 해도 하나님께서 허락지 않으시거나 원치 않으시면 예배할 수 없다. 예배의 주도권은 하나님께 있다. 하나님께서 예배하도록 부르시고 명하시고 인도하신다.

둘째, 예배는 인생의 종합시험이다. 성경은 하나님께서 아브라함을 "시험하셨다"고 말한다. 여기서 시험은 소위 말하는 테스트(test)다. 테스트는 넘어뜨리거나 무너뜨리기 위해서 또는 낙심시키기 위해서가 아니라 인정하고 확증하기 위한 것이다. 그렇기 때문에 하나님께서는 때가 되었을 때 시험을 허락하신다. "그 일 후에" 비로소 시험이 있는 것이다. 아브라함이 준비가 되었다고 인정될 때 시험하신다. 그러므로 시험에 합격할 수 있다. 예배할 수 있기 때문에 예배하도록 하시는 것이다. 예배는 시험이기 때문에 시험에 떨어져서는 안 된다. 예배에 실패하는 것은 신앙 생활에 실패하는 것이다. 예배는 신앙생활의 종합적인 시험이다. 주일예배에 실패하면 한 주간의 삶도 실패하는 것이다.

셋째, 예배는 준비가 필요하다. 하나님께서는 아브라함에게 불과 나무를 준비하고 3일길을 가서 제사를 행하도록 하셨다. 3이라는 숫자는 완전수로서 완전한 준비를 의미한다. 우리의 예배도 온전히 준비되어야 한다. 인간이 온전히 준비할 때 하나님께서 준비해두신 온전한 예비하심을 발견할 수 있다. 3일길을 그대로 계산하여 72시간이라고 한다면 우리는 온전히 준비된 주일예배를 위해 적어도 목요일부터는 준비를 해야 한다. 하나님은 예배를 준비하도록 하시고 준비된 예배를 기쁨으로 받으신다.

넷째, 예배는 가장 소중하고 가장 사랑하는 것을 하나님께 바치는 것이다. 하나님께서는 네 사랑하는 독자 네 아들을 바치라고 하셨다. 바꾸어 말하면 아브라함의 마음 속에는 "내 사랑하는 아들 나의 독자"라는 생각이 가득했을 것이다. 이삭은 하나님께서 아브라함에게 주신 약속의 선물이었다. 그런데 아브라함은 어쩌면 하나님께서 주신 귀한 아들 때문에 그 아들을 주신 하나님을 망각하고 있었는지도 모른다. 하나님은 가장 귀한 아들을 바치도록 명하셨다. 그렇다. 예배는 가장 귀한 것을 하나님께 바치는 것이다.

다섯째, 예배에는 하나님의 응답이 예비되어 있다. 아브라함이 아들을 데리고 모리아산으로 올라갈 때 하나님은 반대편에서 수양을 예비하고 계셨다. 하나님께서 예비하신 수양은 예배자가 모리아산 기슭에 있는 한 절대로 발견할 수 없는 것이다. 오직 순종의 산에 온전히 올랐을 때 보이는 것이다. 예배의 산에 올랐을 때 보이는 하나님의 예비하심이 반드시 있다.

여섯째, 예배는 일상생활에서의 분리와 구별됨이고 다시 삶의 현장으로의 복귀다. 아브라함은 하나님의 명을 따라 그가 살고 있던 장막을 떠나 하나님께서 지정하신 곳으로 나아갔고, 경배한 후에 다시 그의 장막이 있는 브엘세바로 돌아왔다. 여기에서 우리는 의식예배와 생활예배의 연장성을 볼 수 있다. 주일예배가 있기에 한 주간의 생활예배가 있고, 다시 생활예배가 있기에 주일예배가 있다. 생활예배 없이 주일예배만 있는 것은 무의미하다. 주일예배와 생활예배의 유기적인 연관성과 연속성이 있어야 한다.

　이러한 여러 가지 견해들을 종합해볼 때 예배란 하나님의 은혜를 깨달은 사람이 하나님이 임재하신 장소에서 하나님이 기뻐하시는 방법으로 하나님께 영광을 돌리는 일체의 행위를 가리키며 그러한 우리의 생활을 압축적으로 표현하는 것이 예배 의식이라고 할 수 있다.

4. 예배의 본질

예배를 이해함에 있어서 누구에게, 왜, 어떻게 예배하느냐가 중요하다. 예배의 본질적 이해에서는 이러한 문제들을 알아보도록 하겠다.

1 예배의 대상

사도 요한은 마지막 만찬 때 예수님 품에 안겨 있던 제자였다. 그는 요한계시록을 통해 천상에서의 영광스럽고 아름다운 예배의 장면들을 인간이 사용할 수 있는 가장 장엄하고 놀라운 언어로 표현해주었다. 그런데 그가 두 번씩이나 예배에 대한 "실수"를 했다고 성경은 말하고 있다. 요한계시록 19장 10절과 22장 8절에서 그는 천사들을 보자 너무나 놀라워 그만 엎드려 경배하고자 했다. 그 때 하늘의 음성이 들렸다. "오직 하나님께 경배하라." 예배의 대상은 오직 하나님이시다. 예수님께서는 "너희는 알지 못하는 것을 예배하고 우리는 아는 것을 예배하노니"(요 4:22)라고 말씀하셨다.

　예배의 현장에 임한 사람은 자신이 무엇 때문에 그 자리에 와 있으며, 어떠한 하나님을 위하여 거기 있는지를 반드시 알아야 할 필요가 있다. 그렇지 못할 때 예배자는 맹종하는 그리스도인이 되기 쉽고, 또 그러한 자세 속에서는 하나님과 깊은 의미에서의 만남을 이룰 수 없게 된다. 따라서 예배자들이 알아야 할 가장 중요한 것은 예배의 대상이며, 역사의 주관자이신 하나님에 대한 정확한 이해다.

사람은 어떤 형태로든 어떤 대상에게 예배하며 산다. 그래서 인류가 이룩한 모든 문화는 종교적 요소를 지니고 있으며, 모든 종교는 그 중심에 예배적 특성을 지니고 있다. 문제는 예배의 대상을 잘못 붙잡고 있다는 것이다. 기독교는 성경이 가르치는 하나님을 유일한 예배의 대상으로 삼고 있다. 그리고 그 하나님께 예배하는 것을 제일 중요한 과업이며 최우선적인 사명으로 알고 있다.

예수님을 통한 성육신의 사건과 구속 사건 그리고 부활의 사건 속에서 보여주신 하나님의 구원의 은총이 너무나 뚜렷한 것이기에 하나님께서는 구속받은 인간들로부터 감격적인 응답을 받으시기에 합당한 것이다. 이 응답의 대열에 선 무리들은 언제나 하나님은 어떤 분이시고, 그가 우리를 위하여 무엇을 하셨으며(What God has done), 무엇을 하고 계시며(What God is doing) 그리고 무엇을 하실 것인지를(What God will do) 분명히 깨닫고 나아가야 한다. 자신의 과거와 현재와 미래를 하나님의 은혜와 결부시키고, 그 인격적 하나님과의 만남을 이룬 사람만이 참다운 예배의 정신을 깨달을 수 있으며, 하나님이 기뻐하시는 응답적인 예배를 드릴 수 있기 때문이다. 그리고 하나님께서는 오늘도 우리 가운데서 바로 그렇게 하나님을 예배하는 자들을 찾으신다(요 4:23).

로버트 웨버는 예배가 행동임을 강조하였다. 그는 진정한 예배는 항상 응답의 행위를 나타낸다고 말했다. 예배는 하나님의 백성들로 하여금 개인적으로 또는 회중적으로 하나님을 기쁘시게 해드리는 것이다. 예배에 있어서 하나님께 일방적으로 나가려고만 해서도 안되고, 하나님으로부터 무엇인가를 얻으려고만 해서도 안 된다. 예배에 대한 우리의 이해에 있어 우리가 예배한다고 말할 때 그 진정한 개념 설정에서 우리가 과연 무엇을 놓치고 있는지 깊이 생각해봐야 한다. 예배가 성령님의 주도하심 가운데 이루어지는 하나님과의 만남이라면 어째서 우리는 예배를 그처럼 소홀히 여기는가? 예배를 위한 준비에 있어서나 예배에 참여함에 있어서나 우리의 태도는 많은 문제점을 가지고 있는 것 같다.

예배는 예배자와 하나님의 만남이다. 예배의 대상은 어디까지나 하나님이시다. 어떤 사람이나 인간의 업적이 예배의 대상이 되어서는 안 된다. 학위취득예배, 성역축하예배, 회갑예배, 출판기념예배, 취임예배 등은 모두가 예배의 초점을 하나님께로부터 다른 것으로 흩어지게 하는 것들이다. 예배의 주인공은 하나님이셔야 한다. 어떤 사람이나 사건 또는 업적이 될 수 없다. 무엇 무엇을 위한 예배, 누구누구를 위한 예배, 무엇을 기념하기 위한 예배 등은 예배의 본질을 흐릴 여지가 다분하다. 백일을 맞은 어린아이나 회갑을 맞이하는 어른이 예배의 주인공이 될 수는 없다. 어떤 자리에 취임하는 사람이나 학위를 받은 사람 또는 출판을 하거나 공적을 쌓은 사람이 예배의 주인공이 될 수는 절대로 없다. 물론 그러한 것을 허락해주신 하나님의 은혜에 감사하고 하나님의 능력을 칭송하며 더욱 겸손하게 순종하고 봉사하겠다는 서원을 하기 위해서 예배 모임을 가질 수는 있다. 그러나 많은 경우에 어떤 사람에게 꽃다발이 건네지고 박수가 집중되고 그의 업적이 소개되고 순서지 구석구석에 사람과 사람의 일들만이 가득 채워지는 것을 볼 때, 형식은 하나님과 연관되고 순서는 예배처럼 진행하지만 사실은 인간을 위한 모임이 되고 마는 것을 보게 된다. 그러므로 모임의 성격을 예배인지 축하식인지 아니면 취임식인지 분명히 해야 한다. 예배 아닌 것을 예배라고 해서는 안 된다. 예배라면 예배답게 해야만 한다. 예배라는 말을 함부로 붙여선 안 된다. 개업예배가 아니라 개업식으로, 백일예배보다는 백일축하식으로, 회갑예배보다는 회갑 축하식으로 하는 것이 좋다.

다만 교회적인 행사일 경우에는 예배라고 불러도 좋을 것이다. 목사안수예배, 선교사파송예배, 집사안수예배 등은 성령님께서 교회에게 하라고 주신 일들이다. 장례, 추모, 약혼, 혼인 등에 예배라는 이름을 붙이는 것에 대해서는 다양한 견해가 있다. 필자의 생각은 예배보다는 예식으로 취급하는 것이 좋다고 본다. 이에 대해서는 더 많은 논의와 연구가 있어야 할 것이고 교단적인 합의하에 좋은 방안이 마련되어야 할 것이다.

2 예배의 목적

예배는 그 자체에 목적이 있고 다른 무엇을 위한 방편으로 삼아서는 안 된다. 예배는 예배하는 것 이외에 다른 목적을 갖지 않는다. 우리가 만약 하나님을 영화롭게 하고 존귀하게 해드리는 것 이외에 다른 어떤 목적을 가지고 예배하고자 한다면 진정한 예배에서 멀어지는 것이다. 우리는 예배를 이용할 수 없다. 우리는 다만 예배할 뿐이다. 예배의 목적은 오직 하나님을 찬양하는 것이다. 물론 예배자에게 베풀어주시는 하나님의 은혜가 있다. 하지만 그 은혜를 받기 위해서 예배하는 것은 순수하지 못한 것이다. 은혜는 하나님 편에서 베푸시는 선물이지 우리가 겨냥해야 할 목적이 되어서는 안 된다. 지글러는 "비록 어떤 목적이 지역사회에 이바지할 만큼 훌륭하거나, 국가의 사기를 앙양할 만큼 훌륭하고, 개인을 보다 더 온전하게 할 만큼 훌륭하다 하더라도 타당치 않다. 하나님은 자기 고유의 영광을 위하여 예배를 받으셔야 한다. 그렇지 않으면 그 동기가 비교적 가치 있다 하더라도 우상숭배"라고 단언했다.

기독교 예배는 어떤 효과를 얻거나 미래의 상급을 받기 위한 공로적 행위도 아니고 물질적인 복을 얻기 위한 기복적인 행위도 아니다. 예배는 예배함 자체에 목적이 있는 것이지 무엇을 위해서나 무엇을 얻기 위한 것이 되어서는 안 된다. 병자를 위한 예배, 어떤 사람을 위한 예배, 개업예배, 입주예배 등 사람에게 초점이 맞추어지고 사람에게 복받음을 선포하기 위한 행사로서 예배를 생각하는 것은 잘못이다. 소위 안수받은 목회자의 축복권을 주장하면서 "축원합니다"를 남발하는 예배 행태는 시정되어야 한다. 정장복은 "오늘의 목회현장을 보면 많은 목사들이 복을 선언하고 빌어주는 행위를 상품화하여 평신도들의 신앙을 오도하고 자신의 위치에서 탈선하는 사례를 본다"고 말했다.

예배는 인격적이신 하나님과의 만남이며 대화다. 물론 예배자는 예배를 통해 하나님의 감동과 복주심의 은혜를 받을 것이다. 하나님의 복주심은 예배의 열매이지 결코 예배자가 겨냥해야 할 표적은 아니다. 예배에서 교회는 미래의 구속적 성취를 미리 맛보며 즐거워하고 미래를 기대하면서 교회가 종말적 존재임을 확인한다. 뿐만 아니라 예배를 통하여 예배자는 자신의 사명을 새롭게 확인하고 복음의 실천과 증거를 위한 준비를 한다.

예배의 목적은 단순한 전도집회와는 다른 것이며 복을 받기 위한 어떤 의도적인 것은 더욱 아니다. 예배는 교회성장을 위한 몇 가지 중요한 결과를 제공한다. 성도들의 믿음이 굳건해지며 불신자들을 하나님 앞으로 데려오는 기회를 제공하는 것 등이다. 그러나 예배의 일차적 초점은 하나님께 영광을 돌리며 찬양하는 것이다.

예배는 어떤 기독교적 활동을 위한 단순한 준비가 아니다. 예배를 통해 사역을 위한 준비가 이루어지는 것은 사실이지만 준비를 위해 예배하는 것은 아니며 예배를 준비를 위한 방편으로 삼는 것도 바람직하지 못하다. 교회 모임을 으레 예배로 생각하는 것은 지나친 것이다. 모임마다 목적과 특성이 있다. 모든 모임의 예배화는 예배의 희소가치를 반감시키고 예배에 대한 민감성을 감소시킨다. 그러므로 교육을 위한 것이면 교육적 모임으로, 교제를 위한 것이면 교제 모임으로, 전도를 위한 것이면 전도 모임으로, 행정을 위한 것이면 행정적 모임으로서 특성 있게 마련하고 진행해야 한다.

3 예배의 중요성

예배를 가리켜 교회에서 행방불명된 보석이라고 하는 말이 있다. 히브리서 11장에 기록된 믿음의 영웅들에 대한 이야기를 보면 맨 먼저 아벨이 나오는데 그의 믿음은 예배하는 믿음이었다. 이어서 등장하는 에녹의 믿음은 동행하는 믿음이었고, 그 다음 나오는 노아의 믿음은 일하는 믿음이었다. 즉 이것은 믿음이란 "예배하고, 동행하고, 일하는 것"이란 의미다. 예배는 신자와 교회의 가장 우선적인 과업이다.

출애굽의 목적을 해방이나 자유에서 찾기보다는 "하나님을 섬기는 것"에서 찾아야 한다. 모세에게 출애굽의 책무를 맡기시면서 하나님께서는 "너는 나의 백성을 애굽에서 끌어낸 다음 이 산에서 하나님을 섬기라"(출 3:12, 8:1)고 말씀하셨다. 섬긴다는 것은 두말할 나위 없이 예배함을 의미하는 것이다. 그래서 광야에 나온 이스라엘은 여호와 하나님을 예배하는 예배 공동체였던 것이다. 출애굽기의 내용을 보면 막상 표제가 의미하는 출애굽에 관한 내용보다는 예배에 관련된 내용이 더 많은 분량으로 기록되었다. 앞부분 1장부터 19장까지가 출애굽 사건의 기록이고, 그 이후 20장부터 40장까지는 출애굽한 그들이 어디서 어떻게 예배할 것인가에 대한 성막 제작과 예배 교훈들의 기록이다. 그렇기 때문에 예배 공동체인 그들에게 우상 숭배는 매우 심각한 범죄행위가 아닐 수 없었다. 선지자들이 지적한 이스라엘의 가장 큰 죄는 하나님의 백성인 그들이 여호와 앞에 어떤 예배를 행할 것인가에 관한 문제였다.

먼저 성경에 기록된 예배의 교훈들을 살펴볼 때 예배가 하나님의 백성들에게 매우 중요한 것임을 알 수 있고, 이스라엘의 역사 가운데에서도 예배의 중요성을 거듭 발견할 수 있다. 예수님의 생애와 교훈 또한 예배의 중요성을 증거하며, 초대교회의 행습을 통해 예배의 중요성을 발견할 수 있다. 이 땅에서의 모든 사역은 그치지만 천국에서의 사역인 예배는 영원하다. 이 땅에서의 예배는 천국을 맛보는 것으로, 예배자들은 예배를 통해 미리 천국을 맛본다. 그래서 영광 받기에 합당하신 하나님을 영화롭게 하는 것과 그를 영원히 즐거워하는 것의 참된 기쁨과 만족을 알게 되는 것이다.

예배는 교회의 과업에 있어서 가장 중요한 것이다. 하나님의 백성은 하나님을 섬기기 위해 존재하는 것이다. 그러므로 하나님을 예배하는 것보다 더 큰 섬김은 없다. 예배는 교회의 기능에 지나지 않는 것이 아니라 교회의 궁극적 목적이다. 교회는 하나님께 예배하기 위하여 존재한다. 하나님께 대한 예배는 하나님의 백성들의 가장 중요한 행위다. 예배는 교회가 세상 가운데서 사명을 성취함에 있어서 능력의 원천이 된다. 예배는 교회를 떠나서 존재할 수 있지만, 교회는 예배를 떠나서 존재할 수 없다.

4 예배의 종류

예배의 종류는 크게 생활예배, 개인예배, 가정예배, 회중예배 그리고 특별예배 등으로 나누어 볼 수 있다.

첫째, 생활예배는 구원받은 하나님의 자녀가 모든 것을 하나님의 영광을 위하여 주님께 하듯 하는 생활을 통하여, 하나님의 뜻을 이루어 가며 자신의 삶을 산 제사로 드리는 것을 말한다. 즉 신자의 생활 자체가 하나님께 드리는 제물이 되어야 함을 강조하는 것이다. 사람은 하나님께서 하나님의 영광을 위해 창조하셨다. 범죄한 인류는 하나님의 영광에 이르지 못하게 되었으나 예수님의 구속 사역을 인하여 믿음으로 말미암아 하나님께 영광을 돌릴 수 있는 존재가 되었다. 그래서 사도 바울은 성령님의 감동하심으로 "하나님의 모든 자비하심으로 너희를 권하노니 너희 몸을 하나님이 기뻐하시는 거룩한 산 제사로 드리라. 이는 너희의 드릴 영적 예배니라"(롬 12:1)고 했고, "너희가 먹든지 마시든지 무엇을 하든지 다 하나님의 영광을 위하여 하라"(고전 10:31)고 했다. 예배는 예배자가 하나님 앞에 서는 것이다. 예배자는 항상 하나님 앞에 서는 의식을 가져야 한다(Coram Deo). 즉 예배자는 자신의 일상생활 속에서 항상 하나님의 임재와 다스리심을 인식하면서 살아야 한다.

둘째, 개인예배는 하나님의 자녀들이 개인적으로 하나님과의 인격적 교제를 가지는 것을 말한다. 흔히 개인 경건의 시간(QT) 형태로 많이 이루어진다. 말씀과 기도를 통하여 하나님과의 개인적인 교통을 갖고 삶의 여정 속에서 순간순간 하나님의 사랑과 은혜를 체험하게 될 때 찬송과 감사로 예배하는 것을 의미한다.

셋째, 가정예배는 가정공동체가 정기적으로 하나님께 예배하는 것을 말한다. 가정은 하나님께서 친히 세우신 사회적 기구로서 하나님의 진리가 구체적으로 가르쳐지고 실천되는 곳이다. 가장은 가정의 제사장으로서 가족을 하나님 앞으로 인도할 책임감을 가져야 한다. 가족은 예배공동체로서의 역할도 잘 수행해야 한다. 성경시대에 있어서 가족 개념은 단순히 혈연관계로 맺어진 사람들로 국한되는 것이 아니라 가정에 함께 지내고 있는 사람들까지를 포함하는 확대된 개념이었다. 그러한 가정의 개념은 현대적으로도 적용될 필요가 있다고 본다. 즉 관계 중심으로 형성된 소그룹 교제권을 의미하는 것으로 볼 수 있다. 그러므로 가정예배라고 할 때는 가족들의 예배는 물론 믿음 안에서의 몇몇 가족들의 모임이나 교회 내의 소그룹 예배를 의미하는 것으로 볼 수 있다.

넷째, 회중예배란 교회 공동체가 정해진 때와 장소에서 계획된 순서에 의해 일정한 형식을 따라 행하는 예배를 말한다. 보통 주일날 예배 의식으로 행해진다. 예배 의식은 일정한 순서에 의해 회중적으로 행하는 예배를 말하고, 의식예배라 함은 침(세)례나 성만찬 같은 교회 의식을 행하는 예배를 말한다. 주일에 행해지는 회중예배를 주일예배라 부르기도 한다. 물론 예배 의식을 주일에만 행한다는 말은 아니다. 일주일 168시간 모두를 하나님께 드려서 생활예배를 행해야 하고, 그 가운데 순간순간 개인적으로 하나님 앞에 나아가 경배해야 하며, 그 중 일정한 시간과 장소를 구별하여 하나님의 백성이 함께 모여 회중적인 예배를 행해야 한다. 거듭 말하거니와 예배 의식은 생활예배로 뒷받침되어야 한다. 주일 아침 11시부터 한 시간이 예배 의식이라면 그 한 시간은 일주일의 나머지 167시간을 대표하는 시간이 된다. 즉 지나간 167시간을 모아 집약한 것이 예배 의식 한 시간이며, 그 예배 의식 한 시간이 있음으로 인하여 또 다른 한 주간이 펼쳐질 수 있는 것이다. 그러므로 개인예배와 생활예배 없이는 회중예배가 없고, 회중예배 없이는 생활예배도 없는 것이다.

다섯째, 특별예배는 안수예배나 파송예배 등 특별한 예식적 요소가 있는 예배를 말한다. 교회 모임을 으레 예배로 생각하는 것은 지나친 것이다. 모임마다의 목적과 특성이 있다. 모든 모임을 예배로 만드는 것은 예배의 희소가치를 반감시키고 예배에 대한 민감성을 감소시킨다. 그러므로 교육을 위한 것이면 교육적 모임으로서, 교제를 위한 것이면 교제 모임으로, 전도를 위한 것이면 전도 모임으로서, 행정을 위한 것이면 행정적 모임으로서 특성 있게 마련하여 진행해야 한다.

5 예배와 교회성장

교회성장에 관한 여러 책들이 예배와 교회성장에 관한 내용을 담고 있다. 하지만 그 책들의 주된 관심사는 불신자들이나 방문자들이 교회에 접하는 첫 번째 접촉점으로서의 예배에 맞춰져 있다. 즉 예배를 교회성장의 "앞문"으로 생각하는 것이다. 그래서 교회성장을 위해서 예배를 "구도자에게 맞춘" 또는 "구도자에게 친숙한" 예배가 되도록 조정하자고 말한다. 그러나 이것은 교회의 양적인 성장을 위한 앞문으로서의 예배를 강조하다가 교회성장에 있어서 예배가 차지하는 더 중요한 측면을 간과하는 것이다.

진정한 예배가 교회성장에 미치는 영향은 무엇인가? 가장 우선적으로 떠오르는 생각은 예배를 통해 죄인들을 인도할 기회를 가질 수 있다는 것이다. 예배시간에 불신자들이 참석하는 것에 대하여 어떤 의미를 부여할 수 있을까? 모든 피조물의 마땅히 해야 할 바가 하나님께 대한 예배라면, 그런 관점에서 불신자라 할지라도 하나님을 찾아 경배하는 몸짓으로 그 참여 의미가 있다고 본다. 예배시간에 참석함으로 예수님 안에 발견되어지는 기회를 가질 수 있다. 그리고 인생에 필요한 하나님의 말씀을 들을 수 있는 기회가 된다. 그러므로 불신자들도 예배시간에 초대해야 하지만 일부에서 주장하듯이 불신자 중심의 예배가 아닌 불신자를 염두에 둔 예배를 계획하고 진행해야 한다.

예배에 참석한 불신자의 경우 하나님께서는 자녀로서가 아닌 피조물로서의 예배를 받으실 것이다. 그들도 하나님의 인도하심과 허락하심이 없었다면 예배 시간에 예배 자리에 나올 수가 없다고 본다. 그렇다면 비록 예수님을 통한 구원의 은혜를 얻지는 못했다 하더라도 그들 역시 하나님의 은혜 중에 있는 것이다. 그들이 예배에 참석했다고 해서 구원을 받게 되는 것은 아니다. 하나님께서 예배에 나온 불신자에게 가장 먼저 요구하시는 것은 예수님을 믿고 구원받는 것이다. 그가 예배했다고 해서 어떤 상급이 있는 것도 아니다. 예배 의식을 행함이 구원의 조건이 될 수는 없다.

그러나 빌립을 만나 복음을 듣고 구원받기 이전에, 예루살렘 성전을 방문하고 돌아가는 에티오피아 내시를 가리켜 성경은 "예루살렘에 예배하러 갔다가 오는 길"이라고 분명히 기록하고 있다. 구원받기 이전에 즉 불신자도 예배하러 갔었다고 성경이 말한다면 어떤 의미에서든 불신자의 예배도 있다는 말이 된다.

칼라한(Kennon Callahan)은 "오늘날 교회에 안 다니는 사람이 교회와 처음으로 접촉하는 통로는 예배인 경우가 가장 많다"고 말했다. 화이트(James E. White)는 그의 저서「앞문을 열어라」(Opening the Front Door)에서 잃어버린 사람들을 겨냥하는 것에 대해 논했다. 두 사람 모두 불신자들이 뜨겁고 감동적인 예배에 참석함으로써 교회에 인도될 가능성이 있다는 것을 역설했다. 복음전도와 교회성장이 예배의 우선적 목적은 아니라 할지라도 예배 사역의 복음전도적 효과는 교회성장을 위한 중요한 요인임을 부정할 수 없다. 그러나 구원받지 못한 사람들에게 관심을 집중하는 것이 예배의 첫 번째 과업은 아니다. 하나님께 영광과 찬송을 돌리는 것이 예배의 최우선적인 관심이다. 구원받지 못한 사람들은 예배의 일차적인 참여자가 아니다. 사실 불신자들은 예배에 참석할 뿐이지 참여자가 될 수는 없다. 불신자들이 예배할 수 있다는 신학적 근거를 발견하기 어렵다. 예배의 참여자는 구원받지 못한 구도자가 아니라 구원받은 하나님의 백성들이다. 그러므로 진정한 예배에서는 예배를 받으시는 하나님과 예배하는 하나님의 백성들이 중심이 되는 것이 옳다. 다만 불신자들도 하나님을 만날 수 있는 기회를 갖도록 그들을 염두에 두고 배려하는 마음을 가져야 할 것이다.

성장하는 교회는 열정적, 축제적, 흥겨움, 기대감이 충만함, 따뜻함, 영적, 자발적인 참여를 유도하는 등과 같은 말들로 묘사할 수 있는 공통된 분위기를 지니고 있다. 일반적으로 건강하게 성장하는 교회는 잘 정돈되고 활력 있는 예배를 계획한다. 진정한 예배는 교회성장의 근원이 된다. 예배가 진정한 예배가 되기 위해서는 하나님을 찬양하고 하나님께 영광을 돌리는 데 초점이 맞추어져야 한다. 현대에 유행하는 "표적에 맞추는"(targeting) 방법론적 방식으로 표현한다면 예배의 진정한 표적은 하나님, 그분이 되어야만 한다. 위대하신 하나님이 표적이시다. 예배 참석자들에게 감동을 주려는 데 예배의 초점이 맞추어져 있다면 거룩하신 하나님 앞에 그분의 위엄과 그분의 영광에 대한 경외심이 넘쳐나는 것으로 초점이 바뀌어야 한다. 맥아더는 우리들의 예배가 불신자들을 기쁘게 하거나 사람들을 기쁘게 하는 예배가 아니라 하나님을 기쁘시게 해드리는 예배가 되어야 한다고 지적했다.

6 사이버 예배

21세기는 인터넷이 중심 매체로 떠오르는 사이버 시대임에 틀림이 없다. 예배학은 사이버 시대에 대한 적절한 답변을 제시할 수 있어야 한다. 사이버 시대에는 사이버 시대에 걸맞는 목회적 안목을 가져야 한다. 절대불변의 성경적 진리를 전파하기 위해 흔들림이 없는 원리를 붙잡고 시대와 상황에 맞는 효과적인 방법들을 찾아 사역을 펼쳐나가야 한다. 사이버 시대에 대한 무조건적인 선입견은 버려야 한다. 이미 많은 사람들, 특히 많은 기독 청소년들이 교회보다는 사이버 세계로 빠져나가고 있다. 그러므로 사이버 공간에 대한 기독교적 안목과 입장을 분명히 해야 한다. 사이버 공간의 양면성, 즉 긍정적이고 부정적인 양면성을 보고 이로 인해 빚어질 문제점들을 직시하여 나쁜 것에 대해서는 경고하고 긍정적인 것에 대해서는 새로운 문화를 창출하는 방향으로 나아가는 것이 바람직할 것이다.

사이버 공간의 창출은 인간에게 철학적이고 종교적인 질문을 던지고 있다. 사이버 공간에서의 탈신체성은 심각한 신학적 문제를 야기시킨다. 기독교 사역의 인격성은 신체성의 인식을 강조한다. 영이신 하나님께서 인간의 몸을 입으시고 세상에 오신 성육신의 원리는 기독교 사역의 중심 원리를 드러내주는 것이다. 실재성이 결여된 사이버 공간의 특징은 성육신 원리를 거스르는 것이라고 말할 수 있다.

사이버 공간은 인공적으로 만들어진 가상적 공간이지만 그 안에서 사회적 현상, 즉 의사소통과 삶의 일반적인 인과관계가 형성되는 곳으로 순기능적인 면도 있고 역기능적인 면도 있다. 다시 말해 사이버 공간을 잘 활용하면 좋은 도구로 사용될 수 있고 잘못 활용하면 악한 도구로 사용될 수도 있는 것이다. 사이버 시대를 위한 기독교적 대안을 만들기 위해서는 가상현실의 유용성을 기독교적으로 최대한 활용하는 방책을 실행에 옮겨야 한다. 사이버 공간을 기독교 사역의 도구요, 통로로 삼는 적극적인 접근을 시도해야 한다. 사이버 시대에는 영성 훈련과 소그룹 활동을 통한 친교 공동체가 활성화되어야 한다. 기독교 예배가 사이버 문화에 등을 돌릴 때 기독교 예배는 자칫 빈약해질 수 있다. 그러므로 교회는 사이버 문화를 껴안아야 한다.

예배 사역은 개인과 교회의 가장 우선적이고 중심적인 사역이다. 예배는 신앙생활의 종합예술이다. 기독교 신앙의 모든 국면이 예배에 들어 있다. 그러므로 예배에 실패하는 것은 곧 신앙생활의 실패를 의미한다. 그리스도인은 예배의 성공자가 되어야 한다.

교회는 예배하는 공동체로서 공동체의 구성원 모두가 기꺼이 참여할 수 있는 예배를 계획하며 준비하고 실천할 책임을 갖는다.

예배는 이론적인 면보다는 기능적인 면에서 발전해온 것이 사실이다. 예배자들이 만족할 만하고 그럴 듯한 예배보다는 예배의 성경적이고 신학적인 본질을 성취하는 예배로 발전될 필요가 있다. 예배가 진정한 예배가 되기 위해서는 하나님을 찬양하고 하나님께 영광을 돌리는 데 초점이 맞추어져야 한다. 현대에 유행하는 "표적 삼기" 방법론 방식으로 표현한다면 예배의 진정한 표적은 하나님, 그분이 되어야만 한다. 예배는 결코 신자들이나 불신자들을 표적으로 삼을 수 없다. 위대하시고 두려우신 하나님이 표적이다. 예배 참석자들에게 감동을 주려는 데 맞추어져 있는 예배의 초점은 거룩하신 하나님 앞에 그분의 위엄과 그분의 영광에 대한 경외심이 넘쳐나는 것으로 바뀌어야 한다.

예배는 뚜렷한 주제와 방향성을 가지고 진행되는 움직임이 깃든 역동적인 사건이다. 예배의 모든 행위들은 하나 하나에 의미가 부여되어야 한다. 예배의 모든 순서들이 유기적으로 연관되며 예배 전체가 하나의 작품이 되도록 구상하고 준비하여 인도해야 한다. 예배는 인간적인 열심에 의한 것이 아니라 하나님께서 받으시는, 또 원하시는 길로 이루어지는 것이 중요하다. 인간이 자기 행위로 구원받는 것이 아니라 하나님의 은혜로, 믿음으로 말미암아 구원받는 것과 마찬가지로 예배에 있어서도 주도권은 하나님에게 있다.

"예배란 무엇인가?"라는 질문에 대한 답을 한다는 것은 그리 쉬운 일이 아니다. 즉 예배의 정의를 내린다는 것은 그리 간단한 문제가 아니라는 말이다. 한 목회자가 40년 이상 목회생활을 하면서 수없이 많은 예배를 인도한 후에 예배의 정의가 불가능함을 인정하면서 다음과 같이 말했다. "만일 당신이 당신의 믿음을 더 강하게 하고, 당신의 소망을 더 빛나게 하며, 당신의 사랑을 더 깊게 하고, 당신의 동정심을 더 넓게 하며, 당신의 마음을 더 깨끗하게 하고 그리고 하나님의 뜻을 행하기 위해서 당신의 마음을 더 굳게 하여 예배당을 떠난다면 그 때에 당신은 참으로 예배한 것이다." 예배는 하나님의 은혜를 깨달은 사람이 하나님이 임재하신 장소에서 하나님이 기뻐하시는 최선의 방법으로 하나님께 영광을 돌리는 일체의 행위를 가리키며 그러한 우리의 생활을 압축적으로 표현하는 것이 예배 의식이다.

2
예배의 성경적 배경

서울신학대학교 조기연 교수

기독교의 예배는 하나님의 구원사 특히 그 중에서도 가장 절정인 예수님의 죽으심과 부활이 그 핵심이다. 그러므로 기독교 예배의 중요한 내용은 주님 부활하신 이후 약 1세기 동안에 그 토대가 이루어졌으며, 이 "초대 기독교 공동체의 예배"는 그 이후 모든 기독교 예배의 표준이 되어왔다. 이 시기는 바로 신약의 정경들이 기록되던 시기였다. 그러므로 기독교 예배를 논함에 있어서 신약성경의 근거를 살펴보는 일은 대단히 중요하다. 그러나 또한 신약과 그리스도의 사역은 총체적인 하나님의 구원사의 연장선상에 있기 때문에 기독교 예배도 이스라엘의 오랜 역사와 예배로부터 물려받은 전통을 가지고 있다. 그러므로 우리는 구약시대의 예배와 예식으로부터 기독교가 계승한 요소들을 먼저 살펴보고, 그 다음에 신약의 기록에 나타난 예배를 본격적으로 연구하게 될 것이다.

1. 예배의 구약적 배경

예수님께서는 유대인이셨다. 그분께서 선포하신 "믿음"이라는 것은 유대인들의 역사적 맥락에서 탄생한 것이었으며, 유대인들의 역사는 바로 이리저리 방랑하는 유목의 역사, 이집트에서의 노예생활, 출애굽과 왕정시대, 바벨론 포로기 그리고 로마에 정복되기까지의 길고 유구한 2천년의 역사다. 기독교 예배는 그 형성에 있어서 상당부분 이러한 유대교 예배 의식의 토대 위에 세워졌다. 그렇다고 해서 기독교의 예배가 유대교 예배를 그대로 이어받았다는 뜻은 아니다. 왜냐하면 비록 기독교가 외형적인 예배의 형식들을 유대교로부터 물려받기는 했어도 그러한 의식들의 내적 의미는 초기 그리스도인들에 의해서 전적으로 변화되었기 때문이다. 이러한 기본적인 이해 위에서 기독교 예배의 유대교적 영향을 살펴볼 때 다음 몇 가지의 중심요소들을 꼽지 않을 수 없다. 물론 이 요소들은 모두 구약성경의 근거를 가지고 있다.

1 성전

성전은 그보다 먼저 존재하였던 성막으로부터 출발한다. 그러므로 성전 예배의 본질을 이해하기 위해 먼저 성막에 대한 이해가 필요하다. 유대인들은 원래 유목민족이었기 때문에 고정된 성전을 갖는 것이 불가능했다. 그래서 고안된 것이 바로 성막이다. 성막은 일종의 이동식 성전으로서, 여호와의 명령에 따라 모세가 지었으며, 그 안에는 진설병 탁자와 제단, 금 촛대, 지성소와 그 앞에 드리운 막 그리고 율법의 판이 담긴 언약궤 등이 있었다. 성막 주위에 있던 큰 뜰에서는 번제물이 드려졌고 거대한 청동 대야가 놓여져 있었다. 성막에 관한 출애굽기의 묘사 중에서도 특히 중요한 부분은 29장 42~46절의 말씀이다. "내가 거기서 너희와 만나고… 이스라엘 자손을 만나리니… 내가 이스라엘 자손 중에 거하여 그들의 하나님이 되리니 그들은 내가 그들의 하나님 여호와로서 그들 중에 거하려고 그들을 애굽 땅에서 인도하여 낸 줄을 알리라. 나는 그들의 하나님 여호와니라." 이는 바로 여호와께서 성막 안에 거하심으로써 당신의 백성인 이스라엘과 함께 계신다는 것을 뜻한다.

고대 이스라엘 사람들에게 있어서 예배는 "가까이 나아옴"을 의미했다. 여기에서 성막의 건축적 구조와 장식물들은 "거룩하신 분" 곧 여호와 하나님께 나아갈 수 있는 차등적 질서를 반영한다. 지성소의 중심에는 언약궤 위에 여호와의 자비로운 보좌가 놓여 있었으며, 드리운 막 밖에는 보다 덜 거룩한 장소로서 공적인 희생제사를 위한 뜰이 있고, 그 다음으로는 제사장들이 거하는 장소 그리고 회중들의 야영지가 있었다. 성막 뜰은 백성들 누구에게나 접근이 허용되었으나 성막 안의 성소에는 제사장만이 들어갈 수 있었으며, 지성소에는 오직 대제사장만이 1년에 한 번 들어갈 수 있었다. 각 장소의 거룩함의 정도에 따라서 사용된 금속도 달랐다. 정금은 언약궤를 위해 사용되었으며, 성막 뜰에 놓인 대야는 청동으로 만들어졌다. 이처럼 신적인 존재를 향한 공간적이면서도 제의적인 거리와 접근성은 이스라엘 예배의 전형적 모습이었다.

이처럼 여호와를 만나기 위한 장소였던 이동식 성전 즉 성막은 이스라엘이 하나의 국가로 세워졌을 때 보다 영구적인 건물로 지어졌다. 이것이 바로 성전이다. 예루살렘에 세워진 성전은 아무래도 이동식 성전인 성막보다는 훨씬 더 정교하게 지어졌다. 먼저 개념을 분명히 하자면 거룩하신 하나님은 정의될 수도 없고 제한될 수도 없는 분이시다. 그러나 인간은 본성적으로 신적 존재와의 만남을 위한 어떤 거룩한 장소를 원한다. 그래서 이스라엘 사람들은 성전을 지었다. 이는 성전을 다 짓고 나서 하나님께 드리는 솔로몬의 기도에서도 잘 나타난다. "하나님이 참으로 사람과 함께 땅에 거하시리이까 하늘과 하늘들의 하늘이라도 주를 용납치 못하겠거든 하물며 내가 건축한 이 전이오리이까… 그러나… 주께서 전에 말씀하시기를 내 이름을 거기 두리라 하신 곳 이 전을 향하여 주의 눈이 주야로 보옵시며… 종과 주의 백성 이스라엘이 이곳을 향하여 기도할 때에 주는 그 간구함을 들으시되 주의 계신 곳 하늘에서 들으시고 들으시사 사하여 주옵소서"(대하 6:18-21). 예루살렘에 세워진 성전은 도합 세 개였다. 첫째는 솔로몬이 세운 성전으로서 지나치게 웅장했기 때문에 결국 그 부담으로 솔로몬 왕국 멸망의 원인이 되었다(B. C. 957). 둘째는 스룹바벨이 예루살렘 성전을 모방하여 지은 것으로서 조잡하고 단명한 성전이고, 셋째는 헤롯의 성전으로서 주후 70년에 훼파된 성전이었다.

그렇다면 성전의 예배는 어떠하였는가? 이사야는 주전 742년경 성전 예배의 감동적인 경험을 묘사하고 있다.

"웃시야 왕의 죽던 해에 내가 본즉 주께서 높이 들린 보좌에 앉으셨는데 그 옷자락은 성전에 가득하였고 스랍들은 모셔 섰는데 각기 여섯 날개가 있어 그 둘로는 그 얼굴을 가리었고 그 둘로는 그 발을 가리었고 그 둘로는 날며 서로 창화하여 가로되 거룩하다 거룩하다 거룩하다 만군의 여호와여 그 영광이 온 땅에 충만하도다. 이같이 창화하는 자의 소리로 인하여 문지방의 터가 요동하며 집에 연기가 충만한지라. 그 때에 내가 말하되 화로다 나여 망하게 되었도다 나는 입술이 부정한 사람이요 입술이 부정한 백성 중에 거하면서 만군의 여호와이신 왕을 뵈었음이로다. 때에 그 스랍의 하나가 화저로 단에서 취한 바 핀 숯을 가지고 내게로 날아와서 그것을 내 입에 대며 가로되 보라 이것이 네 입에 닿았으니 네 악이 제하여졌고 네 죄가 사하여 졌느니라 하더라. 내가 또 주의 목소리를 들은즉 이르시되 내가 누구를 보내며 누가 우리를 위하여 갈꼬 그 때에 내가 가로되 내가 여기 있나이다 나를 보내소서"(사 6:1-8).

이것이 실제 예배의 모습을 그린 것은 아니지만, 그럼에도 불구하고 예배가 어떻게 진행되는지를 보여주고 있으며 성전에서 예배하는 자가

느꼈을 경험과 감동을 우리에게 전달해주고 있다. 그 성전 예배의 모습을 하나씩 열거해 보면 이렇다. 첫째 단계는 "거룩하다 거룩하다 거룩하다…"로 표시되는 소위 찬양 또는 경배의 순서며, 둘째 단계는 "화로다 나여 망하게 되었도다…"로 표현되는 고백의 순서다. 셋째 단계는 "네 악이 제하여졌고 네 죄가 사하여졌느니라"로 표시되는 용서의 단계이며, 넷째 단계는 "내가 또 주의 목소리를 들은즉…"으로 기록된 선포 혹은 말씀의 순서고, 마지막으로는 "내가 여기 있나이다 나를 보내소서"에 나타난 헌신의 순서다. 한때는 이 구절을 근거로 하여 기독교 예배의 다양한 행위들을 엮은 예배 순서 또는 예배의 형식을 제시한 소위 "이사야 모티브"라는 것이 유행했던 적이 있었다. 물론 이것을 기독교 예배의 온전한 형태로 볼 수 있는가 하는 점에 관해서는 많은 사람들이 회의를 표하는 것이 사실이다. 그럼에도 불구하고 성전에서의 이사야의 경험은 유대교 신앙의 일부분인 초월성과 윤리적 차원을 동시에 보여주고 있음에는 틀림이 없다.

오히려 성전 예배의 중심은 희생제사였다. 모세 오경에 기록된 희생제사의 종류는 크게 세 가지로 구분된다. 첫째는 번제로서 희생제물의 전부를 드리는 것이다. 이 때에 제물은 온전히 불에 태워지고 이것이 하나님께 온전히 받아들여지는 제물을 의미한다. 둘째는 죄와 죄책을 인하여 드리는 제사로서, 이 경우 제물의 일부를 제사장이 먹지만 제물을 드리는 사람은 먹지 못한다. 세 번째는 화목제로서 제물을 드리는 사람도 주님의 손님으로서 먹는 데 함께 참여한다. 속죄일에 드리는 희생제사는 두 번째 유형에 속하고, 유월절에 드리는 희생제사는 세 번째 유형에 속한다고 할 수 있다. 물론 이 모든 제사는 기본적으로 짐승을 바치는 것이었지만 때로 채소도 허락되었다.

희생제사의 일반적인 형태는 구약성경의 여러 곳에서 찾아볼 수 있다. 물론 예루살렘 성전에서 드리는 희생제사는 대제사장이 주관하였으며 그 순서는 다음과 같다. 제일 먼저 준비의 순서가 있다. 예배자는 먼저 자신을 정결케 한 후에 도살할 짐승을 준비한다. 물론 이 때에 바쳐 질 짐승은 온전한 것이어야 한다. 짐승이 도살되면 그 중 일부분은 제단 위에서 불태워진다. 희생제사를 위해서는 짐승이 먼저 죽임을 당해야 하지만, 그렇다고 해서 짐승을 죽이는 행위 그 자체가 희생제사의 중심행위는 결코 아니었으며, 또한 짐승의 죽음에 무슨 특별한 중요성이 부여되지도 않았다. 다시 말해서 짐승의 죽음 그 자체가 희생제사는 아니었다. 그것은 희생제사를 드리기 위해 필요한 하나의 절차에 불과했다. 물론 대부분의 현대인들에게는 그렇지 않지만, 희생제사는 당시 사람들에게는 대단히 만족스러우면서도 매력적인 예배의 형태였다. 예물을 바치는 자들은 하나님 앞에서 자기의 의무를 다하고 하나님과 화해하게 되었다는 느낌을 가졌을 뿐만 아니라, 하나님과의 인격적인 접촉 그리고 나아가서는 하나님과의 합일을 체험하기도 하였다. 통상적으로 제사장이 제물을 축복하고 성별하였는데, 이것이 봉헌자로 하여금 하나님과의 실제적인 접촉을 느끼게 했으며, 최종적으로 그 봉헌물을 먹음으로써 거기에 참여할 때 그는 다시 한 번 회복되어 소생하는 것을 느끼게 되었다.

분명한 사실은 이러한 희생제사의 행위들 중에서 그 어느 것도 기독교 예배로 전승되지는 않았다는 점이다. 그러나 또 하나 중요한 사실은 이러한 희생제사의 의식 안에 내재된 예배의 의미는 기독교 예배의 중심으로 자리잡았다는 사실이다. 그 의미란 무엇인가? 그것은 바로 하나님을 의지함, 하나님께 대한 헌신, 매일의 삶에 필요한 물질들 중에서 일부를 하나님의 사랑과 은총에 대한 감사의 표시로 즐겁게 바치는 것, 그리고 무엇보다도 기독교 예배의 희생제사 모티브 등이다.

2 회당

회당에 관한 기록이 구약성경에는 나타나 있지 않은 까닭에 회당의 기원은 자주 논란거리가 되어왔다. 그러나 권위 있는 이론에 의하면 회당은 주전 587년 예루살렘 성전이 멸망하게 되자 바벨론에 포로로 잡혀 간 사람들 사이에서 시작되었다. 예루살렘 성전이 파괴되고 엘리트들이 포로로 붙잡혀가게 되자 성전예배가 원천적으로 불가능하게 되었다. 이러한 상황에서 성전예배는 근본적인 변화를 맞을 수밖에 없었고, 희생제사가 아닌 새로운 형태의 예배가 필요하게 되었다. 이러한 변화는 매우 자연스럽게 그리고 자발적으로 일어났다. 바벨론 땅에 포로로 끌려간 유대인들은 안식일이나 축일이 되면 비공식적으로 랍비나 예언자 혹은 제사장 등 지도자들의 집으로 모였으며, 거기에서 어떠한 형태로든 종교적 행위가 이루어졌다. 그것은 집 안에서 이루어졌으며 결코 미리 계획되지 않은 즉흥적인 예배행위였을 것이다.

그렇다면 지도자는 이렇게 자기 집에 모인 사람들을 데리고 무엇을 했을까? 이를 추측하는 것은 그다지 어려운 일이 아니다. 우선 그는 다가오는 재난에 관해 미리 예언한 예언자들의 글, 즉 예언서들을 사람들에게 읽어주었을 것이다. 물론 경전을 읽은 후에는 거기에 대한 해석이나 위로 또는 희망이 담긴 어떠한 말들을 덧붙였을 것이며, 이는 거기에 모인 사람들에게 아주 필요하고도 그 상황에 잘 어울리는 결과를 가져왔을 것이다. 이 때는 그 선조들의 애굽 땅에서의 노예생활과 해방을 기록한 토라(Torah)의 말씀도 잘 어울렸을 것이다. 실제로 회당예배의 핵심은 "율법"(Torah) 곧 오경에 있었으며, 예수님 당시의 회당예배에서는 제1독서 즉 오경이, 제2독서인 예언서 봉독과 연결되어 있었다. 이러한 말씀들은 자기의 선조들을 구원하신 하나님이 지금 포로된 자기들도 구원해주실 것을 확신시켜주었기 때문에 대단히 중요한 가치를 지니고 있었다. 회당예배는 이러한 과정을 거쳐서 형성되었으며 그것이 회당예배로 굳어지게 되었다. 결국에 가서 회당예배는 성전에서의 희생제사를 대치하는 새로운 형태의 예배가 되었다.

회당은 유대 공동체 생활에서 다목적으로 활용되었다. 그 중에서도 제1의 용도는 학교였으며, 안식일과 다른 축일에는 예배의 장소가 되었다. 이런 의미에서 회당은 유대교의 두 가지 큰 이념인 예배와 교육을 하나로 연결하는 기관이었다. 유대인들이 회당에서 행하는 것은 예배의 핵심이라고 할 수 있는 희생제사보다는 오히려 성경 연구와 기도 등이었다. 더욱이 맨 나중에 지어진 성전이 주후 70년에 멸망되면서부터는 유대교의 가장 중심적인 종교기관이 바로 회당이 되었다.

"회당"이라는 이름은 헬라어 "수나고가"(sunagoga)에서 왔는데 "모임의 장소", "집회", "회중", "모임"이라는 뜻을 가지고 있으며, 이는 히브리어 "에다"(edah) 즉 "회중"에서 온 것이다. 회중예배는 여러 명의 사람들에 의해 인도되었으며 그들 중 대부분은 평신도였다. 이 점이 중요하다. 포로로 잡혀갔던 유대인들이 귀향하고 예루살렘에 성전이 재건되었을 때 회당은 몰락해야 할 것 같은데도 불구하고 오히려 회당예배가 널리 퍼지게 되었다. 그 이유는 무엇일까? 그것은 종교가 보다 더 일상의 삶 속으로 깊이 들어와야 한다는 요구와 비성직자 계급이 예배의 행위에 더 적극적으로 참여해야 한다는 요구를 회당이 충족시켜 주었기 때문이었다.

예수님 당시에는 읽혀진 말씀들에 대한 해석을 하도록 회당을 방문중인 랍비를 초대하는 관행이 있었으며(행 13:5), 이런 관행 하에서 누가복음은 예수님께서 당신의 고향에 있는 회당을 방문하셨을 때에 이사야 본문에 대해 해석을 하신 사건을 기록하고 있다(눅 4:16-27). 여기에 기록된 내용은 1세기 회당 예배의 모습을 보여주고 있으며, 랍비 예수님의 모습도 잘 그려내고 있다. 회당의 예배에서는 먼저 쉐마가 반복된다. "이스라엘아 들으라, 우리 하나님 여호와는 오직 하나인 여호와시니 너는 마음을 다하고 성품을 다하고 힘을 다하여 네 하나님 여호와를 사랑하라"(신 6:4-9, 11:13-21). 쉐마가 낭독된 후에는 "주를 송축하라" 하는 축복이 뒤따라오고 이어서 토라의 말씀이 연속 읽기의 형태로 읽혀진다. "연속 읽기"(lectio continua)는 경전을 앞에서부터 차례로 계속해서 읽는 방식으로서, 토라 전체를 1년 혹은 3년에 한 번 읽도록 되어있다. 토라가 읽혀진 후에는 예언서가 읽혀지며, 읽혀진 말씀에 대한 해석과 설교가 뒤따른다.

성전에서 불리던 시편이 회당예배에 도입되었는가의 여부에 관해서는 논란의 여지가 있다. 몇몇 권위 있는 학자들은 어떤 시편들이 아주 이른 시대부터 회당에서 노래로 불려졌다고 주장한다. 유대인들이 포로생활 동안 가정에서 모임을 가질 때 레위인들이 성전에서 노래하던 시편을 지도자가 낭송하면 회중들은 그에 상응하는 응답으로 화답하였다는 추측은 아주 자연스러운 것이라는 주장이다. 물론 특별한 날이나 절기에는 그에 맞는 시나 기도문이 인도자나 또는 다른 사람에 의해 새로 작성되기도 했을 것이다. "시와 찬미와 신령한 노래들로 서로 화답하며 너희의 마음으로 주께 노래하며 찬송하며"라는 에베소서 5장 19절의 경우로 미루어 보아, 시편이 이방인 교회의 예배에서 사용되었음이 분명하며, 유대인 교회가 아닌 다른 곳으로부터는 이를 받아들일 수 없기에 당연히 유대인 교회 공동체도 시편을 사용했으리라 추정된다. 그러나 여기에 대해서는 반론도 만만치 않다. 왜냐하면 회당예배에서 시편이 사용되었다는 문헌적 증거가 없기 때문이다. 미쉬나(The Mishna)는 매일 드리는 성전의 희생제사 때 레위인들에 의해 불리운 시편들(24, 48, 82, 94, 81, 93, 92)과 중요한 절기에 불리운 할렐(Hallel: 시 113-118)의 목록을 제공하고 있는데, 이 중에서 할렐은 초기부터 가정의 유월절 식사에서 불려진 것으로 보이지만, 그러나 회당에서 매일 시편이 낭송되었다는 사실은 8세기 이전의 기록에서는 찾아볼 수가 없는 실정이다. 그러므로 회당에서의 시편 사용은 아주 후대의 발전과정에 나타난 것이며, 아마도 그것은 그리스도인들이 예배에서 사용한 때보다도 훨씬 이후일 것이라고 본다.

　예수님께서는 성전에도 자주 가셨지만 회당에도 또한 자주 가셨다(마 12:9, 13:54, 막 1:21). 누가복음에 의하면 예수님께서는 유아 시절 결례를 따라 성전에 올라가셨으며, 소년 시절 유월절 행사에 참석하기 위해 올라가셨다(눅 2:22-52). 앞서 언급한 바 있듯이, 예수님께서는 회당에서 설교도 하셨으며(눅 4:16-27), 초막절 잔치에 참석하기 위해 성전에 가신 적도 있었다(요 7:2). 뿐만 아니라 성전봉헌축일인 하누카 절기에 성전에 올라가셨으며(요 10:22), 성전에서 돈 바꾸는 자들과 충돌하신 적도 있었다(마 9:13). 회당에서 가르치신 기록은 마태복음 6장 3절에도 기록되어 있으며, 가버나움과 나사렛의 회당에도 자주 가셨다. 공생애의 마지막에 이르렀을 때 예수님께서 산헤드린에서 말씀하시기를, "내가 드러내 놓고 말하였노라 모든 유대인들이 모이는 회당과 성전에서 항상 가르쳤고…"라고 하신 것으로 보아 예수님께서 회당과 성전에 늘 가셨던 것을 알 수 있다.

　사도행전은 베드로와 바울과 요한을 중심으로 초대 그리스도인들이 성전과 회당에 간 것을 입증해주고 있다. 그러나 바울은 그의 사역 말년에 그리스도인의 자유를 제한하는 것이라 하여 안식일에 대항하고 있다(갈 4:10, 골 2:16). 이는 그리스도인들이 점차로 회당과 성전으로부터 추방을 당하거나 떨어져 나왔으며, 독자적인 예배생활을 하게 되었다는 것을 암시해준다.

　이처럼 그리스도인들이 점차적으로 성전과 회당에서의 예배를 포기하게 되었지만, 회당의 예배 형식은 기독교 예배에 지대한 영향을 미쳤다. 초기의 그리스도인들은 회당예배로부터 직접적으로 파생된 형태로 예배를 드렸다. 안식일의 회당예배와 초기 기독교의 예배를 비교해 보면 뚜렷한 연속성이 있음을 알 수 있다. 그들은 예배를 헬라어로 "시낙시스"(synaxis)라고 불렀는데, 이는 "회당"(synagogue)이라는 말과 같은 어근에서 파생한 말이며, "모임"이라는 뜻을 가지고 있다. 당시의 시낙시스 또는 "말씀의 예전"(service of the Word)은 다음의 요소들로 이루어져 있었으며, 이는 회당의 예배와 뚜렷한 유사성을 가지고 있다. 2세기 중반에 기록된 순교자 저스틴(Justin Martyr)의 「첫 번째 변증문」(First Apology)에 나타난 예배 순서 중에서 전반부 즉 "말씀의 예전"을 회당의 예배 순서와 비교해 보면 다음과 같다.

회당의 예배
1) 신앙의 고백
2) 열여덟 가지 축복 기도
3) 시편송
4) 봉독(율법서와 예언서)
5) 설교
6) 제사장적 축복
7) 가난한 자들을 위한 모금(봉헌)

말씀의 예전
1) 중보의 기도
2) 시편송
3) 봉독(율법서, 예언서, 복음서)
4) 설교
5) 가난한 자들을 위한 모금(봉헌)

위의 비교에서 알 수 있듯이, 초기 기독교의 예배는 회당예배와 분명한 구조상의 유사성을 보이고 있으며, 그러므로 회당예배의 형식과 내용이 초대교회 공동체의 예전적인 삶에 큰 영향을 미쳤다는 사실에는 의심의 여지가 없다.

3 식탁

마지막으로, 유대교 예배의 세 번째 요소는 식탁이다. 유대인들에게 있어서 모든 식사는 종교적으로 대단한 중요성을 지닌다. 시편 23편에 나오는 "내 원수들의 목전에서 내게 상을 베푸시는" 것은 유대인들에게는 하나의 깊은 친교의 행위로 보여진다. 만일 우리가 누군가를 저녁식사에 초대한다고 할 때 그것은 그 사람이 우리와 그만큼 친밀하다는 것을 뜻한다. 그러므로 예수님께서 죄인들과 세리들과 함께 식탁에 계셨다는 것은(눅 7:34) 예수님께서 그들 추방된 자들과 가깝다는 것을 만방에 알리는 것이 된다. 이것은 분명 하나의 스캔들이었다. 왜냐하면 그것이 당시 유대인들이 오랫동안 기대해 왔던 위대한 메시야의 잔치와는(사 55장) 전혀 동떨어진 것이었기 때문이다.

유대의 종교적 식사 중에서도 유월절 만찬은 특히 중요한 것이었다. 그 이유는 예수님께서 십자가에 돌아가신 때가 바로 유월절이었으며, 그러므로 유월절 만찬이 기독교의 예배와 밀접한 관련을 가지고 있기 때문이다. 공관복음서들은 하나같이 주님의 마지막 성만찬이 유월절 만찬이었다고 기록하고 있으며(마 26:17, 막 14:12, 눅 22:7, 15), 심지어 바울조차도 그리스도를 "우리의 유월절"이라고 말하고 있다(고전 5:7-8).

유월절 축제는 최소한 2500여 년의 역사를 가지고 있다. 그것은 히브리 달력으로 첫 번째 보름날 양(spring lamb)이 여호와께 바쳐지면서 시작된다. 유월절 식사가 포함된 예배 의식을 "세데르"(seder)라고 하는데, 그 식사에서는 반드시 다음의 내용을 선포하며, 이는 오늘날에도 마찬가지이다.

우리는 애굽에서 바로의 노예였으며, 우리 주 하나님께서 당신의 전능하신 손과 펼치신 팔로 우리를 그곳으로부터 건져내셨다. 그리고 그 거룩하신 분, 곧 송축 받으실 그분이 우리 조상들을 애굽에서 건져내지 아니하셨더라면 우리와 우리 자식들과 우리의 자식들의 자식들까지도 여전히 애굽에서 바로의 노예가 되었을 것이다.

유월절 만찬에서는 하나님의 전능하신 구원의 행위가 "기억"되고 "경축"되는데, 이는 단순히 하나의 역사적인 사실을 머릿속으로 회상함이 아니라, 그 식사를 통하여 참가자들이 과거에 일어났던 그 출애굽 사건의 일부가 되는 그러한 의미에서의 기억이요, 경축이다. 다시 말해서 유월절의 식사를 먹는 것과 기억하는 행위를 통하여 유대인들은 그들 자신이 "구원받는 자들"이 되는 것이다.

유월절 만찬의 중심 행위는 양고기를 바치고 구운 양고기를 먹는 행위다. 양고기를 먹을 때에는 남기지 말고 다 먹어야 하며, 마치 도망하듯이 급히 먹어야 하는데, 이는 여호와께 대한 전적인 헌신과 의존의 행위로 후대에 해석되었다. 양의 피는 집의 대문에 표시하기 위해 사용되었는데, 이는 희생제사를 드리고 양고기를 먹은 그 집을 정결하게 하기 위해서였다(출 12:23). 여기에서 간과해서는 안 될 것이 하나 있다. 그것은 유대의 다른 희생제사와 마찬가지로 양의 죽음 그 자체에 대해서는 특별한 중요성이 부과되지 않는다는 사실이다. 초점은 오히려 당신의 백성을 먹이시고 특히 출애굽에서 분명하게 나타난 바와 같이 당신의 백성을 구출해 내신 하나님의 은총 위에 놓여진다.

예수님의 공생애 시대에는 또 다른 축제가 하나 있었는데, 그것은 무교절이었다. 이 축제는 원래 새해와 새로운 추수를 축하하는 고대의 농경문화에서 유래한 것으로서 나중에는 출애굽기 12장 39절의 유월절과 결합되었다. 무교절은 보통 8일 동안 지속되며 해방과 갱신의 의미가 덧붙여졌다. 무교병은 유월절 참가자들에게 자기 조상들이 출애굽 할 때 부풀어오를 새도 없이 급하게 먹고 광야로 나갔던 바로 그 떡을 기억하게 하는 역할을 했다.

유월절이 유대의 종교적 만찬 중에서 가장 중심적 요소였던 한편, 매주 돌아오는 안식일과 모든 축일 역시 종교적인 식사가 동반되었다. 성경의 기록이 서로 일치하지 않기 때문에 예수님께서 제자들과 함께 드셨던 마지막 식사가 유월절 식사였는지 아니면 보통의 종교적 식사였는지는 분명히 알 수 없다. 그러나 한 가지는 분명한데, 그것은 예수님께서 유월절 기간에 죽으셨다는 사실이며, "해방과 구원"이라는 이 축제의 의미가 예수님의 죽음과 부활을 통한 "해방과 구원"이라는 의미와 결합되었다는 사실이다.

그러나 마지막 만찬에 관한 성경의 근거는 앞에서 언급한 구체적인 유월절 의식에 관해 전혀 언급하고 있지 않으며, 예수님께서 떡과 잔에 축복하신 것은 안식일의 식사의식 등 다른 식사의식에서 전형적으로 하는 것이었다는 사실 때문에 마지막 만찬의 기원에 대한 다른 가능성이 제기된다. 이에 따르면 마지막 만찬이 유월절 식사가 아니라 "키두쉬"(kiddush) 만찬이라고 주장한다. 키두쉬는 안식일을 맞는 식사에서 말해지는 일종의 "축복기도"다. 안식일 식사에서는 먼저 안식일 촛불이 점화되고 모두가 자리에 앉은 후에 잔에 포도주가 부어지고 키두쉬가 행해진다. 그 내용은 다음과 같다. "오 주 우리의 하나님, 포도나무의 열매를 창조하신 우주의 왕 당신을 송축합니다."

누가가 "…잔을 드시고, 사례하사 가라사대…"라고 기록하였을 때 아마도 그는 이 축복기도를 마음속에 두고 있었을 것이다. 잔에 축복하신 후에는 떡에 관한 축복이 뒤따른다. "오 우리 하나님, 땅으로부터 떡을 가져오시는 우주의 왕이시여, 당신을 송축합니다." 안식일 식사에서는 가장이 손에 떡을 들고 이 축복의 기도를 한다. 그 다음에 그는 떡을 떼어 자기도 한 조각을 먹고 참가자들에게도 나누어준다. "이것은 내 몸이다"라고 예수님께서 말씀하신 것은 바로 이 때였을 것이다.

떡과 잔에 대해 축복기도를 하는 것은 식사의식의 공식적인 시작을 뜻한다. 식사가 진행되는 동안에는 대화와 친교가 이루어지는데, 이 대화와 친교 그 자체가 모든 식사가 지니는 신성함의 한 부분을 이룬다. 예수님의 시대에는 "챠부라"(chaburah)라는 모임이 있었는데, 이는 뛰어난 랍비를 중심으로 형성된 소규모의 종교적 그룹이었다. 이들은 안식일이 시작되는 저녁에 함께 모여서 식사를 하며 종교적인 토론을 하곤 했다. 랍비이신 예수님을 중심으로 한 그의 제자들의 모임은 어쩌면 그러한 챠부라를 형성했을 것이라고 주장하는 이도 있다. 어쨌든 유대인들의 축제는 모두 이처럼 가족이나 친구들로 이루어진 소규모의 모임이 그 주조를 이루었으며 대개는 집안에서 모이는 만찬을 중심으로 하고 있었다. 특별히 최초의 그리스도인들이 부활하신 그리스도와 함께 나눈 식탁의 경험도 바로 이러한 종류의 것이었다.

식사를 끝마칠 때에는 마지막으로 포도주 잔에 대한 기도가 행해지는데, 바울이 고린도전서 10장 16절에서 언급한 "축복의 잔"(the cup of blessing)이 바로 이것이다. 이 기도는 먼저 대화로 시작되며, 그 후에 축복(blessing)과 감사(thanksgiving)와 간구(petition)가 차례로 이어진다. 이것이 아마도 누가복음 22장 20절과 고린도전서 11장 25절에 언급된 "식사 후의 잔"일 것이다. 이 기도가 진행되는 동안에 가장은 두 손으로 잔을 들어올린다. 기도가 끝난 후에는 참가자들이 잔에 있는 포도주를 다 마신다. 이 "축복의 잔"과 거기에 따르는 기도가 "성만찬 기도" 또는 "감사기도"의 기원이 되었다.

비록 초기 그리스도인들이 유대교 전통으로부터 갈라져 나오고 신속하게 예배의 목적과 신학을 재해석하기는 했지만, 어쨌든 그들이 새로운 계시에 대한 새로운 해석을 하게 된 것은 이처럼 전승된 예배의 형식을 통해서였다. 성경 봉독과 그에 대한 주석 그리고 "하나님의 전능하신 행위들"에 대한 반복적인 낭송으로 이루어진 기독교의 "말씀의 예전"(service of the Word)은 이렇게 회당으로부터 유래한 것이다. 시간과 예전적 절기들을 배열하는 방식인 교회력도 마찬가지다. 오순절(유대의 축제 주간)과 부활절(유대의 유월절) 등 주요 절기들은 모두 유대의 달력으로부터 온 것이다. 그런가 하면 예배 의식에서 물, 기름, 떡 그리고 포도주 등을 사용하는 것도 유대의 의식들로부터 차용된 것이 명백하다. 기독교의 성만찬과 성만찬 기도도 그 형식은 유대의 식탁교제로부터 수용된 것이다.

2. 예배의 신약적 근거

초기 그리스도인들은 그들에게 매우 중요한 공동의 식사를 위해 안식 후 첫날 즉 주일날에 모였지만, 그 중에서도 유대계 그리스도인들은 안식일이 되면 여전히 회당과 성전에서 행해지는 예배에 참석하였다. 그러다가 1세기 후반에 이르러 기독교의 예배가 유대교의 그것과 다름이 점차 뚜렷해지면서 기독교는 서서히 유대교와 결별하게 된다.

그리스도인들은 유대교의 안식일을 고수하는 대신에 한 주간의 첫날에 예배드렸다. 그것은 그 날이 안식 후 첫날이며, 창조와 빛의 날이고, 교회가 탄생한 오순절이며, 그리스도께서 부활하신 날이기 때문이었다. 초대 그리스도인들은 "주님의 날"이 새로운 시대를 대표한다고 믿었으며, 이 새로운 시대란 삶과 시간의 종말론적인 새 질서와 함께 동터오는 시대였다.

1 성만찬

신약의 기록은 기독교의 예배와 성만찬에 관한 신학이나 예식 및 실천에 관해서 매우 빈약한 전거만을 제공해 줄 뿐이다. 그 기록들은 대체로 부분적이며 간접적인 것들뿐이다. 그러나 그럼에도 불구하고 신약의 기록은 무시할 수 없는 중요성을 가지고 있다.

신약의 기록이 성만찬에 관해 부분적인 정보만을 제공해 준다는 것은, 마태복음 2장 26-29절, 마가복음 14장 22-25절, 누가복음 22장 15-20절의 공관복음서들과 고린도전서 11장 23-25절 등 지극히 제한된 정도의 기록만이 그것에 관해 말하고 있기 때문이다. 물론 고린도전서 10장과 누가복음 및 사도행전에 "떡을 뗌"에 관한 언급이 있긴 하지만 이것들은 지극히 단편적이기 때문에 성만찬에 관한 하나의 참고사항이 될 뿐이다. 성만찬에 관한 간접적인 자료들로는 요한복음 6장 및 복음서의 소위 "떡에 관한 기적 이야기" 그리고 히브리서와 요한계시록 등에 나와 있는 암시적인 내용들이 있다.

신약의 기록 중에서도 바울이 기록한 고린도전서는 주후 53년 혹은 54년경 "고린도"라는 특정 지명을 언급하고 있으며, 10장과 11장에 기록된 성만찬에 관한 내용은 특히 중요하다. 왜냐하면 이 기록은 예수님께서 십자가에 달리시고 부활하신 지 불과 20여 년 후에 기록된 것이고, 복음서보다도 10여 년이나 빠른 시점에서 기록된 것이기 때문이다. 그 중에서도 고린도전서 10장 1~4절과 15~22절은 우상에게 바쳐진 제물을 먹는 문제에 관한 기록인 8장 1절~12장 1절까지의 긴 언급 중간에 삽입된 부분으로서, 특히 10장 1~4절은 세(침)례와 성만찬을 함께 언급한 유일한 기록이다.

여기에 기록된 초자연적 음료와 음식은 바울에 의하면 "신령한 음식" (pneumatikos food)과 "신령한 음료"(pneumatikos drink)인데, 이는 출애굽기 16장 14~31절의 만나와 출애굽기 17장 1~7절에 기록된 반석의 생수를 뜻한다. 물론 생수는 민수기 20장 1~13절과 21장 16~18절에도 기록되어 있다. 바울이 말한 "신령한"이라는 말의 의미는 정확히 알 수 없으나, 여하튼 중요한 것은 이들 "신령한" 음식이 신적으로 그리고 초자연적으로 제공된 음식 곧 "하나님께서 제공하신 음식"이라는 사실이다. 그런 의미에서 만나는 "성례전적인 떡"을 예시하며, 반석의 생수는 "성례전적인 음료" 곧 포도주를 예시한다.

그 다음 부분인 고린도전서 10장 15~22절에서는 떡과 포도주의 이러한 성례전적 성격에 기초한 또 다른 논의가 진행된다. 성만찬은 본질적으로 그리스도와 신자의 친교(koinonia)를 세우기 때문에 그리스도인들은 주님의 잔과 이교의 잔 즉 사탄의 잔을 함께 마실 수 없으며, 주님의 식탁과 마귀의 식탁을 함께 할 수 없다(고전 10:21). 여기에서 바울은 "우리가 축복하는 바 축복의 잔은 그리스도의 피에 참예함이 아니며, 우리가 떼는 바 떡은 그리스도의 몸에 참예함이 아니냐?"라고 하면서 고린도 교회 교인들의 지성에 호소하고 있다. 그러므로 "신령한 음료"(pneumatikos drink)와 "신령한 음식"(pneumatikos food)은 여기에서 그리스도의 몸과 피로 재정의된다.

뿐만 아니라 쪼개진 한 떡에 참여하는 교회의 행위는 참여자들로 하여금 그리스도와 연합하게 할 뿐만 아니라, 다른 참여자들과도 연합하게 하는 상징이면서 동시에 그 연합을 효력 있게 하는 행위다. 그런 점에서 성례전적인 몸(sacramental body)은 그리스도의 몸 즉 교회(ecclesial body)를 형성한다(디다케 9:4). 이는 성만찬의 공동체적 성격을 뜻한다.

종합적으로 볼 때, 바울이 말하는 "성만찬"은 다음과 같은 성질의 것이었다.

첫째, 그것은 모든 회중이 모이는 시간에 시행되어야 하며, 모두가 오기 전에는 시작하면 안 된다.

둘째, 그것은 진짜 식사였다. 이 때에는 잘 사는 사람들이 음식을 가져왔으며, 음식을 가져올 수 없는 가난한 사람들은 그냥 와서 함께 나누어 먹는 식사였다.

셋째, 유대인들의 식사의식처럼, 성만찬도 떡을 인한 감사기도(blessing over the bread)로 시작되었다. 그리고 나서 떡을 쪼개 모두에게 나누어주는데, 이 때 떡이 예수님의 몸이라고 해석하는 말(고전 11:24)과 함께 주어졌다.

넷째, 이 모임은 그리스도의 몸 곧 교회를 구성한다. 왜냐하면 성만찬을 위해 모인 집단이 곧 교회이며, 이것이 곧 그리스도의 몸이기 때문이다.

다섯째, 모두가 떡을 받은 후에 식사가 계속되며, 식사의 끝에는 "잔에 대한 감사기도"(the cup of blessing)가 말해지고 모두가 이를 마신다. 이 감사 때에는 그리스도의 죽으심과 부활과 승리하심으로 공동체에 늘 함께하심이 선포되는데, 이는 "그리스도께서 오실 때까지"(고전 11:26)이다. 물론 이 감사와 선포에는 창조, 선택 그리고 섭리를 통해 하나님께서 행하신 놀라운 일을 떠올리는 것과, 이제는 그의 아들 예수님께서 하신 모든 일 즉 그분의 죽으심과 부활을 떠올리는 것이 포함된다.

그러므로 성만찬의 행위는 전체적으로 "그리스도에 관한 기억"(anamnesis)이다. 이 기억은 "감사"를 통해서 이루어지는데, 반드시 "행동"이 수반된다. 왜냐하면 주님께서 말씀하시기를, "이것을 행하여 나를 기념하라"고 하셨기 때문이다. 환언하면 "행동"을 통해서 예수님이 기억된다고 볼 수 있다.

"주께서 오실 때까지"라는 말은 단순히 연대기적 의미로 "그가 오실 때까지"를 의미하는 것으로 끝나지 않는다. 이 구절은 아람어 "마라나타"(Maranatha)로 보이는데, 아마도 고린도교회에서 이 말을 외치는 것이 예배의 한 순서였던 것으로 보인다(고전 16:22, 계 22:20). 당시의 교회에서 부활하신 주님의 죽으심이 선포되는 것은 바로 그분의 다시 오심을 기원(invoke)하고 대망(anticipate)하기 위함이었으며, 주님의 왕국(parousia)이란 기대되는 그분의 임재이고, 동시에 어떤 의미에서는 그분의 현존 자체였다. 이는 성만찬의 종말론적 차원을 강하게 드러내는 구절이다.

이 같은 고린도교회의 성만찬은 비록 바울이 쓴 고린도전서에 나타나 있지만, 바울이 홀로 창작한 것이 아니었다. 우선 그는 고린도전서 11장

23~25절에서 그것이 "주께 받은 것"이라고 밝히고 있는데, 아마도 그가 회심한 이후 3년만에 예루살렘을 방문했을 때 이미 형성되어 있던 전통을 배운 것으로 보인다. 또한 고린도전서 15장 1절 이하의 말씀을 비추어볼 때 바울이 예루살렘의 베드로로부터 성만찬에 관한 전승을 물려받은 것은 확실해 보인다. 그러니까 바울은 그리스도 안에서 자기보다 먼저 있던 사람들로부터 예수님의 구속적 죽음과 부활에 관한 교리적 전통을 물려받았고 거기에 충실했다는 이야기가 된다. 이 모든 사항이 말해주는 것은 바로 이것이다. 즉 바울의 기록이 성만찬에 관한 최초의 기록이기는 하지만, 사실은 그보다 앞선 전통이 있었고, 바울은 이에 충실하게 따랐다는 것이다. 이에 관한 또 다른 증거는 성만찬에 관한 최초의 기록인 고린도전서의 성만찬에 관한 묘사는 그리스도 자신에 의해 실행된 행동들에 기원을 두고 있다는 사실이다. 그것들은 다음과 같다. 첫째, 떡에 관한 말과 동작이 식사 전에 나오며, 잔에 관한 말과 동작은 식사 후에 나온다. 이 패턴은 유대 식사 전통과 맥락을 같이 한다. 둘째, 잔에 관한 언급은 한 번뿐이다. 이는 유대의 전통과는 다른 것이다. 셋째, 떡에 관한 동작과 잔에 관한 동작은 식사로 분리되어 있다. 그리고 기억을 위한 동작을 반복하라는 명령이 두 번 나온다.

한편, 마가복음에 나오는 성만찬의 기록은 수난 이야기의 맥락 속에 들어 있으며, 마지막 만찬은 유월절 식사로 되어 있다(14:12-16). 그런데 이 점은 바울의 기록에는 자세히 언급되지 않은 내용이다. 마가복음의 기록에 의하면 떡과 잔에 관한 말씀(14:22-25)은 식사 도중에 되어졌으며, 떡에 관한 동작과 잔에 관한 동작은 연이어 나온다. 그리고 "이것은 내 몸이다"(This is my body)라는 말과 "이것은 내 피다"(This is my blood)라는 말이 뜻하는 두 개의 동작이 병행을 이룬다. 그러나 마가복음에서는 반복하라는 명령이 없다는 점이 특이하다. 또 하나 특이한 점은, 마가복음에서는 잔이 "많은 사람을 위하여 흘리는 바 나의 피 곧 언약의 피"

라는 말에 의해 꾸며지는데, 이는 출애굽기 24장 8절과 이사야 53장 12절에 근거한 것으로 보인다.

한편 성만찬에 관한 마태의 기록(26:26-28)은 대부분 마가의 기록을 정확하게 따르고 있다. "받으라"(take), "먹으라"(eat), "모두 이것을 마셔라"(drink of this all of you)라는 말이 마가의 그것과 놀랍게 일치한다. 다만 마태는 잔에 관한 말씀에서 "죄 사함을 얻게 하려고"라는 말을 첨가하였는데, 이는 예수님의 피가 지니는 속죄의 능력을 강조하기 위한 것으로 보인다.

마태와 마가의 기록에서 공히 "떡"과 "잔"이 수난 이야기(passion narrative)의 중요하고도 본질적인 부분이다. 왜냐하면 예수님께서는 십자가에 달리시기 전날 밤 죽음을 수용하시면서 그리고 그것에 다가가시면서 "떡"과 "잔"을 통하여 당신의 내적 목적을 밝히 드러내셨기 때문이다. 다시 말해서 예수님의 죽음은 하나의 희생제사적 봉헌이며, 이는 이스라엘의 열두 지파(출 24:4) 및 "많은 사람들"과 하나님 사이에 새로운 관계를 형성하기 위한 피의 봉헌이었다. 열두 제자들은 떡과 잔을 받음으로써 예수님의 의도를 받아들이고, 그들 스스로 거기에 동참함을 표시했다. 마가와 마태복음에 모두 나타나는 마지막 구절(막 14:25, 마 26:29, "내가 포도나무에서 난 것을 하나님 나라에서 새 것으로 마시는 날까지 다시 마시지 아니하리라")은 수난을 넘어서 그 뒤에 있는 영광을 바라본다. 이 영광은 하나님의 나라에서 "새 포도주"로 축하될 것이다. 특히 마태는 "너희와 함께"라는 말을 첨가함으로써 이를 더 선명하게 드러내었다.

요한복음에는 "제정사"(institution narrative) 부분이 빠져있는 것이 특징이다. 단지 6장 51절이 제정사의 반향(echo)으로 들릴 뿐이다. 6장 26~59절은 "생명의 떡"에 관한 강화(discourse)로서, 오천 명을 먹이심(6:5-13)과 호수 위를 걸어서 오신(6:16-25) 이야기 다음에 나온다. 무리를 먹이신 기록은 여러 면에서 공관복음의 다른 기록들과 일치하는데(막 6:41, 42, 8:6-8, 마 14:19, 20, 15:36-37, 눅 9:16, 17), 특이한 점은 이러한 먹이심의 기록에는 반드시 주님께서 취하신 "네 가지의 동작"이 결부되어 있다는 사실이다. 이 네 가지의 동작은 "떡을 취하심"(taking), "축복하심"(blessing: 막 6:41, 마 14:19, 눅 9:16) 또는 "감사를 드리심"(giving thanks: 막 8:6, 마 15:36), "떡을 떼심"(breaking) 그리고 "나누어주심"(giving)인데, 이 동작들은 주님의 마지막 만찬에서도 동일하게 나타나며, 이는 그 후 교회의 성만찬에서도 그대로 계승, 실천되고 있다. 이는 공관복음서 기자들이 공히 유대교적 전통에 서 있으며, 그러므로 예수님의 마지막 만찬이 공생애 기간 내내 예수님께서 제자들과 함께 하셨던 모든 식사의 연장선상에 있음을 확인하는 것이다.

요한복음 6장에서 앞부분의 절들은 예수님께서 세상의 주림을 해결해 주시는 생명의 떡에 관한 일반적 강화(discourse)라고 볼 수 있기 때문에 딱히 성만찬에 관한 직접적인 언급이라고 볼 수는 없지만, 53~58절은 살을 먹고 피를 마시는 것에 관한 구체적 언급으로서 기독교 성만찬을 암시하는 것임에 의심의 여지가 없다. 현대의 주석가들에 의하면 전반부 즉 51절 중반부까지의 말씀에서 예수님은 진정한 만나 즉 하나님께서 세상에 주신 하나님 자신의 선물로서(3:16), 단지 허공(sky)이 아닌 하늘(heaven)로서 오신 분이며, 단순히 광야를 통과하는 제한적인 의미의 여행을 위한 음식(viaticum)이 아니라, 영생을 나누어주고(impart) 유지하기(sustain) 위해 고안된 음식이다. 그러나 "산 떡"(living bread)으로서의 아들 예수님(5:26, 6:57a)은 오직 세상을 위한 아버지 하나님의 선물일 뿐만 아니라, 예수님께서 스스로 당신 자신을 주시는 것임을 인식해야 한다. 이는 51절의 "내가 주는 떡은 세상의 생명을 위하여 주는 내 몸이로라"의 말씀에 나타나 있다. 성만찬 제정사의 형태와 관련이 있는 것으로 보이는 이 말씀은 이 강화에 있어서 가시적인 중심축을 이루고 있다. 이 말씀 앞에는 예수님께서 자신을 떡으로 말씀하시며, 이 말씀 이후에는 당신의 살과 피에 관해 말씀하신다. 비가시적인 중심축은 제정사 자체의 말씀인데, 이는 예수님께서 이중의 상징을 통하여 당신 자신을 제자들에게 나누어주시는 희생적 죽음을 이루시겠다고 선언하시는 말씀이다. 그러므로 51절 후반부(51c)는 만나에 관한 일반적 상징과 성만찬에 관한 구체적 상징 사이를 날카롭게 구별짓는 말씀이다.

전체적으로 보아 요한복음 6장은 요한복음 기자 당대의 예전 순서를 반영한다고 보아도 과언이 아닌데, 그 순서는 말씀 봉독→그 말씀에 대한 주석→수난을 기억함(51c)→성만찬에 참여함(떡과 잔 두 가지 모두: 53-56)이다. 흥미로운 사실은 이 순서가 순교자 저스틴의 글에도 그대로 나타난다는 사실이다.

또한 요한복음의 후반부(13-20장)는 크게 두 부분으로 구분된다. 첫째 부분은 토론이고 둘째 부분은 행동인데, 이중 첫째 부분은 일종의 식사 이후의 강화(discourse)이고, 둘째 부분은 수난과 부활에 관한 말씀이다. 강화 부분은 14장부터 16장까지로서, 예수님과 제자들의 관계에 관한 계시와 가르침에 관한 말씀인데, 이것은 "말씀의 예전"(ministry of the word)에 해당된다. 그 다음에는 긴 기도가 17장에 나오는데, 여기에서 예수님은 당신 자신께서 아버지께로 돌아가시는 것과 당신의 제자들을 인하여 당신 자신을 성별하시는 것에 관해 말씀하신다. 그 이후에는 수난기사가 뒤따라 나오며, 이는 예수님의 죽음(19:30)에서 절정에 이른다. 아마도 이러한 구조는 요한복음서 기자의 시대에 행해졌던 예전 즉 말씀과 성례전의 연속구조를 반영하고 있는 것으로 보인다.

2 세(침)례

복음서들은 한결같이 세(침)례 요한의 사역으로부터 시작하고 있다. 물론 세(침)례 요한의 사역은 예수님의 사역에 대한 직접적 선구자 역할을 한다. 다시 말해서 요한의 사역은 그의 뒤에 오시는 분 곧 성령과 불로 세(침)례를 주실 분을 가리키는 것이었다(막 1:7과 다른 복음서의 같은 말씀들을 참조하라). 모든 사람들은 메시야의 심판을 받게 되는데, 이는 회개하지 않는 이에게는 멸망을, 그리고 회개하는 자에게는 메시야 왕국에 참여하는 것을 뜻한다. 그러므로 요한의 세(침)례는 메시야적 세(침)례를 위한 준비다. 이것은 메시야의 사람들을 한데 모으는 하나의 시취 의식이다. 이런 의미에서 요한의 세(침)례는 유대의 "개종자 세(침)례"(proselyte baptism)와는 다르다.

분명한 점은 예수님께서 요단강에서 세(침)례 요한에 의해 세(침)례를 받으셨다는 사실이다. 이는 공관복음에 명시되어 있고, 요한복음에도 암시되어 있다(1:32). 물론 예수님께서 요한에게 세(침)례를 받으신 것이 타당한가 하는 점은 초대교회에서도 하나의 논쟁거리였으며, 마태복음도 이를 지적하고 있다(3:14). 이에 관하여 누가는 그러한 예수님의 행동이 예수님께서 당신 자신을 세리, 죄인들, 그리고 모든 사람들과 동일선상에 놓으신 것으로 해석하고 있다(3:21). 분명한 것은 복음서 기자들에게 있어서, 예수님의 세(침)례는 그의 사역을 위한 출발이었으며, 예수님의 수세(침) 직후 있었던 성령의 강림은 이제 새 언약이 체결되었고 새로운 시대가 시작되었다는 것을 의미한다.

이렇게 예수님께서 받으신 세(침)례가 메시야적 사역의 시작을 알리는 것이었지만, 또한 세(침)례는 예수님의 부활 이후에 교회 공동체에 소속됨을 나타내는 표시이기도 했다. 예수님께서 제자들에게 아버지와 아들과 성령의 이름으로 세(침)례를 줌으로써 모든 족속으로 제자를 삼으라고 명령하신 것은 이를 잘 나타내 준다(마 28:19-20). 물론 예수님께서 받으신 세(침)례는 그 이후 그리스도인들이 받은 세(침)례와는 다르다. 그러나 예수님의 세(침)례가 기독교 세(침)례의 기원이 되는 것만은 의심의 여지가 없다. 그러니까 기독교의 세(침)례는 예수님께서 받으신 그

세(침)례를 따라하는 것이 아니라, 그 독특한 세(침)례로 인하여 시작된 구원의 충만함으로 들어가는 방식이요, 관문이라고 볼 수 있다.

기독교 세(침)례의 내용은 요한의 세(침)례가 가진 내용보다 훨씬 풍부하다. 기독교의 세(침)례는 단지 죄 사함을 얻게 하는 회개의 세(침)례만을 의미하는 것이 아니라, 그리스도 안에서 동참하는 수단이고(sharing in Christ), 그리스도와 함께 죽는 수단이며, 그리스도에게로 세(침)례 받는 수단이고(being baptized into him), 그리스도의 몸의 구성원이 되는 수단이며, 그리스도의 영을 받는 수단이다.

신약성경은 세(침)례의 중요성에 관해서는 많은 기록을 가지고 있으나, 그 세세한 의식에 대해서는 별로 기록하고 있지 않다. 신약 중에서 가장 초기의 기록에 속하는 바울의 서신들을 볼 때에 바울은 언제나 자신과 동료 그리스도인들의 삶에서 그리스도에 의해 영향을 받아 생긴 변화들에 관해서 매우 잘 알고 있었다. 그래서 그는 자주 두 가지 삶의 형태를 대조시킨다. 그것은 옛 아담 안에 사는 삶과 새 아담 안에 사는 삶(롬 5:12, 6:12-7:6, 고전 15:20, 6:9-11), 육을 따라 사는 삶과 영을 따라 사는 삶(갈 5:16) 등이다.

바울은 그의 편지들을 통하여 누구든지 그리스도인이 되려면 세(침)례를 받아야 한다고 전제하였다. 세(침)례에 내포된 "단번에 그리고 영원히"(once-for-all-ness)의 의미는 그 후의 모든 세(침)례에서도 그렇듯이 바울의 사고에 깔린 기본 전제였다. 세(침)례는 두 세계 사이의 경계인데, 이는 전적으로 다른 두 가지 삶의 형태 사이의 경계이며, 곧 죽음과 삶 사이의 경계이다. 그러므로 믿음과 세(침)례는 밀접히 관련되어 있다. 신자가 되려는 사람은 세(침)례에서 그리스도를 구주로 고백하였으며(롬 10:9), 그들의 신앙은 세(침)례를 통하여 공적으로 선포되었다.

바울에 의하면 세(침)례는 그리스도와 함께 장사지내는 것이다(롬 6:3). "그리스도 예수와 합하여 세(침)례를 받은 우리는 그의 죽으심과 합하여 세(침)례 받은 줄을 알지 못하느뇨? 그러므로 우리가 그의 죽으심과 합하여 세(침)례를 받으므로 그와 함께 장사되었나니 이는 아버지의 영광으로 말미암아 그리스도를 죽은 자 가운데서 살리심과 같이 우리로 또한 새 생명 가운데서 행하게 하려 함이니라(롬 6:3-5)." 이 주제는 골로새서 2장 12절에서도 반복되는데, 그리스도인은 "그리스도와 함께 죽은" 자들이다(골 2:20). 바울이 앞장에서 말한 바, 아담 안에서의 연대성 곧 죄 안에서의 옛 연대성은 새 아담인 그리스도 안에서의 연대성 곧 의로움 안에서의 새로운 연대성으로 대치되었다. 여기에서 옛 아담은 새 아담인 그리스도에 의하여 대치되고, 죄는 의롭다 하심으로 대치되며, 옛 연대성은 새 연대성으로 대치된다. 그러므로 그리스도인은 자기의 옛사람과 그 행위를 벗어버리고 그리스도를 옷 입는다(골 3:9, 갈 3:27).

바울은 예수님의 세(침)례를 말하면서(롬 6:3, 갈 3:27) 동시에 성령 세(침)례를 말한다(고전 12:13). 그리스도인의 삶이란 세(침)례로 들어가게 된 성령 안에서의 삶이다(고후 1:22). 그것은 성령의 선물로서 새 언약에 참여함을 뜻한다(고후 3장). 다시 말해서 성령 세(침)례가 사람을 그리스도의 몸으로 편입시킨다.

에베소서에서 그리스도인은 구원의 날을 위하여 약속된 성령으로 "인침"(sealing)을 받은 자들로 묘사된다(1:13, 4:30). 아마도 이 인침은 개인이 그리스도인 공동체로 입교할 때 발생하는 것으로 보인다. 에베소서 5장 25~27절은 결혼 전에 신랑이 하는 목욕("물로 씻어 말씀으로 깨끗하게")을 분명히 언급하는데, 이 목욕이란 깨끗하게 하고 거룩하게 하는 것이다. 여기에서 "씻다"를 의미하는 단어 "로우트론"(loutron)은 디도서 3장 5절 이하에 나오는 중생(rebirth)과 새롭게 함(renewal)으로서의 입교를 언급할 때 또 나오는 말이다. 그의 자비하심을 따라 "중생의 씻음과 성령의 새롭게 하심으로" 우리를 구원하셨으니, 이 성령은 그가 우리 구주 예수님을 통해 풍성하게 우리에게 부어주신 것이다.

히브리서 기자는 "그리스도에 관한 기본적인 교리" 중에서 "씻음(baptismoi)에 관한 가르침"과 "안수"(laying on of hands)를 포함시키고 있다(6:2). 여기에서 세(침)례는 복수 형태로 되어 있는데 이는 아마도 그리스도인의 세(침)례를 다른 씻음들과 대조하고 있는 것으로 보인다. 히브리서의 후반부에서는 세(침)례의 상보적인 두 측면 곧 내적 세(침)례와 외적 세(침)례를 언급한다. 마음에 뿌림을 받아 양심의 악을 깨닫고 몸을 맑은 물로 씻었으니 참 마음과 온전한 믿음으로 하나님께 나아가자(10:22).

일반적으로 베드로전서는 세(침)례에 관한 설교라고 여겨진다. 물론 이것을 인정하지 않는 사람도 있기는 하지만, 그럼에도 불구하고 베드로전서에는 그리스도에 의해 성취되고 세(침)례를 통하여 효력을 발생하여 구원을 통하여 가능하게 된 그리스도인의 삶의 질에 관한 암시가 풍부하게 들어 있음을 부인할 수는 없다. 수세자들은 "새로 태어난 아기"(2:2)로 말해지는데, 그들은 "중생한"(1:3, 23) 사람들이다. 그러나 베드로전서에서 세(침)례에 관한 직접적인 언급은 오직 한 군데뿐인데, 이는 3장 21절이다. 이곳에서 저자는 홍수의 물과 세(침)례의 물 사이의 유비에 관해 말한다. 이것(홍수의 물)에 해당하는 세(침)례는 이제 사람을 구원하는데, 몸으로부터 더러운 것을 제하여 버림으로가 아니라, 예수님의 부활을 통한 깨끗한 양심을 위해 하나님께 호소함으로이다.

요한복음은 세(침)례에 관한 많은 암시를 보유하고 있다. 그 중에는 예수님과 니고데모의 만남(3장)이 포함되어 있는데 여기에서 세(침)례의 개념이 보다 명확해진다. 예수님은 사람이 하나님의 나라를 보기 위해서는 위로부터 태어나야 한다고 말씀하신다. 이 출생은 물과 성령으로 태어나는 것이며, 사람이 물과 성령으로 태어나지 않으면 그는 하나님의 나라에 들어갈 수 없다(3:5). 요한복음의 다른 곳과는 다르게(7:38,

4:14) 이 본문은 물과 성령을 동등하게 취급하고 있다. 다시 말해서 물과 성령은 함께 하늘의 출생을 위한 동인(動因)으로 여겨진다.

요한일서에는 "도유"(chrisma)라고 하는 것에 관한 언급이 있는데, 이는 그리스도인이 "거룩하신 분"으로부터 받은 도유를 말한다(2:20, 2:27). 이 도유는 의심할 바 없이 입교의식에서 주어지는데, 그 의미는 신자에게 내적으로 거하시며 그들을 가르치시는 성령을 받는 것이다. 요한일서 5장 6~12절에 있는 "물과 피"는 종종 세(침)례와 성만찬을 뜻한다고 성례전적으로 해석된다.

사도행전의 역사적 가치에 대하여는 다양한 견해가 있지만, 이 글이 당시 초대교회의 예전적 실천을 안내하거나 또는 예전적 지침서로 사용될 의도가 전혀 없었던 것만은 확실하다. 사도행전의 목적은 어떻게 복음이 예루살렘으로부터 로마제국으로 퍼져 나갔는지를 보여주기 위한 것이었으며, 그래서 저자는 이 무용담의 주요 전환점들에만 관심을 집중했을 뿐, 교회생활이나 조직에 관한 구체적인 것은 밝히지 않았다. 그러나 회심자들의 입교는 교회의 선교가 널리 퍼지는 이 드라마에서 중요한 요소였으며, 특히 그들이 새로운 범주의 신자들을 대표하는 사람들일 경우에는 더욱 그러하였다. 그러므로 우리는 사도행전으로부터 사도시대 교회의 입교실천에 관해 어느 정도 배울 수 있다.

사도행전의 저자는 2장 38절에 나타난 베드로의 명령을 교회에 들어오는 형식과 규범을 확립하는 것으로 의도한 것 같다. 베드로의 오순절 설교 이후에 청취자들은 베드로와 다른 사도들에게 "형제들아 우리가 어찌할꼬?" 하고 물었으며, 베드로는 "회개하라 그리고 모두 죄 사함을 얻기 위해 예수님의 이름으로 세(침)례를 받으라, 그러면 너희가 성령의 선물을 받으리라"고 하였다. 여기에서 교회로 들어오는 과정에 직접적으로 연결된 세 가지의 중요한 요소가 있는데, 그것은 회개, 물세(침)례 그리고 성령을 받음이다.

특히 입교에 관한 사도행전의 기록들은 물세(침)례와 성령세(침)례의 관계를 포함하고 있는데, 이 관계가 항상 일정하지는 않다. 그럼에도 불구하고 물세(침)례와 성령세(침)례의 관계를 분석해 보면 대략 세 가지의 범주로 분류된다. 첫째는 물세(침)례를 받은 이후에 성령세(침)례를 받는 경우이다. 이는 사도행전 2장 38절에 나타난 경우와, 또한 에베소 사람들이 주의 이름으로 세(침)례를 받고 그 후에 안수를 받을 때에 성령을 받은 경우이다(19:5). 둘째는 성령세(침)례가 먼저 오고 물세(침)례가 나중에 오는 경우이다. 대표적인 사례는 고넬료의 경우이다. 고넬료는 베드로가 설교할 때에 성령을 먼저 받았으며 이어서 물세(침)례를 받았다(행 10:44-8). 아마 바울의 경우에도 이에 해당하는 것으로 보인다(9:17). 셋째는 이도 저도 아닌 경우로서 물세(침)례와 성령세(침)례가 밀접히 연결되어 있지 않고 분리되어 있는 경우이다. 대표적인 경우는 아볼로이다(18:25. 또한 오순절의 경우도 이에 해당한다. 2:4).

이처럼 다소 모호하게 보이는 여러 경우들을 종합해 볼 때에 한 가지 일관된 사항이 있다면 그것은 사도행전의 저자에게 있어서 사람을 그리스도인으로 만드는 것은 다름 아닌 성령의 선물이라는 사실이다. 물론 회개와 물세(침)례는 필요한 것이다. 그러나 그리스도인의 결정적인 표시는 성령의 선물을 받는 것이다. 그러므로 사마리아 사람의 경우에서처럼(8:4) 그들이 사도들의 안수를 통하여 성령을 받기 전까지는 진정한 그리스도인이라고 할 수 없다. 그러므로 종합하면 이렇다. 사도행전의 저자에 의하면 한 사람이 그리스도인이 되는 데에는 세 가지 요소가 필요한데, 그것은 회개와 물세(침)례와 성령의 선물이며, 이중에서 가장 중요한 것은 바로 성령의 선물이다.

입교에 관한 신약의 주요 증거들을 간략히 조사하면 사도시대 입교의식의 내용과 본질은 대략 다음의 세 단계로 구분된다. 첫째는 준비 단계이며, 둘째는 물에 잠기는 단계이고, 마지막으로는 도유 또는 안수의 단계다. 그리고 세(침)례의 후보자는 아마도 성인이었을 것으로 추정된다. 물론 그렇다고 해도 온 집안이 모두 회심을 하는 경우에는 세(침)례 받는 사람들 중에 어린이가 끼어있을 가능성이 여전히 존재한다.

그러면 입교의식의 세 단계에 관해서 조금 더 구체적으로 살펴보자. 먼저 입교를 위한 준비단계로서, 당시에 후보자가 얼마나 많은 가르침들을 세(침)례 이전에 받았는지는 판단하기가 쉽지 않다. 아마도 히브리서 6장 1절 이하가 세(침)례를 위한 가르침의 내용을 지시하는 것이 아닌가 추정된다. 여기에서 "그리스도에 관한 초보적 교리"는 "사망의 일로부터의 회개와 하나님을 향한 믿음, 씻음에 관한 가르침, 안수, 죽은 자의 부활과 영원한 심판을 위한 토대" 등으로 열거되고 있다. 그 외에도 바울과 기타 다른 사도들이 쓴 여러 서신들에서 공통적으로 포함된 내용과 윤리적 가르침들이 세(침)례를 위한 초신자 교리로부터 도출되었을 것이라는 설이 그럴 듯하게 제시되고 있다.

세(침)례준비를 위한 정확한 내용이 무엇이었든 간에, 세(침)례는 먼저 복음이 선포되고 나서 그것을 받아들인 후에 주어졌다. 그리고 세(침)례의 집례자가 예수님을 믿는 것에 관해 질문하고 후보자가 그것에 대한 동의를 표시하였을 것이다. 당시에 "예수님의 이름으로" 세(침)례를 받은 사실이 이를 암시한다(행 2:38, 8:16, 10:48, 19:5, 롬 10:9, 고전 6:11). 또 어떤 회중에서는 "아버지와 아들과 성령"을 믿음에 관한 삼중적 질문이 있었는지도 모른다(마 28:19).

세(침)례를 위한 질문에 대한 대답으로서의 신앙고백은 아마도 로마서 10장 9절, "네가 만일 네 입으로 예수님을 주로 시인하며 또 하나님께서 그를 죽은 자 가운데서 살리신 것을 네 마음에 믿으면 구원을 얻으리니"에 암시되어 있는 것 같고, 그것에 대한 명시적 언급은 디모데전서 6장 12절, "믿음의 선한 싸움을 싸우라 영생을 취하라 이를 위하여 네가 부르심을 얻었고 많은 증인 앞에서 선한 증거를 증거하였도다"에 나타난 것으로 보인다(히 4:14).

신약시대의 세(침)례는 원래 강이나 냇가 또는 집안에 있는 욕실(또는 욕조: bath-house)에서 실행되었다. 신약시대의 세(침)례가 "담그는" 형태(immersion)인지 아니면 "붓는" 형태(affusion)인지에 관해서는 확실치 않다.

또한 세(침)례 집례자의 신분에 관해서도 증거가 많지 않다. 사도행전에 의하면 선교하던 사도들은 회심하는 사람들에게 세(침)례를 베풀어야만 했다. 그러나 고린도전서 1장 12~17절에 의하면 바울은 세(침)례를 격하시키지 않으면서도 자기가 오직 소수의 고린도 사람에게만 세(침)례를 준 것을 감사한다고 말하고 있는데, 이는 그렇게 하는 것이 공동체의 일치를 위하여 더 좋고, 또한 그의 사역은 세(침)례를 주는 일이라기보다는 복음을 증거하는 일이라고 하였다.

원시 입교의식이 물세(침)례 이외의 다른 요소들을 포함했는지에 관해서는 많은 논쟁이 있다. 원래 입교의식은 단순히 물세(침)례만으로 이루어졌다는 주장이 있다(G. W. H. Lampe). 그러므로 다른 예식들, 예컨대 도유나 안수 등은 후기에 일부 집단들에서 첨가되었으며, 입교의식에서 본질적인 역할을 차지하지는 않는다는 것이다. 그러나 다른 주장도 있는데, 이에 따르면 그리스도인의 세(침)례는 요한의 세(침)례와는 다르며 본래 기름부음 등을 포함하고 있다는 것이다(A. Kavanagh). 이는 "그리스도인"(Christian)이라는 이름이 "그리스도"(Christ)로부터 유래하였고, 그리스도라는 말 자체가 "기름부음"(chrism)을 포함하고 있다는 것을 알면 이해가 가능하다. 이 견해에 따르면 본래 그리스도인의 세(침)례는 물로 인한 세(침)례가 아니라 성령으로 인한 세(침)례였다. 신약의 기록들을 살펴보면 예수님에 대한 성령의 메시야적 기름 부으심에 관한 내용이나, 예수님의 수세(침)에서 물보다는 성령에 의한 세(침)례가 부각되는 것으로 미루어 보아, 실제적인 기름부음이 세(침)례의 한 부분을 차지하고 있었음을 보여준다. "우리를 너희와 함께 그리스도 안에서 견고케 하시고 우리에게 기름을 부으신 이는 하나님이시니"라는 고린도후서 1장 21절 이하의 말씀이 단순히 은유적인 것만은 아닐 수도 있다는 가능성을 열어놓아야 한다. 여기에서 하나님은 우리에게 기름을 부으시고, 인치시며, 성령의 보증을 우리 가슴에 주시는 분이다. 인증에 대한 또 다른 언급들, 예컨대 "그 안에서 너희도 진리의 말씀 곧 너희의 구원의 복음을 듣고 그 안에서 또한 믿어 약속의 성령으로 인치심을 받았으니"라는 말씀(엡 1:13)이나, 같은 곳의 "하나님의 성령을 근심하게 하지 말라 그 안에서 너희가 구속의 날까지 인치심을 받았느니라"(4:30)는 말씀은 물론, "가로되 우리가 우리 하나님의 종들의 이마에 인치기까지 땅이나 바다나 나무나 해하지 말라 하더라"(계 7:3)라는 말씀에 나타난 바대로, 의로운 자의 이마에 하나님께서 인치시는 것(계 9:4, 14:1, 22:4) 그리고 "너희는 거룩하신 자에게서 기름부음을 받고 모든 것을 아느니라"라는 요한일서 2장 20절과 "너희는 주께 받은 바 기름 부음이 너희 안에 거하나니 아무도 너희를 가르칠 필요가 없고 오직 그의 기름부음이 모든 것을 너희에게 가르치며 또 참되고 거짓이 없으니 너희를 가르치신 그대로 주 안에 거하라"는 2장 27절 등은 문자적으로 이해될 수도 있다.

신약의 증거를 살펴볼 때, 어떤 회중들에서는 적어도 안수(laying on of hands)가 세(침)례에서 중요한 요소이었으며, 그로 인해 성령이 부여되는 수단이었음을 강하게 제시한다. 그래서 "세(침)례들과 안수와 죽은 자의 부활과 영원한 심판에 관한 교훈의 터를 다시 닦지 말고 완전한 데 나아갈지니라"라는 히브리서 6장 2절의 말씀은 세(침)례와 안수가 매우 밀접하게 연결되어 있음을 보여준다. "저희가 듣고 주 예수의 이름으로 세(침)례를 받으니 바울이 그들에게 안수하매 성령이 그들에게 임하시므로 방언도 하고 예언도 하니"라는 사도행전 19장 5~6절과 예수님의 이름으로 세(침)례를 받은 사마리아의 그리스도인들에게 예루살렘으로부터 파송 받은 베드로와 요한이 안수한 기록(8:14-17)들을 볼 때에 안수는 입교의 필수적인 부분으로 제시되어 있을 뿐 아니라 입교 절차의 절정으로 묘사되어 있다.

3 기타 예배의 요소

1) 설교

설교는 하나님의 말씀을 선포하는 사역으로서 열두 사도들과 속사도들의 주요 책임 중의 하나였다. 사도행전에 기록된 설교의 사례들을 보면 하나님께서 이스라엘을 위하여 과거에 해오셨던 역사의 연장선상에서 예수님의 사역을 선포하는 것이 주된 내용이었다. 사도행전에는 설교의 사례가 많이 포함되어 있으며 그 중 대표적인 것은 다음과 같다(행 2:14-36, 3:12-26, 7:2-53, 13:16-41, 행 17:22-32). 특이한 사항은 이들 모두가 기독교 공동체보다는 오히려 유대인들이나 이방인들을 대상으로 하고 있다는 점이다. 그렇기 때문에 기독교 공동체 내에서는 어떤 종류의 설교가 행해졌는지 알아내기는 쉽지 않다.

본래 회당의 예배에서는 설교가 있었으며, 이는 누가복음 4장 16~30절과 사도행전 13장 14~16절에도 기록되어 있다. 회당예배의 설교는 보통 율법서와 예언서를 봉독한 후에 이루어졌으며, 설교란 보통 봉독한 말씀에 대한 주석이었다. 기독교 예배에서 설교가 행해졌다는 뚜렷한 근거는 2세기 중엽에야 나타난다. 그러나 그 이전에도 설교가 있었을 것이라는 믿음이 있다. 예컨대 사도행전 4장 31절에 보면 "무리가 다 성령이 충만하여 담대히 하나님의 말씀을 전하니라"고 되어 있는데, 그렇다면 개인이나 공동의 증언 또는 간증이 회중의 모임에서 이루어졌다는 이야기가 된다. 사도바울은 서신서들을 기록하면서 그것을 회중의 모임에서 읽도록 권면하였다. 이러한 정황으로 미루어보아 서신서들을 포함한 말씀들을 예배시간에 큰 소리로 읽는 것은 일찍부터 있었던 관습이며, 또한 예배의 구조에 적합하다.

2) 예배 찬송

찬송에 대한 신약의 언급은 그리 많지 않다. 바울과 실라가 빌립보 감옥에서 찬송을 불렀던 기록(행 16:25)이 있는 것으로 보아 실제로 찬송이 불려지고 있었던 것은 확실하다. 그러나 에베소서 5장 19절과 골로새서 3장 16절에 나오는 "시와 찬미와 신령한 노래"는 당시에 시(psalms)와 찬미(hymns)와 신령한 노래(spiritual songs)가 구체적으로 구분되어 있었다는 것을 뜻하지는 않는 것 같고, 모두 "찬양"(praise)에 초점을 맞추는 것으로 보여진다. 빌립보서 2장 6~11절의 기독론적 찬송은 로마서 11장 33-35절, 골로새서 1장 15~20절, 에베소서 5장 14절, 고린도전서 13장 등과 함께 가장 확실한 찬송이었다고 볼 수 있다. 또 누가복음에는 매우 중요한 찬송가가 여러 개 기록되어 있는데 그것들은 다음과 같다. "엘리사벳의 노래"(1:42-45), "마리아의 찬가"(magnificat, 1:46-55), "스가랴의 찬미"(benedictus, 1:68-79), 그리고 "시므온의 노래"(nunc dimittis, 2:29-35) 등이다. 이러한 찬송들은 이 때부터 시작해서 아주 오랜 세기 동안 교회의 예배에서 불려진 기독교의 대표적인 찬송들이다. 요한계시록에도 많은 찬송들이 있으며(4:11, 5:9-10, 11:17-18, 15:3-4), 그 외에도 "아멘"(고전 14:16), "마라나타"(고전 16:22, 계 22:30) 등의 단편적인 환호사도 찬송의 범주에 포함된다. 이들 찬송들의 특징은 대체로 "예수는 그리스도시다"라는 내용이 중심을 이루고 있다.

3) 봉사직 또는 직제

신약성경에 나타나는 목회사역은 대단히 다양하며, 대부분은 필요에 의해서 생겨난 제도이다. 예컨대 사도들이 구제 즉 음식 분배로 바빠지게 되자 그들은 "기도하는 것과 말씀 전하는 것"에 전념할 수 없게 되었다. 그래서 일곱 명의 집사를 세우게 되었다. 그런데 그렇다고 해서 집사가 꼭 음식분배 업무만 담당한 것은 아니었다. 스데반은 그 일 외에 말씀을 전하는 일도 담당하였다. 이런 것으로 보아 당시의 목회 직무에는 어떤 유동성이 있었던 것으로 보인다.

고린도전서에 보면 사도, 선지자, 교사, 능력, 병 고치는 은사, 서로 돕는 것, 다스리는 것 그리고 각종 방언을 말하는 것 등의 은사가 있었으며, 이 모든 은사들은 성령으로부터 오는 것이고, 오직 성령에 의하여 활성화되었다(12:28). 바울이 지적했던 바에 따르면 방언은 바울 자신도 누렸던(고전 14:18) 은사이기는 하지만, 방언하는 자의 덕을 세워주는 것이기 때문에 교회의 덕을 세워주는 예언보다 못하며, 모든 은사들을 충족시키는 한 가지 기준이 있다면 그것은 "교회의 덕을 세우는 것"이었다(고전 14:26). 이 기준은 "명료함"을 의미하며 "모든 것을 적당하게 하고 질서대로 하라"(고전 14:40)는 것을 의미한다. 다시 말하면 모든 은사와 직임은 전체 공동체의 유익을 위하여 철저하게 실용적인 관점에서 보아야 한다는 것이다. 또 인간이 선출하는 교회의 지도자들이 있었다. 여기에는 장로, 교사, 감독 혹은 주교, 부제 혹은 집사 등이 해당된다. 이들 중에는 서로 중복되는 역할들도 있으며, 이들 사이를 명확하게 구분하기는 쉽지 않다.

분명히 목회사역은 성령께서 주시는 은사와 소명에 의해서 비롯되는 것이다. 이들 다양한 목회사역 중에서 어떤 직분들은 공적으로 인식(recognize)되지만 그렇지 않은 직분들은 공적인 인식 절차 없이 그냥 실천(practice)되는 경우도 있다. 예컨대 예언자들은 근본적으로 다스리는 자들보다 우위에 있긴 하지만, 그들의 소명이 진짜인지 확인하도록 조사할 필요가 있었다. "만일 예언자들이 3일 이상 공짜로 얻어먹는다면 그들은 분명히 사기꾼이다"라는 디다케의 말은 이를 증명해 준다.

또한 공동체의 지도자들을 세우는 데는 어떤 종류의 예식이 시행되었다. 사도행전 6장 6절에 의하면 초대교회의 경우 일곱 집사를 세우기 위해 열두 사도들이 안수기도를 하였다. 사도행전 13장 3절에도 이스라엘 교회가 "금식하며 기도하고 두 사람에게 안수하여" 바나바와 사울을 따로 세운 기록이 있다. 또한 이미 받은 안수는 그대로 인정되었다. "네 속에 있는 은사 곧 장로의 회에서 안수 받을 때에 예언으로 말미암아 받은 것을 조심 없이 말며"(딤전 4:14)라는 말씀이나 "그러므로 내가 나의 안수함으로 네 속에 있는 하나님의 은사를 다시 불일 듯 하게 하기 위하여 너로 생각하게 하노니"라는 말씀(딤후 1:6)은 이를 보여준다.

3
예배의 신학적 배경

아세아연합신학대학교 김영욱 교수

1. 예배학의 신학적 배경

기독교의 예배는 예수님 안에 나타난 하나님의 계시에 근거하며, 예배는 이 계시에 대한 응답이라 할 수 있다. 그러므로 예배신학의 근거를 다음의 몇 가지로 논하고자 한다.

1 예배신학의 근거는 하나님과, 죄로 인하여 멸망할 수밖에 없는 인간과의 관계에서 찾아야 할 것이다

미국의 복음주의 선봉의 신학자라 할 수 있는 메이첸(J. G. Machen)은 말하기를 "기독교의 복음은 인간을 구원하는 하나님의 방법에 의존하며 따라서 이 복음을 이해하기 위해서는 첫째로 하나님에 대하여, 둘째로 인간에 대하여 어떠한 예비지식이 있지 않으면 안 된다"고 말하고 있다. 그는 이어서 "하나님에 대한 교리와 인간에 대한 교리는 복음의 위대한 두 전제가 된다"고 말하였다. 그렇다면 예배의 신학적 정립에 우선하는 것은 역시 성경적인 바른 신관과 바른 인간관임은 분명한 사실이다. 하나님은 영광과 예배를 받으시는 창조주 하나님이요, 인간은 그의 형상대로 지음받은 피조물이기 때문에 피조물인 인간은 창조주인 하나님의 권위와 최고의 가치를 인정해야 한다. 복음주의 신학에서는 이를 하나님과 인간과의 바른 관계에서 출발하는 것이라고 일컫는다. 그러므로 예배의 신학은 처음부터 인격적인 여호와 하나님 앞에 서는 것으로부터 시작해야 한다. 하나님의 절대주권을 인정하지 아니하고서는 참된 예배가 성립될 수 없고 그의 영원성을 인정하지 않고는 예배가 성립될 수 없다.

칼빈은 "예배는 하나님과의 올바른 관계를 말하는데, 하나님과 인간과의 관계는 부수적인 것이 아니라 필수적인 관계"라고 말한다. 하나님은 창조주이시며 섬김을 받을 분이시고, 인간은 피조물이며 섬겨야 할 존재다. 그런데 이교사상은 피조물 속에서 신(神)을 추측하고 가정하여 예배한다. 이것은 불교나 가장 유치한 단계의 물활론(animism)에서도 마찬가지다. 이교사상에서는 피조물 위에 존재하며, 그것을 초월하는 독립적 존재로서의 신관념이 존재하지 않는다. 이것은 이슬람교의 경우도 마찬가지다. 이런 종교들은 하나님과 모든 피조물 사이의 접촉을 단절하는 특징을 가지고 있다. 로마 카톨릭 교회에서는 하나님이 교회라는 신비적 매개체(middle-link)에 의해서 피조물과의 사귐에 들어가며, 교회는 하나님과 세상의 중간 위치를 점유한다고 말한다.

그런데 위의 세 가지 사상에 대립하여, 칼빈주의에서는 이교사상에서처럼 하나님을 피조물 속에서 찾지 않으며 이슬람교처럼 피조물로부터 고립시키지도 않고, 로마 카톨릭교회처럼 하나님과 인간 사이에 그리스도 이외의 것으로 매개체를 두지도 않는다.

하나님은 지극히 높은 데 계시면서 예수 그리스도 안에서 성령으로 인간과 교통하시며 예배를 받으시는 하나님이다.

2 예배신학의 근거는 하나님 중심적(God-centered)이어야 한다

개혁주의의 신학자, 설교가, 목회자였던 아브라함 카이퍼(Abraham Kuyper)는 칼빈주의와 종교를 논하면서 종교에 대한 네 가지를 분류하여 설명하고 있는 것을 볼 수 있는데 그 첫 번째로 종교는 하나님을 위하여 존재하는가 아니면 인간을 위해서 존재하는가라고 묻고 거기에 대한 대답으로 인간의 종교는 자기 중심적 즉 인간을 위한 것이 아니라 하나님 중심적 즉 하나님을 위하여 존재하는 것이어야 한다고 하였다. 왜냐하면 하나님이 먼저 인간에게 예배의 근거를 마련해 주셨기 때문이다. 그래서 교회의 예배는 제1차적으로, 원시적으로, 본체적으로 하나님의 행동이고, 그 다음에 비로소 제2차적으로 그 기원에 따라 우연적으로만 사람의 행동이다라는 말까지 나오게 된다. 사실 예배는 하나님의 방법에 의해서 하나님께 드리며, 바로 그 예배의 대상은 하나님이신 것이다. 그러므로 칼빈주의 실천신학자인 카이퍼는 집단예배의 본질(the essence of corporate worship)로서 참된 예배는 "하나님과 더불어"(with God), "하나님의"(of God), "하나님에게"(unto God) 드리는 것이라고 주장한다. 그러므로 복음주의에서 말하는 것처럼 하나님 중심사상의 신앙을 갖는 자만이 참으로 예배할 수 있고, 삶에 있어서 하나님 중심사상을 전제로 할 때만이 진정한 예배신학이 성립될 수 있다고 본다.

또한 그러한 예배신학이 가능하기 위해서는 하나님의 주권과 하나님의 영광이 전제가 되어야 한다. 그러므로 사도 바울의 계시는 신약계시와 완전히 동일하다고 주장하면서 신약은 구약의 약속성취로서 그 신관을 위시해서 본질적으로 구약과 동일하다는 것을 말하였다. 또한 복음주의 성경학자인 리더보스(J. Ridderbos)는 그의 저서에서 말하기를 "구약은 피 없이 성립된 것이 아니다. 그와 같이 그리스도께서 인간의 죄 문제를 해결하기 위하여 속죄의 희생으로 오셨다"고 하였다. 신구약성경에서 보여주고 있는 참다운 모습은 예배의 중심이 예수님이신 것이 사실이다. 결국 바울의 말과 같이 "이는 만물이 주에게서 나오고 주로 말미암고 주에게로 돌아감이라 영광이 그에게 세세에 있으리로다" 하는 이 말씀은 복음주의 예배신학의 기초라고 할 수 있을 것이다.

3 예배신학의 근거는 기독론적이어야 한다

신약성경에서는 분명하게 나사렛 예수의 삶 자체가 예배적인 삶으로 나타난다. 다시 말하면 예수님은 자신이 제사장적인 삶을 사셨다고 볼 수 있다. 어떤 의미에서 예수님의 생애 그 자체가 예배이며, 기독교 예배의 기독론적 근거는 그의 생애를 통해서 이룩하신 완전한 예배의 행동인 예수님의 직무에 근거한다고 할 수 있다. 이것은 다음과 같은 성경말씀 속에서 찾을 수 있을 것이다. "여호와께서 내 주에게 말씀하시기를 내 우편에 앉으라… 너는 멜기세덱의 반차를 좇아 영원한 제사장이라"(시 110:1, 4, 행 2:34, 롬 8:34).

성육신하시고 고난 받으시고 십자가에 죽으시고 사흘만에 부활하시고 승천하신 예수님의 사건 그 자체가 예배의 신학적 주제가 되어야 한다. 사실 구약의 예배는 피를 흘리는 제사 예배였는데 이것도 오실 그리스도의 속죄로 말미암아 이루어질 완전한 예배의 예표였다.

헤르만 바빙크(Herman Bavinck)는 말하기를 구약 속에서 구속 사역의 의미가 바로 밝혀지고 그가 참 하나님(Vere Deus)이요, 참 사람(Vere homo)으로서 하나님과 우리 사이의 화목제물이 되신 사실이 고백되고 그것을 믿어질 때 예배신학이 정립된다고 했다.

4 예배신학은 예배에 있어서 성령의 사역을 바탕으로 한다

예배의 전체 부분과 교회의 모든 행사는 성령의 사역으로 말미암아 이루어져야 한다. 빈호프(J. Veenhof)는 성령론을 교의학에 소속된 별개 과목으로 보기보다는 신학의 중심과제로 다루어야 할 과목으로 보았다.

더구나 오늘날 우리 한국교회와 같은 상황에서 본다면 예배신학과 성령론이 얼마나 밀접한 관계가 있는가는 긴 설명이 필요 없는 줄 안다. 바른 예배신학의 수립을 위해서 올바른 성령론이 정립되어야 하는 것은 두말할 필요가 없다. 성령론이 바로 정립되지 못하면 그 예배는 신비주의적이고 감상주의적인 것으로, 또는 샤머니즘적인 것으로 변질될 우려가 많다. 이러한 예배신학의 성격과 전제를 살펴볼 때 오늘날 예배신학 수립이 얼마나 절실하며 긴박한가 하는 것을 새삼스럽게 생각하게 된다.

2. 예배신학과 성경신학과의 관계

예배신학을 바로 정립하기 위해서 무엇보다 성경신학적 바탕이 뒷받침되어야 한다. 예배학은 현상학적으로나 심미적, 경험적인 이론에 근거한 학문이 아니라 성경신학적인 접근으로 되어질 성질의 것이다.

게할더스 보스(Geerhardus Vos)는 말하기를 선지자들에 의해서 지적된 죄악의 가장 큰 원인은 이스라엘 백성이 여호와 앞에 어떤 예배를 드리는가에 대한 문제라고 하였다. 구약의 이스라엘 사람들은 그들의 생활을 통해서 신앙과 예배와는 끊을 수 없는 밀접한 관계를 갖고 있었다. 이스라엘을 하나의 예배 공동체로 보았던 것은 보편적인 생각이었다. 또한 예배는 이스라엘 생활의 중심이었고, 이스라엘을 신앙의 공동체로 결속시켜주는 핵심적인 역할을 하였다. 그리고 이스라엘 사람들은 여호와 하나님께 드리는 예배를 구심점으로 하여 신앙의 유대를 가질 수가 있었다.

이를 테면 이스라엘 백성의 출애굽은 속박과 압제로부터의 해방이 있었을 뿐 아니라 하나님을 예배하는 데 목적이 있었다. 모세에게 출애굽의 임무를 맡기실 때 하나님께서 "너는 나의 백성을 애굽에서 끌어낸 다음 이 산에서 하나님을 섬기리니"라고 하신 말씀은 애굽의 노예생활에서의 해방 정도의 소극적인 의미가 아니라 적극적으로 구원의 주체자인 하나님을 예배하라는 의미가 분명하다. 이스라엘 백성이 하나님께 예배하는 공동체로 형성되었다는 것은 신학적으로 큰 의미가 있다. 이스라엘은 이방신들로부터 벗어나서 하나님만을 믿고 예배하는 새로운 공동체로 변했던 것이다. 시내산에서의 예배는 이스라엘 백성이 여호와와 함께 언약(covenant) 관계에 들어가는 것을 의미하며 이것은 단순히 언약의 백성으로서 율법을 받는다는 정도가 아니고 성막(the tabernacle)을 세우고 하나님께 번제드리며 섬기게 될 것을 천명하는 것이다. 이 언약 신앙은 곧 예배에 직접 투영되었고 예배의 신학적 기반을 마련해주었다. 그런데 구약의 중요한 흐름은 하나님께서 이스라엘을 구원하셨다는 사실이 예배의 출발점이 된다는 사실이다. 예배의 핵심은 하나님께서 어떻게 크신 사랑으로 이스라엘을 구원해 주셨느냐 하는 신앙고백이다. 예배는 이미 베풀어주신 하나님의 사랑에 대하여 이스라엘이 감사와 찬양으로 하나님 앞에 나아가는 것이다. 그래서 모든 세대의 이스라엘은 예배 가운데서 그러한 구원의 역사를 경험하는 참여자가 될 수 있었고 예배 의식을 통하여 예배 공동체로서 그러한 구원의 역사를 현재의 경험으로 체험하였다. 특히 스데반의 설교 중에서 모세가 이스라엘 백성들 중에 있었다는 표현을 "광야교회"라고 표현한 것은 이스라엘을 예배 공동체로 해석한 좋은 예이다.

또 다윗 왕의 뒤를 이은 솔로몬은 예루살렘 성전을 건축하였는데, 이 성전 건축은 이스라엘의 예배제도에 큰 변화를 주었던 것이다. 그러나 예루살렘 성전예배에 있어서도 그 예배의 신학적 기조는 역시 하나님께서 행하신 구원의 역사에 있었다. 뿐만 아니라 이스라엘 예배의 중요한 측면은 예배가 구체적으로 하나님의 뜻에 따르고 그 명령에 복종하는 생활로 나타나야 한다는 것이었다. 그것은 하나님을 예배하는 것과 예배의 대상인 하나님의 말씀에 순종하는 것이 서로 분리될 수 없는 것을 의미했다. 제도적 예배가 아니고 삶 전체의 예배 또한 강조되었다. 그렇지 못한 경우에 그것은 타락한 의식적 예배가 될 수밖에 없는 것이었다.

초대교회의 예배의 기원은 결국 초대교회의 기원과 같이 출발한다. 그리스도께서 승천한 후, 오순절 성령강림의 기원과 같이 출발한 것이다. 성령 강림의 결과로서 예루살렘에 있는 제자들은 새로운 신앙공동체를 형성하였다. 사도행전 2장 41~42절에 기자는 "그 말을 받는 사람들은 세(침)례를 받으매 이날에 제자의 수가 삼천이나 더하더라 저희가 사도의 가르침을 받아 서로 교제하며 떡을 떼며 기도하기를 전혀 힘쓰니라"고 하였다. 여기서 "가르침", "교제", "떡을 떼는 것", "기도" 등 네 가지를 모임의 특징으로 드는데 이것은 세(침)례를 받는 사람을 전제로 하고 있다. 이 사실은 초대교회의 예배가 지니는 매우 중대한 의미를 지적한다. 즉 설교와 성만찬 등이 하나의 균형을 유지하고 있는 것이다. 그리고 기도는 다양한 의미를 갖고 있는데 송영(adoration), 고백(confession), 기원(invocation), 감사, 탄원(supplication)과 중재(intercession) 등의 뜻을 내포하고 있다. 이처럼 기독교 예배의 원리와 방법은 처음부터 성경에 기록된 대로다. 뿐만 아니라 바울서신과 요한계시록에도 기독교 예배의 구조를 암시하는 내용으로 가득 차 있다. 우리는 여기서 예배학과 성경신학에 대한 구체적인 것을 모두 언급할 수는 없지만 예배신학을 수립하기 위해서는 성경신학적 접근방법이 필수적임은 분명한 사실이다.

3. 복음주의 교회의 예배신학

어떤 의미에서 종교개혁은 예배의 개혁이었다고 말할 수도 있을 것이다. 즉 그것은 교회예배를 본래의 초대교회 모습으로 되돌리려는 운동이었다. 그것은 말씀과 성례전이 조화를 이루는 예배와 함께 예배생활에 있어서 성경적이고 신학적인 강조를 출발점으로 했던 것이다.

특히 칼빈이 말한 것처럼 "교회의 어떠한 집회도 말씀과 기도, 성만찬의 집행, 헌금을 드리는 일이 없이는 열릴 수 없다"고 한 것은 복음주의 교회의 예배신학의 핵심을 찌른 원리다. 그런데 여기서는 개인예배와 가정예배보다는 그리스도의 몸된 자들이 함께 모여 예배하는 집단예배(corporate worship) 또는 공중예배에 관하여 말하려고 한다.

1 복음주의 교회 예배의 성격

1) "하나님과 더불어"(with God)의 예배다

복음주의 교회 예배의 성격은 바로 그리스도께서도 말씀하시기를 "두 세 사람이 내 이름으로 모인 곳에는 나도 그들 중에 있느니라"고 하신 데 나타난다. 예배는 하나님과 함께할 때 예배가 된다. 그러므로 예배는 위엄과 경외심으로 충만해져야 한다. 야곱이 일찍이 벧엘에서 가졌던 감동처럼 "두렵도다 이곳이여 다른 것이 아니라 하나님의 전이요 하늘의 문이로다"라고 할 수 있어야 할 것이다. 집단예배는 하나님과 그의 백성이 만나는 가운데 하나님께 봉헌되기 때문에 두 가지 관계가 성립된다. 즉 먼저 그것은 하향적인 관계로서 성경을 봉독하고 말씀을 선포하며 축복기도를 하는 순서를 통하여 하나님이 그 백성에게 말씀하시며 그들은 경외하는 마음으로 경배하게 된다. 그리고 또한 상향적인 관계로서 기도와 찬송과 감사의 제물을 드림으로 하나님께서 말씀하신 것에 대해 두렵고 떨리는 마음으로 응답하게 된다. 이 모든 예배 순서에 있어서 하나님의 백성들은 하나님의 말씀을 듣기도 하며 응답하기도 한다.

2) 복음주의 교회 예배의 성격은 "하나님으로 인한" 예배다

복음주의 예배는 하나님으로부터 이루어진 것이다. 그러므로 기독교 예배는 처음부터 종교사학자들이 말하는 것처럼 두려움에서부터 인간의 자연발생적으로 생겨난 것이 아니다. 참되신 하나님을 경배하려는 열망도 결국 성령이 사람의 마음에 역사하시는 결과다. 그러나 하나님의 거저 주시는 은혜를 저버리고 인간은 하나님을 저버렸다. 인간은 하나님 대신 우상을 섬기려고 했으나 성경은 "주만이 하나님"이라고 못박았다. 살아계신 하나님께서 먼저 인간을 찾으시지 않는 이상, 아무리 인간이 찾으려고 노력한다 해도 살아계신 하나님을 끝내 찾을 수 없게 될 것이다. 왜냐하면 예배의 모든 행위도 근본적으로는 하나님께서 일깨우셨기 때문이다. 하나님은 항상 그의 백성들에게 그만을 경배하고 순종할 것을 명령하신다.

하나님을 사랑할 수 있게 된 것도 결국 하나님께서 먼저 그들을 사랑하셨기 때문이며, 하나님께서 자신을 계시하시지 않았으면 사람들의 예배행위도 아무런 의미가 없어지게 된다. 만일 하나님께서 그의 백성들에게 가르치시지 않았다면 어떤 방법으로 그 크신 하나님을 예배해야 될지 도무지 알지 못했을 것이다. 하나님의 자기계시를 통해서만 인간은 하나님을 알 수 있다. 그러므로 인간이 자신의 방법대로 하나님을 경배하는 것은 도리어 하나님을 욕되게 하는 결과를 가져오게 된다.

3) 하나님께 대한 예배다

현대 많은 교회들이 예배를 매우 잘못된 목적을 가지고 수행하는 경우가 많다. 어떤 효과를 위해, 어떤 축복을 받기 위해서 예배하는 경우도 많다. 그래서 그들의 예배는 하나님께 대한 예배가 자기자신에 대한 것으로 그 목적이 집중되는 경우가 있다. 예배의 목적이 자신 속에 내재할 때 진정한 의미의 예배로서는 잘못되었다고 볼 수 있다. 자신의 위안과 만족을 위한 예배로 변해서 대개는 훌륭한 쇼나 우스운 대화를 듣고 웃음을 터뜨리는 것을 즐겁게 생각하며, 목사는 이런 경향을 만족시키려 하다가 예배 신학의 향방을 잃고 잘못된 길로 빠져들게 된다. 그러한 예배는 자기를 위한 예배이며 하나님께 대한 예배일 수 없다. 교회의 예배가 그릇되게 변질될 위험성은 항상 있다. 나중되어야 할 것이 먼저 온다든지 먼저 와야 할 것이 나중 오게 되고 수단이 목적으로 바뀌어지기도 한다. 그러므로 우리는 항상 성경으로 돌아가야 하며 항상 바른 예배신학을 세워야 한다. 교회생활에 있어서 성도와의 교제가 대단히 중요한 것이 사실이다. 그러나 예배는 성도의 교제가 궁극의 목적은 아니다. 하나님과의 교제가 먼저 선행되어야 한다. 예배 의식은 하나님의 말씀을 통해 구원을 목적으로 이루어진다. 그런데 사실 인간의 구원도 하나님의 영광에 대한 한 방편임을 개혁자들은 성경을 통해서 바로 알고 있다. 예배는 하나님께 드려져야 한다. 이 일이 정확히 수행될 때만이 하나님께 드려진 예배라고 할 수 있다. 예배의 존재 목적은 인간의 축복을 위해서라기보다는 하나님의 영광에 있으며 인간이 예배를 통해 축복받는 것은 궁극적인 목적이 아니라 하나님의 영광을 위한 수단일 뿐인 것이다.

4. 맺는 글

예배는 하나님께 영광을 돌리기 위함이다. 이것이 예배의 궁극적인 목적이다. 교회의 예배는 그리스도의 몸된 교회를 세워나가기 위하여 제정된 것으로서 예배를 통해 성도가 하나님과 관계가 성숙되며 죄인이 회개하여 하나님의 자녀가 되며, 예배와 성도의 생활이 전인적으로 예배자에게 인식될 때 더욱더 하나님께 드리는 예배는 하나님께서 기뻐하는 예배가 될 것이다.

4
예배의 역사적 배경

서울신학대학교 정인교 교수

예배에 대한 이해는 시기와 장소, 문화와 신학적 입장에 따라 조금씩 그 강조점이 다르게 나타났다. 이런 예배 이해의 다양성은 자연스레 예배의 형태로 연결되었는데, 예배의 역사는 이런 일련의 흐름을 극명하게 드러내 보여준다. 예배의 형식이 시대에 따라 다르다는 것은 곧 예배에 참여하는 자들이나 예배의 신학이 시대에 따라 가변적이었음을 의미하는 것이며, 이것은 예배의 형식이 영구불변의 기계적인 고착성과는 거리가 있음을 의미하는 것이다.

1. 구약의 예배

구약시대의 예배를 이해함에 있어 우리는 많은 자료를 갖고 있지 못하다. 우리는 이 문제를 구약성경을 중심으로 다음과 같이 몇 가지로 특징지을 수 있다. 우선 예배에 관한 구약성경의 최초 언급으로는 가인과 아벨의 제사(창 4:3-5)를 들 수 있는데, 농업과 목축이라는 생업에 상응한 제물이 예배의 주된 가시적 내용으로 등장함으로써, 구약시대의 예배가 이미 제물을 전제한 예배로 시작되고 있음을 암시해 주고 있다. 하지만 성경기사가 보여주는 바와 같이 하나님의 관심은 제물 그 자체에 있는 것이 아니고 예배드리는 자의 자세, 즉 히브리서 기자의 해석처럼 믿음에 있음을 선언함으로 타종교의 제사와의 분명한 구별을 보여준다(히 11:3-4).

그 다음 언급된 예배는 노아의 제사와(창 8:20-21) 아브라함의 제사(창 12:1-8, 22:1-18)인데 이 제사들의 공통된 성격은 피흘림의 제사, 즉 번제의 제사로 감사의 예배며, 이 제사행위가 하나님과의 만남과 교통의 의미를 지니는 것이었다. 보다 체계화된 예배의 형태는 모세 시대의 예배를 통해 보게 되는데(출 20-24) 이 때부터는 예배가 하나님의 구체적인 계명을 따라 규정되며 예배가 곧 속죄와 하나님과 화목하는 기능으로 이해되었다. 이 때의 예배는 성막을 중심으로 이루어졌는데 이 성막은 이스라엘 민족의 이동과 함께 그 진퇴를 같이 할 수밖에 없었다. 이것은 당시의 상황 속에서 불가피한 것이었지만 동시에 신학적으로는 이스라엘과 함께 "이동하시는 하나님"이라는 신관을 반영하는 것이기도 했다.

그러나 엄밀한 의미에서 구약시대의 예배가 온전한 틀을 잡아가게 된 것은 성전으로 예배의 기능이 집중되면서부터다. 성전은 이스라엘에 있어 하나님이 거하시는 임재의 상징이자 백성들이 나아와 기도하며 제사하는 고정된 장소였다. 이런 장소의 고착화는 유랑민족에서 농경문화로의 정착이라는 사회적 변화를 상정하는 것이기도 하지만 신앙적인 맥락에서는 하나님의 약속의 땅에 안거한다는 약속의 성취를 반영하는 것이기도 하다.

성전 중심의 예배는 희생제사 또는 제물을 통한 제사가 그 중심이었고 이것은 철저히 구별된 제사장 그룹들에 의해 수행되어졌다. 제사장을 통한 제사는 레위기가 전하는 바와 같이 이스라엘의 광야시대부터 틀을 잡아오게 된 것으로 성전 제사가 고정되면서 제사장 그룹 역시 그 기능이 고착되어졌다. 즉 "구별된 대리인"과 "성별된 제물"을 통한 제사가 핵심을 차지하게 된 것이다. 대개의 제사 일반이 그러하듯 이 때의 제사 역시 속죄와 하나님과의 화목, 하나님께 대한 감사, 그리고 인간의 소원이 그 주된 기능으로 받아들여졌다.

1 회당예배

족장시대에 비해 회당시대는 역사적으로 분명 후대에 속하는 것임에도 불구하고 그 본질을 이해할 수 있는 자료는 많지 않다. 분명한 것은 북 이스라엘이 앗시리아의 침략으로 주전 722년 멸망 당하고 남유다 역시 신바빌로니아에 의해 주전 586년 멸망 당함으로 정상적인 성전 예배가 불가능하게 되었다는 역사적 정황이 회당예배의 배태와 밀접하게 연관된다는 점이다. 우리에게 난제로 다가오는 것은 이런 역사적 상황을 기점으로 회당예배가 언제 생겨나게 되었는가 하는 점이다. 회당예배의 유래와 관련해서는 지금까지 몇몇의 가설들이 제기되었으나 현재는 페트코브스키(Petuchowski)의 주장을 대체로 받아들인다. 중요한 것은 회당을 기점으로 회당예배가 안식일예배로 점차 자리잡게 되었고 토라를 중심으로한 말씀과 기도예배가 서서히 제물중심의 예배를 대치하게 되었다는 점이다. 비록 성전에서의 제물예배가 주후 70년 티토 장군에 의해 예루살렘 성전이 멸망할 때까지 계속되었지만 시간이 지나면서 이 제사는 의미를 상실한 채 종교 의식적인 형식으로만 남게 되었다. 특히 성경 여러 곳에서 의미를 잃고 형식화된 제물예배를 비판하며 말씀을 중심으로한 삶으로의 예배를 주창하는 것은(삼상 15:22, 사 1:1-17, 렘 7:21-28, 호 6:6, 8, 13, 암 5:21, 미 6:6-8, 스 7:5-7, 시 50:7-15) 제물예배의 형식화를 경계하는 의미와 더불어 예배의 중심이 제물예배를 벗어나고 있음을 암시하는 것이기도 하다. 회당예배는 대략 다음과 같은 순서로 진행되었다.

개회(쉐마낭송) - 기도[테필라(tefillah) - 기도서를 낭독하는 공기도, 데바림(debarim) 혹은 타카누님(tachanunim) - 개인의 침묵기도] - 성경 봉독(토라와 예언서)과 해설 - 축복의 서원(민 6:23-26의 아론의 축복)

2 신약의 예배

교회가 태동하고 복음이 퍼져나가기 시작하면서 기독교회 안에서도 나름대로의 예배 의식을 갖게 되었다. 우리가 여기서 먼저 주목해야 할 것은 예수님께서 그 당시의 유대교 예배에 대해 어떤 이해를 갖고 계셨는가 하는 점이다. 이것은 두 가지로 설명될 수 있다.

예배에 대한 존경(막 1:21, 마 5:2), 회당예배의 참석(막 3:1, 눅 4:16), 말씀의 봉독(막 1:21, 39, 6:2, 마 9:35, 눅 4:15, 요 6:59) 등에서 볼 수 있는 것처럼 예수님은 유대인들의 경건생활을 원론적으로 수용하셨다는 점을 우선 지적할 수 있다. 하지만 이런 긍정의 태도보다는 두 번째의 특징인 비판과 이의제기가 더 강하게 부각된다. 안식일의 규례(막 2:23), 청결의 규례(막 7:1-13), 죄인들에 대한 이견(막 2:14-17), 토라와 전승에 대한 논쟁(막 10:2-9)들에서 볼 수 있듯 예수님께서는 유대사회의 형식화된 종교색채에 이의를 제기했다. 특히 예배와 관련해 그는 유대교 예배의 제의적 성격을 강하게 비판한다. 예수님께서는 기본적으로 정결과 부정이 제의와 관련되지 않는다는 입장을 견지하고 있었기 때문에 제의로 성과 속을 구분하는 유대교 예배는 결국 세상과 성역, 그리고 희생제사 사이에 분리만 조장하게 된다고 보는 것이다(막 2:1, 7:1).

이러한 예수님의 태도는 옛 질서가 붕괴되고 하나님의 나라가 도래한다는 인식을 배경으로 하고 있다. 그가 제자들에게 주의 기도를 가르친다든지, 왕국에 대한 대망과 하나님에 대한 신뢰, 그리고 아버지로서의 하나님에 대한 직접성의 강조, 그리고 성만찬의 제정 등은 이런 하나님

나라라는 새 질서의 맥락과 밀접한 관계가 있다. 특별히 예수님의 성전 청결 사건은 이런 인식의 상징적 사건이다. 가난한 자에 대한 구제와 관심에서 보듯 예수님에게 있어 예배는 삶으로 연결되는 생활예배이며 형식과 제물이 아닌 "성령과 진리"(요 4:22-24)로 드리는 예배다. 이러한 예수님의 예배 이해는 분명 동시대의 예배 이해와 구별되는 것이며 기독교회의 예배가 궁극적으로 어떻게 자리잡아야 할 것인가를 제시해주는 이정표다.

예수님의 부활 이후 본격적으로 복음의 사역을 감당하게 된 원시교회가 어떤 예배 형식을 갖고 있었는지에 대해 우리가 확신할 수 있는 부분은 많지 않다. 그럼에도 분명히 단언할 수 있는 것은 초대교회가 상당부분 회당과 성전의 유산을 수용한 흔적이 보인다는 점이다. 가령 아멘(고전 14:16), 할렐루야(계 19:19), 찬양(롬 11:33-36, 빌 2:6-11) 등과 설교와 성만찬을 한 예배 안에 수용한 것 등이 이를 반영한다. 초대교회에서 독특하게 예배의 핵심적 요소로 고정된 것이 성만찬(mahlfeier)으로 주님의 고난과 구속적 죽음에 대한 회상과 현재적 임재 그리고 그의 재림에 대한 희망을 의미하는 것이다. 초기에는 일반 식사와 성만찬의 구분이 모호했으나 사도 바울 이래로 일반식사와 성만찬이 구분되었고 후자가 예배 안에 자리잡게 되었다.

성만찬 이외에도 성경 봉독(율법서, 예언서, 복음서 자료, 편지 등), 시편 찬송(고전 14:26, 엡 5:19, 골 13:16), 마지막 영광송(doxologie)으로서의 주기도문, 감사기도(빌 4:6), 중보기도(살후 3:1) 등의 기도순서, 신앙고백(롬 10:10), 그리고 영광송(doxologien. 고후 11:31, 갈 1:5, 빌 4:20) 등이 예배 요소로 자리잡고 있었음을 짐작할 수 있다.

3 고대교회의 예배

교회가 분명한 형태와 제도를 갖추기 시작한 것은 2세기에 이르러서다.

이 때까지 보편적으로 행해지던 가정예배가 점차 사라지고 대신 주일의 공동예배가 자리잡으면서 예배가 "기독교회의 실존의 표현"이라는 의미를 획득하게 되었다. 이그나시우스(Ignatius von Antiochien)의 편지가 전하는 바에 따르면 3세기에 이르러 감독이라는 교회지도자가 예배 전면에 부상하게 되면서 성만찬 집전의 유일한 자격을 감독으로 제한하게 된다. 이것은 당시 창궐하던 이단사설과 이교도들의 행패를 방지하고 회중의 단일성을 보증하려는 의도에서 시작된 것이다. 예배의 성격도 점증하는 직무개념과 성만찬적인 구원전달의 강조에 따라 예배에서의 희생제사개념(opfergedanke)을 강조하는 경향을 보이게 되었다. 이에 따라 사도행전 2장에 기록된 축제적인 공동식사는 점차 바울적인 성만찬에 그 자리를 양보하게 되었다.

이미 "디다케" 14, 1이 증언하듯 주님의 날에 회중들이 모여 성만찬을 거행하였는데 이에 대한 고전적 기술은 순교자 저스틴(Justin Martyr)의 "호교론" I, 67, 3-7에서 찾아볼 수 있다. 이 자료에 의하면 한 마음으로 모임 - 신구약성경 봉독 - 설교 - 기도 - 떡과 포도주의 제대진열 - 감사기도와 아멘 응답 - 분찬[세(침)례자 국한] - 감사 헌물 등의 순으로 예배가 진행되었다. 다른 자료와 달리 말씀과 성만찬이 예배에 함께 병행함을 알려준다는 점에서 이 자료는 특히 가치가 있다. 또 떡과 잔을 제대로 가져오는 행위(offertorium)에서 보듯 이 때 이미 예배에서 희생개념(opfergedanke)이 발생하고 있음을 엿볼 수 있다. 특히 3세기의 히폴릿(Hippolyt von Rom)의 교회법에서 우리는 오늘과 유사한 성만찬의 찬양과 감사기도의 구조를 보게 되는데 이것은 후에 로마교회의 캐논 미사(Kanon Missae)의 모범이 되었다.

특히 주목할 것은 313년 교회가 국교로 인정된 사건이다. 이를 계기로 교회는 자유교회에서 법적 국가적 교회로 전환했고 대규모의 반강제적인 교화가 시행되었다. 지금까지 주종을 이루던 전교인의 제사장 개념은 급격히 후퇴하였고 대신 주교가 교회의 대표자로 부상하였다. 즉 평신도와 사제 그룹이 가시화되기 시작했고 이런 차이는 의복과 교회에서의 서열에 의해 구체화되었다. 국교화로 인한 교회의 위상은 강화되었지만 역설적으로 교회의 핵심인 예배는 지금까지의 회중들이 능동적으로 참여하던 예배에서 점차 성직자들만의 예배로 전락해 가는 시발점이 되었다.

이미 처음부터 교회는 지역에 따라 조금씩 차이를 보일 수밖에 없었지만 4세기 들어 안디옥, 알렉산드리아, 콘스탄티노플, 예루살렘 등을 중심으로 지역적 연합이 가속화되었고 이런 지역적인 결속은 시간이 흐르면서 동서 교회의 예배분열로 이어지게 되었다. 대체로 4세기까지 예배 언어는 헬라어였고 성만찬 외에 설교가 예배의 중심부분으로 자리잡았다. 또 이 때까지만 해도 설교는 예배에서 성만찬과 함께 핵심적인 요소로 자리잡고 있었는데 이 때의 설교는 오리겐(Origenes, 254)에게서 볼 수 있듯 절을 따라 해석해 가는 담화식 설교 '호밀리아'($ὀμχλία$)였고 오리겐에 의해 기독교에 도입된 알레고리적인 해석방법이 설교의 핵심적인 해석방법으로 급격히 확산되어갔다.

4 동방교회의 예배

동방지역에서의 예배는 5세기 이래 발전하기 시작하였으며 오늘날의 형태가 확립된 것은 15세기에 이르러서다. 동방교회(ostkirche)는 지역적으로 광범위한 지역을 포괄하기 때문에 그 지역 안에서도 예배 형식은 약간씩 달라진다. 이집트 지역에서는 이미 4세기경에 마가 예식서(Markus liturgie)를 사용하던 것으로 추정되는데 이 때 쓰인 용어들은 헬라어였다. 시리아 지역에서는(Syrische liturgie) 7세기 이래 야곱의 예식서(Jakobus liturgie)를 사용한 흔적이 있는데 이것은 히폴리트(Hyppolyt)와 후대 동방예전을 잇는 가교 역할로서의 의미를 갖는다. 특히 여기서는 성만찬 제정의 말씀이 끝난 후에 온 회중이 "주여, 우리가 당신의 죽음을 선포하며 당신의 부활을 고백하며 당신의 재림을 고대합니다"라고 외치는 등 회중이 예배에 적극 참여한 흔적이 엿보인다.

6세기부터 동방교회의 예식은 서서히 통일의 징조가 보이기 시작하여 시리아 계열로 분류되는 바실리우스(Basilius)와 크리소스톰(Johannes Chrysostomus)의 예배 순서가 여타의 예식서들을 몰아내고 동방교회 예전의 핵으로 자리잡기 시작했다. 말하자면 이것은 이 지역에서의 예배가 "임의의 예배"에서 "고착의 예배"로 넘어감을 의미하는 것이다. 특히 바실리우스의 예전이 교회력 기간 중 연중 10일간만 사용되면서 점차 크리소스톰의 예식서가 동방교회의 예식서로 자리잡게 되었다. "황금의 입"이라 불리는 대설교자인 크리소스톰답게 그의 예식서에서 설교는 대단히 중요하게 취급되고 있다. 이 예배 순서에서는 그 중점이 창조에서 승천까지 이어지는 극적 사건의 상징화에 모아졌고 예배는 땅 위에서 이루어지는 하나님 나라의 계시로 이해되었다.

동방교회는 사상적으로 헬레니즘의 영향을 강하게 받았다. 헬레니즘적인 상상력이 동방교회에 영향을 끼쳤다는 것은 갖가지 다양한 기호와 상징들이 동방교회 예배에서 활발히 사용되고 있는 사실에서도 잘 알 수 있다. 서방교회와 달리 성상숭배(ikonionverehrung - 갈 4:19)가 일상화된 것도 이런 맥락에서 이해될 수 있다. 전체적으로 대단히 엄숙하고 신비적이며 화려한 것이 이들 예배의 특징인데 남성에 의한 찬양단이 예배 중 사도신경을 노래하는 것을 하나의 예전적 기능으로 올려놓으면서도 예배에서의 악기사용은 철저히 금지시켰다. 동방교회의 예배는 영속적인 예배를 지향하며 실제로 낮 시간에 9번의 예배가 진행되고, 알토스 수도원에서 볼 수 있는 것처럼 일부 수도원에서는 24시간 계속되는 예배를 드리기도 한다. 동방교회의 대표적인 예식서인 크리소스톰의 예배 순서가 전하는 바에 따르면 예배는 준비예배 - 세(침)례 청원자를 위한 예배 - 믿는 자들을 위한 예배의 3부로 이루어져 있다.

5 서방교회의 예배

1) 로마교회의 예배

서방교회의 예배는 동방교회의 그것처럼 대단히 유구한 세월을 거치면서 확립된 것이다. 서방교회의 예배역사를 연구한 맥스웰은 서방교회의 예배를 3기로 나눈다. 우선 그는 예배의 정착기를 드는데(50-500) 이 기간 중 특기할 사항으로는 4세기부터 라틴어가 공식적인 예배 언어로 쓰이게 되었다는 점이다. 두 번째 시기로는 로마예배 의식(Roemische liturgie)과 갈리칸 예배 의식(Gallikanische liturgie)이 병존했던 시기(500-900)로, 전자는 로마지역을 중심으로 사용되었고 후자는 그 외 유럽지역에서 사용되었다. 세 번째 시기로는 교황권이 강화된 시기(900-1520)로 로마예배 의식이 고정된 시기다. 이 시기에는 교구나 지방에 따라 조금씩 예배 의식에 차이가 나기도 한다. 특별히 로마교회 예배의 본격적인 정착 시기인 5~8세기에 행해졌던 로마교회의 미사를 보면 대략 세 가지 유형으로 나타난다. 첫째, 성대미사로 일종의 순회미사며 대축일 또는 연중 특별 전례시기(대강절, 성탄절, 사순절, 부활절)에 주교가 집례하는 도시공동체의 미사다. 둘째, 주교대리자로서의 사제가 성도들과 함께 드리는 미사로 본당미사다. 셋째 사제가 소집단과 함께 드리는 미사다. 엄밀한 의미에서 개인미사는 이 때 존재하지 않았다.

모든 예배 의식들은 일정한 상징을 전제로 이루어진 것으로 미사가 궁극적으로 나타내려는 것은 그리스도의 수난에 있었다. 우선 미사의 첫 부분은 예수님께서 예루살렘에 입성하기까지의 역사를 상징한다. 입례(introit)는 예수님의 오심과 그의 사역을 나타내며 영광송은 그리스도의 부활 후 하늘의 기쁨을 상징한다. 주교가 주교좌에 앉는 것은 그리스도가 성부의 우편에 앉아 개정하심을 나타내고 구약성경과 복음서의 봉독은 옛 계약과 새 계약에 대한 선포를 그리스도의 선포를 그리고 봉헌전 인사는 승리의 입성에 대한 군중의 환영을 상징한다. 이밖에 사제가 예물을 봉헌하는 것은 그리스도가 성부께 스스로를 바치기 위해 성전에 들어가는 것을, 그리고 삼성송은 회중이 찬양으로 영접하는 것을 상징한다.

동방교회의 예배와 마찬가지로 서방교회 역시 세(침)례를 기준으로 한 이중의 예배 형태를 가지고 있었다. 흥미로운 것은 동방교회의 예전이 보여주는 것처럼 서방교회에서도 말씀의 예전이 성만찬에 비해 상대적으로 소홀히 취급되고 있다는 점이다. 본래 말씀의 예전은 초대교회에서 성만찬과 함께 예배의 핵을 이루고 있었다. 당시 국가의 기독교 탄압으로 지하의 카타콤으로 숨어들 수밖에 없었던 지하교회에서는 어떤 가시적인 조직화나 화려함이 주된 관심이 아니었다. 말하자면 종교적인 심성이 인위적인 요소를 압도하던 시절이라 할 것이다.

하지만 이런 소박함과 순수함의 시대는 콘스탄틴 대제에 의해 기독교가 국가의 종교가 되면서 전혀 다른 변신의 길을 가게 된다. 즉 교회가 지하의 카타콤에서 지상으로 올라오면서 국가교회로서의 제도화와 가시적 위엄을 갖추는 것이 교회의 당면한 주요 과제로 등장한 것이다. 교회의 수장을 겸한 황제의 예배참여는 이전의 소박한 예배 형식을 더 이상 불가능하게 만들었다. 가시적인 화려함과 위엄을 갖춘 의식의 필요성이 강하게 부가되면서 행위를 수반한 성만찬의 예전은 더욱 강화된 반면 단지 언어로 다가서는 설교는 새롭게 생겨난 다른 많은 예배 순서 가운데 하나로 전락하게 되었다. 이런 현상은 5세기부터 설교가 미사의 도입부로 자리매김 되면서 본격화되었다.

성만찬의 의미도 변화를 일으켰다. 성만찬에서의 제물은 더 이상 감사의 제물이 아닌 그리스도의 피와 몸 즉 십자가 제물의 재현이라는 의미를 얻게 되었다. 이런 개념은 이미 키프리안(Cyprian vin Karthago, 258)에서 보여진 것으로 이후 로마 카톨릭 교회 성만찬 개념의 핵심으로 자리잡았다. 시간이 갈수록 예배의 간결성은 사라지고 예배가 성만찬 위주로 진행되면서 시각적인 면이 강조되었다. 한편 미사가 사제들에 의해 집전되면서 미사에 있어서의 회중들의 몫은 상대적으로 축소될 수밖에 없었다. 따라서 회중들의 입장에서 미사는 단지 "보는 미사"(Schaumesse)의 의미를 가질 뿐이었다.

2) 갈리아 예식서

서방교회에서 주로 로마교회를 중심으로 발전한 로마예식서(젤라시오 성사집, 그레고리오 성사집, 로마예식집 등을 포함) 외에 프랑스, 독일 지역에서 독자적으로 발전해 온 것이 바로 갈리아 예식이다. 이것은 나름대로의 독특성을 가지면서 후에 로마 예식서와 만나 몇 차례의 토착화 과정을 거치면서 중세 로마 예배의식으로 발전하게 된다. 이 예식서의 기원에 관하여 우리는 매우 제한적인 지식만을 가지고 있을 뿐이다. 독일의 칼스루헤(Karlsruhe) 지방에서 발견된 "리벨루스 미사 예식서"(Libellus missarum)가 7세기경 프랑스에서 만들어진 순수 갈리아 예식서라는 카브롤(Cabrol)의 주장을 받아들인다 해도 우리는 7세기 이후에 대해서만 알 수 있을 뿐이다.

갈리아 예식서에서 특기할 사항은 다른 예식서들에 비해 예배에서 차지하는 회중들의 위치가 상대적으로 높다는 점이다. 회중들은 주기도문을 암송하거나 예배중 보다 많은 응답과 찬송을 통해 예배에 적극적으로 참여할 수 있었다. 동시에 부제의 역할도 단순히 집례자를 돕는 차원을 넘어 회중들에게 예배를 안내하고 연도를 인도하며 분잔에 참여하는 등 보다 확대된 모습을 보여준다. 로마 의식과 비교할 때 갈리아 의식은 보다 미적이고(sensuous) 상징적이며(symbolical) 극적인(dramatic) 면을 가졌으며 의식도 매우 웅장하고 정교했으며 시간도 훨씬 길었다. 예배에서 향을 많이 사용하는 것도 로마예식에서는 드문 일이었다. 동방교회나 로마예식이 보여주는 것처럼 갈리아 예식서에서도 세(침)례자와 세(침)례 청원자를 위한 예배가 구분되어 행해졌다.

6 중세 로마교회의 예배(Die romische Messe)

중세교회를 고대교회로부터 나누는 분기점으로 우리는 그레고리 1세(Gregory I, 590-604)를 꼽는다. 그의 이름을 딴 그레고리 성례서(Gregorian Sacramentary)는 로마 카톨릭교회가 어느 정도 예배의 완성된 모습으로 나아가고 있다는 인상을 심어주며 정한 시간의 기도, 성만찬, 성례, 그리고 여러 축제행사 등이 예배의 표준적 형식으로 나타나고 있다.

그 이후 9~15세기에 걸쳐 매우 다양한 예배자료들이 나타나게 되는데 11세기 로마에서 만들어진 니케아 신조(the Nicene Creed) 안내서를 비롯 여러 지역에서 많은 집례자들이 입례와 복음서 봉독, 봉헌 등 예배시에 사용하기 위한 목적으로 작성한 개인적 기도서 등이 그것이다. 이런 다양성은 시간이 지나면서 서서히 하나의 통일된 예배 의식으로 나아가게 되는데 그 구체적인 작업은 교황 그레고리 3세(1073-1085)로부터 시작되어 1570년 트리엔트 공의회(the Council of Trient)에서 미사경본(missale romanum)이 발표됨으로써 완성되었다. 그러니까 엄밀히 말해 미사경본은 어느 한 시기에 완성된 단일 예식서라기보다는 여러 시대를 거치면서 갈리아 예식서를 위시한 다양한 예식서의 영향과 여러 요소들의 가감을 거쳐 완성된 로마교회 예배 순서의 최종적 산물이라 할 수 있다.

중세 로마교회 예배의 특징 가운데 하나는 일반 회중들이 점차 예배에서 소외되어 갔다는 점이다. 6~7세기 즉 중세 초만 해도 회중들은 환호, 응답, 그리고 회중들이 함께 부르는 노래(키리에), 성만찬을 위한 봉헌, 일어서고 머리를 숙이는 등의 전례동작 등을 통해 예배에 능동적으로 참여했다. 하지만 시간이 지남에 따라 이런 능동성은 점차 줄어들게 되었다.

이 문제와 관련해 빼놓을 수 없는 것이 예배 언어 문제다. 중세의 예배 언어는 라틴어 사용을 원칙으로 하였는데 이는 유럽의 전 지역을 하나로 묶는 효과를 기대한 것이었다. 하지만 유럽의 각 지역에 있는 대다수 사람들은 라틴어를 이해하지 못하였고 당연히 미사는 성직자들과 학식 있는 일부 지식층만의 소유가 될 수밖에 없었다. 미사는 라틴어를 이해하지 못하는 일반인들에게 단지 "구경하는 미사"(schaumesse)가 되었을 뿐이다. 이해되지 못하는 미사는 당연히 소리 없는 시각적 효과에 치우칠 수밖에 없었고 결과적으로 바람직하지 않은 일종의 신비적 성격을 띠게 되었다.

이런 역기능에 대한 대처 방안으로 독일과 프랑스 등지에서는 프로네(prone)로 불리는 자국어 미사가 일반화되었는데 그러나 이것이 결코 교회의 공식적인 인정을 받은 것은 아니었다. 또한 자국어로 행해지는 부분도 미사 전체가 아닌 기도, 서신서와 복음서 봉독, 신앙고백, 설교, 권면, 그리고 주님의 기도 등에 국한될 뿐이었다.

이러한 미사에서의 대중 소외는 단지 언어에만 국한되지 않는다. 6세기경부터 회중들은 단지 성탄절, 부활절, 성령강림절에나 영성체를 받을 수 있었으며 1215년경에는 1년 중 단지 부활절미사 한 번으로 국한되었다. 특히 성례시 잔을 흘리고 쏟는 일 등이 빈번하게 나타나자 이것이 그리스도의 피흘림을 모독하는 것이라 하여 9세기경부터는 떡과 포도주 가운데 단지 떡만이 회중에게 주어졌다. 이런 실행상의 이유 이외에 신학적인 동기도 주요 원인이 되었는데, 8~9세기에 절정을 이루었던 상징과 실재에 관한 논쟁이 1215년의 제4차 라테랑 공의회(Lateran Counsil)

에서 쟁점화되고, 이후 로마 카톨릭교회가 성체변질론(transubstantiation)을 교리화하기에 이르렀지만 여전히 찬반 양론은 쉽게 사그라지지 않았다는 점이다. 뿐만 아니라 축성기도시에 성령의 역사로 떡과 포도주가 실제적인 그리스도의 피와 살로 변한다는 화체설의 도입은 로마 카톨릭 미사의 핵심을 차지하는 것으로 트리엔트 공의회에서도 "미사는 참되고 실제적인 제물이다"(Die Messe sei ein verum et proprium Sacrificium)라고 천명하면서 이 입장을 강화시켰지만, 실행에 있어서는 오히려 예기치 않은 방향으로 나아갔다. 즉 회중들은 화육된 성체를 먹기보다는 실체변화의 기적이 일어난 성체를 보고 경배하려는 경향이 확산된 것이다. 결국 이런 여러 요인들이 회중을 예배로부터 밀어내는 요인이 되고 말았다. 특히 질적으로 회중과 성직자를 이분법적으로 분리하려 했던 성직자주의는 결정적으로 회중의 예배 참여를 방해하는 요인이었다.

한편 중세 로마 교회의 예배는 형식과 진행에 있어서도 적지 않은 변화를 보여 준다. 그 한 가지 예로 세(침)례자와 세(침)례 청원자로 나누어 드리던 미사가 9세기 이래 교회에서 사라진 것을 들 수 있다. 하지만 예배의 형식상의 통일에도 불구하고 그 내용에 있어서는 여전히 본래의 틀을 유지하고 있다. 즉 말씀 예전의 핵심인 설교가 정식 예배의 맥락에서 변방으로 밀려난다든지 아예 축일 외에는 주일미사에서조차 생략되기 일쑤였음에 비해 성만찬은 점차 미사의 핵심으로 자리잡았다. 특히 축성기도(gabengebet)는 성만찬의 절정으로 받아들여졌다. 특히 시간이 갈수록 미사의 횟수가 늘어났는데 이런 현상은 미사를 하나의 의를 쌓는 행위로 간주했기 때문이다.

따라서 중세의 미사는 시간이 갈수록 그 종류가 확장될 수밖에 없었다. 가령 중세 로마 교회의 예배 형식을 집대성한 것이 "로마 예식서"인데 이것은 매우 다양한 미사 형식들을 총괄하는 개념이다. 이것은 집전하는 방식에 따라 몇 가지로 나눌 수 있다. 우선 주교가 집전하는 장엄미사, 성가대 없이 행해지는 미사, 소미사의 일종인 창미사 그리고 성물봉헌 및 영성체가 생략되는 약식미사가 있다.

한편 교회력에 따라서는 교회력에 따른 주일과 축제일의 미사와 성축일의 특별미사, 사제나 특정인사의 특별한 서원에 따라 드려지던 서원미사, 그리고 기일이나 생일 등에 드려지던 미사 등으로 미사를 구분한다.

원래 각 교회는 각기 미사 드리는 날이 정해져 있었고 각 제단에서 단 한 번의 미사를 드렸으나 제단 경당 성소의 수가 급격히 증가함에 따라 많은 이를 위해 보다 많은 미사를 드림이 실용적이라 받아들여졌고 따라서 소미사(아침 미사), 대미사(본미사), 그리고 세 번째 미사(병자를 위한 미사) 등의 사적 미사가 증대하였다.

7 종교개혁과 예배

1) 마틴 루터(Martin Luther)와 예배의 개혁

주지하는 것처럼 루터의 기본 취지는 결코 어떤 새로운 종교나 예배 형식을 만들려고 한 것이 아니었다. 오히려 그가 문제 삼았던 것은 로마 카톨릭 교회의 희생제사에 있었다. 루터는 이것이 하나님이 인간에게 주시는 은혜, 즉 성례를 인간이 하나님께 드리는 은혜로 만들어버린다고 보았다(sacrificium). 그는 로마 카톨릭 교회의 예전이 다만 노래를 부르고 성경 읽는 것에 집중됨으로 하나님 말씀의 선포를 잃어버렸고, 비기독교적이고 비성경적인 요소들이 예배에 끼어 있으며, 사람들로 하여금 공로의식을 갖고 예배드리도록 조장하였다고 주장한다.

이렇게 되면 하나님의 은혜 수여가 종적인 것으로 전락하고 오히려 인간의 속죄 행위가 주가 된다. 또 루터는 침묵미사도 성도의 교통이라는 예배의 기본 정신에 어긋난다는 의미에서 반대한다. 그 대신 루터는 예배 갱신의 초점으로 설교를 예배의 중심에 위치시킬 것을 주장한다.

이것은 그가 설교를 단순히 성만찬에 대한 회상이 아닌 구원 사건 그 자체로 보는 데서 기인한다. 그에 있어 성만찬과 설교는 한 사안에 대한 각기 다른 방식에 불과할 뿐이다.

이런 문제 의식이 있었음에도 정작 독일에서의 예배 개혁운동을 점화시킨 것은 루터가 아니었다. 그가 보름즈 의회(Wormser Eichtag) 이후 바르트부르그(Wartburg)로 피신해 있는 동안(1521-1522) 비텐베르그(Wittenberg)에서 칼 슈타트(Karl Stadt) 교수와 가브리엘 츠빌링(Gabriel Zwilling) 등에 의해 시작되었다. 토마스 뮌저(Thomas Muenzer)는 독일어를 예배 언어로 사용하였는가 하면 카스퍼 노들링겐(Kasper Noerdlingen)도 나름대로의 개혁을 시도했다(1522). 하지만 대개의 예배 개혁은 성물과 성상파괴로 이어졌고 정상적인 예배의 집행을 불가능하게 만들었다. 기존의 예배 의식을 개혁하려는 의도는 오히려 교회 안에 수습되기 힘든 무질서만을 야기했다.

이런 무질서의 수습을 위해 루터는 비텐베르크로 돌아오게 되었고(1522) 사순절 설교(Invokativ-Predigt)를 통해 질서의 회복과 진정을 호소했다. 그는 시종일관 급격한 변화와 폭력적 변혁을 반대했으며 의식 그 자체에 가치를 부여하거나 율법화되는 것에 반대하였다. 따라서 루터에게 있어 개혁은 조심스럽고 점진적인 것이었다. 이것은 루터에 의해 제안되었던 예배 개혁안 속에서도 분명히 확인된다. 그는 모두 세 차례에 걸쳐 예배 의식의 개혁안을 내놓았는데 그 내용은 다음과 같다.

첫째, 이 예배 개혁안은 1523년 부활절에 공포한 "회중예배에 있어서의 예배 순서에 관하여"(Von Ordnung Gottesdienstes in der Gemeinde)라는 개혁안이다. 여기서 그는 설교 없는 예배를 인정치 않았고 통상 주일에 예배드리는 것을 원칙으로 하되 평일에는 필요에 따라 예배를 드릴 수 있도록 하였다. 또 평일의 아침예배와 저녁예배를 의무화했다.

둘째, 루터가 작성한 예배 의식서는 "미사와 성만찬의 형식"(Formula

Missae et Communionis)이다. 이것은 엄밀한 의미에서 루터에 의해 쓰여진 제대로 된 정식 예식서로 1523년 12월에 만들어졌다. 이것은 전통적 형태를 유지하면서도 본질적인 것을 가감하는 선에서 만들어졌는데 특히 로마교회 예식서가 보여주는 화체와 관련된 순서들(Kanonmesse)은 모두 삭제되었다.

셋째, 루터의 마지막 작품이며 그의 예배 개혁 프로그램의 결정판이라 할 수 있는 것이 바로 "독일 미사"(Deutsche Messe)다. 이것은 1526년 가을에 만들어졌는데 특히 여기서는 교회 음악이 비중 있게 다루어졌다. 루터는 그레고리안 성가(chant)에 독일어 가사를 붙이고 멜로디를 편곡해서 예배에서 사용할 것을 주장했다. 그러나 그레고리안 성가가 따라 부르는 데 많은 어려움이 있어서, 1524년 후로 예배를 위한 찬송들이 지속적으로 작곡되었다. 독일미사의 순서는 다음과 같다.

- 도입경(Introitus, 독일어로 된 시편이나 노래, 매우 낮게)
- 연도(Kyrie, 아홉 번이 아닌 세 번)
- 기도(Kollekte)
- 서신서 봉독(Epistel, 매우 큰 소리로)
- 찬양(Graduale, 독일 노래로)
- 복음서 봉독(Evangelium)
- 신앙고백(Credo, 루터가 지은 사도신경 노래를 독일 가사로 부름)
- 설교
- 주기도문 연도(목사를 따라서)
- 성만찬 수여(Konsekration, 떡을 배찬하며 이 때 상투스를 노래)
- 잔의 축성과 배찬(이 때 독일 노래나 독일어로 된 하나님의 어린 양)
- 아론의 축도

위에 소개한 루터의 세 가지 예배 개혁안들은 독일어와 라틴어를 동시에 수용한다는 점과 그레고리안 풍의 노래를 수용한다는 점 그리고 키리에와 영광송이 하나로 합쳐진 점, 또 신앙고백이 설교 앞에 감으로 복음서 봉독 - 설교라는 등식이 깨지게 된 것 등을 특징으로 들 수 있다. 또 루터의 예배 개혁으로 인해 성만찬은 다시 떡과 잔으로 나뉘게 되었으며 모국어로 된 예배의 확산을 가져왔다.

2) 개혁교회의 예배

개혁교회의 예배를 논함에 있어 먼저 떠오르는 이름은 츠빙글리(Huldreich Zwingli, 1484-1531)이다. 스위스의 종교개혁을 주도한 인물이라는 점에서 개혁자로서의 그의 위상은 루터의 그것과 다를 바 없으나 루터나 칼빈이 교리적인데(scholastic)비해 그는 본질적으로 인문주의자였기 때문에 그의 신학은 보다 합리성을 추구하며 주관적 분석적인 면에 치우치는 경향이 있었다.

또 다른 인물인 칼빈은 성만찬에 대해 대단히 호의적인 태도를 가지고 있었다. 그가 매주일 성만찬 예배를 드리도록 한 것은 이를 반영하는 것이다. 하지만 오르간 반주, 촛불, 라틴어의 사용, 성례의복 성가대 성화 등은 교황을 연상시키는 혐오 요소라 하여 교회 내에서의 사용을 금지시켰다. 동시에 성만찬도 제네바 시의회의 반대로 계획대로 행해지지 않았다. 성만찬 예배시의 순서는 다음과 같다.

회중기도 - 주기도문 - 사도신경 - 성만찬 제정의 말씀(고전 11장) - 설교 - 감사서문경(praefation) - 분찬(시 138편 봉독) - 감사기도 - 축도

츠빙글리에 비해 칼빈은 시편을 소재로 한 무반주 형태의 음악을 예배에 도입하였고 이후 스위스 개혁교회의 예배는 이 두 사람의 주장을 혼합한 형태로 발전하였다.

3) 기타 지역의 예배

영국교회의 경우 루터나 츠빙글리와 상관없이 교회 정치, 행정적으로

로마 카톨릭교회와 결별하였다. 하지만 예배에 있어서는 영국교회 나름의 독특한 면이 보이는데 이것은 개혁교회로부터의 영향과 영국교회 자체의 요소가 합해진 결과라 할 수 있다. 이들은 예배를 "거룩한 교제"(Holy Communion)로 불렀는데 말씀의 예전 - 떡과 포도주의 봉헌(offertorium) - 캐논미사(canon masse) - 폐회 예전 등 모두 네 부분으로 이루어져 있다.

주목할 것은 주기도문이 예배 서두에 위치한 것과 분찬 후 다시 한 번 주기도를 반복하는 것이다. 또 예배 도입부의 도입경(Introitus), 연도(kyrie)를 교독문으로 대치했으며 영광송(gloria)을 축도 전에 위치시켰다. 본래의 떡과 포도주의 봉헌을 의미하는 헌상(offertorium)은 한편으로 성만찬에서 그 기능과 용어가 그대로 사용되면서도 한편으로는 회중의 헌금드림으로 인식되었다. 특히 영국교회에서는 예배를 일반 회중이 쉽게 이해할 수 있도록 문서를 펴내는 데 주력했는데 대주교인 토마스 크랜머(Thomas Cranmer)에 의해 시작된 다양한 자료의 편집이 1549년에서 1662년에 걸쳐 진행되기도 했다. 여기에는 예배 순서와 의식, 간단한 교리 교육, 그리고 39개의 신앙 목록이 첨부되어 있다.

4) 종교개혁 이후의 예배의 변천: 정통주의, 경건주의, 계몽주의

정통주의(orthodoxie, 1580-1700)는 종교개혁의 통찰, 경험 그리고 그 결과를 강화하는 한편 이것들을 스콜라적 형식에 접목시키려 했으며 이성적인 신앙(vernunftglauben)에 개방한 시기다.

이 시기에는 무엇보다 예배의 고정된 형식 아래 예배의 강화가 두드러졌으며 종교개혁 정신으로의 회귀를 주장하였기 때문에 대단히 엄격한 종교적 기풍과 교회를 중심으로 한 형식적 측면이 강조되었다. 여기서는 무엇보다도 올바른 가르침으로서 종교의 역할이 강조되었고 예배는 구속사의 상징적 표현으로 이해되었다. 따라서 예배에 참여한다는 것은 곧 구원에 참여하는 것이었으며 이 예배에서 하나님의 나라는 현존하는 것으로 간주되었다. 이런 예배 이해는 어느 예배든 예배의 순서를 변경시키지 않는 경향으로 이어졌으며(kein proprium tempore) 성직자에 대한 이해 역시 이런 예배를 온전히 수행할 수 있는 자격이라는 점에서 측정되었다. 이런 맥락에서 이를 위한 제도적인 교육과 성직자의 외적 자격조건이 중시되었음은 물론이다.

설교는 매우 긴 시간 동안 행해졌으며 설교는 교육설교(lehrpredigt)로서, 교육적 기능이 특히 강조되었다. 회중은 의무적으로 예배에 참석해야 했으며 출석여부는 철저히 체크되었다. 하지만 이런 경향성은 종교의 형식과 틀을 잡는 데는 기여했지만 종교 본래의 영성을 함양하는 데에는 커다란 문제를 야기할 수밖에 없었다. 그나마 종교개혁 이후 개신교가 아직 틀을 완전히 잡지 못하던 상황에 불어닥친 30년 전쟁은 많은 폐허의 상처를 남겼으며 이런 여파로 정통주의의 입지는 더욱 좁아질 수밖에 없었다.

이런 문제점에 대한 반동으로 등장한 것이 곧 경건주의(pietismus, 1670-1740)다. 말하자면 경건주의는 "올바른 가르침"이라는 정통주의에 대항해 "올바른 삶"을 대칭시키려는 시도라 할 수 있다. 경건주의의 초점은 개개인의 교화와 회심, 그리고 성결된 삶에 놓여져 있었다. 또 그들의 관심은 철저히 개인의 주관성(subjektivit)과 성도들의 성결된 삶에 놓여 있었다. 따라서 경건주의에서는 의식적인 예배 대신 회중의 경건한 삶 자체가 곧 진정한 예배라는 새로운 이해로 나타났다.

이들은 주로 소규모의 그룹 단위로 모여 예배를 드렸는데(konventikel) 이것은 결국 회심한 사람들의 모임을 의미하는 것이었다. 그들은 이런 자신들의 예배만을 진정한 예배로 간주할 뿐 기존 교회 교인들이 교회에서 드리는 예배에 대해서는 평가절하했다.

이들의 이런 예배 형태는 기존의 교회를 중심으로 한 예배와는 다른 시도였고 결과적으로 그들이 내세운 개개인의 경건한 삶에는 일조할 수 있었지만 전통적인 교회예배의 경시 풍조를 피할 수는 없었다. 또한 교회의 굳어진 형식을 내적 경건을 통해 대치시키려는 열심은 교회의 대외적 의무와 예배 의식의 소홀, 포기를 초래하는 부작용으로 연결되었다. 즉 영적인 추진 동기를 부여하는 것은 성공했지만 그 대가로 예배가 소홀히 취급되는 값을 치러야 했던 것이다.

이처럼 예배가 경시되는 경향은 그 후 지속적으로 이어져 계몽주의(Aufklärung, 1700-1810)에 이르러 그 절정을 기록하게 된다. 이 시기는 그 표제어가 "이성"인 것에서 볼 수 있듯 곧 이성이 신앙과 복음 위에 올라 선 시기, 하나님 대신 인간이 강조되고 교회 대신 사회가 주요 현안으로 떠오른 시기다. 예배의 경우도 예외는 아니어서 이성에 부합되는 방향으로 모든 예배가 조정되고 방향지워졌다. 비록 소수는 기존 형식의 고수를 주장했지만 전체적으로는 전통적 예배의 요소들을 경시하였으며 예배를 단지 교육적 기능으로만 간주하였다. 지금까지 이어 내려온 예배 형식 가운데 이성적으로 거스리는 부분들은 철저하게 비판의 대상이 되었다.

설교도 더 이상 도덕 종교적 가르침이 아닌 교육적 관점에서 이상적인 사회인 양성이라는 측면에서 평가하게 되었다. 경건주의가 개인의 신앙에 초점을 맞춘 데 비해 여기서는 도덕적 자의식과 이성이 설교의 주된 목표였다. 따라서 예배는 전체적으로 이런 분위기에 맞추어 기도와 노래가 주류를 이루는 방향으로 합리화되고 수정되었다. 모든 것은 합리적, 이성적이고 수긍이 가야 한다는 것이 예배 순서와 형식을 결정하는 하나의 잣대였다.

지금까지의 전통적인 신앙고백의 자리에 자유로운 개인의 고백이 들어서게 되었고 교회의 근간을 이루던 교회력 구조도 무너졌다. 또 예배의 단조로움을 피하기 위해 주일마다 그 주일의 의미를 따라 예배의 형식과 순서의 변화를 꾀했다. 구속사의 관점에서 제정된 축제는 그 의미가 인간중심, 자연중심으로 바뀌어 가령 부활절은 자연의 재성장 축제가 되고 말았다. 건축양식도 회중의 편리를 위한 이층양식이 도입되었고 귀족을 위한 특별석이 등장했으며 중세예배에 쓰이던 초나 교회력에 의한 색깔, 의복 상징물들도 철거하였다.

이 당시의 성직자들은 이런 경향성을 반전시킬 아무런 힘도 가지지 못하였다. 오히려 그들은 시대분위기에 편승해서 동시대인들의 사고에 맞는 복음을 전하는 데 주력하였다. 전래된 성경을 이해하기 쉽게 하려는 의도 자체는 나무랄 것이 없으나 그것이 가져온 결과는 성경의 상당 부분을 이성적 신앙에 항복시키는 결과를 낳았다. 칸트는 이 때를 가리켜 "인간이 타자의 안내 없이 스스로 자신의 이해를 구한 시기"로, 그라프(Graff)는 "개신교 예배의 해체의 시기"로 규정한 것에서 알 수 있듯 이 시기는 예배가 전통의 종교성에서 본격적으로 이완되기 시작한 시기라 할 수 있다.

5) 19세기의 새바람과 현대의 경향

19세기부터 신구교 양쪽에서 새로운 예배 갱신의 바람이 불기 시작했다.

(1) 구교에서의 이러한 갱신 운동은 교황 피오 10세(Pius X, 1903-1914)에 의해 주도되었는데 잃어버린 것의 복원이나 무질서의 바로잡음의 차원이 아니라 미사와 관계없던 회중들을 적극적으로 미사에 참여시키고자 하는 데 그 의미가 있었다. 이 운동의 실질적인 공헌자는 독일 베네딕트 수사인 보이론(Beuron)과 역시 베네딕트 수사인 프랑스의 솔렘(Solesmes)이었다. 그러나 미사의 실질적 갱신은 제2차 바티칸 회의(II. Vatikanische Konzil)에서 이루어졌는데 그 특징은 전통적 형식의 과감한 탈피와 말씀의 예전 부분의 강화 - 더 이상 예비미사의 의미로 생각지 않

음, 자국어 미사의 허용, 갈채, 대답, 찬양, 부름을 통한 회중의 적극적 참여 유도 등을 들 수 있다. 개정된 구교의 예배 순서는 다음과 같은 네 부분으로 이루어져 있다.

a) 개회 예전
입장(개회찬송) - 제단경배 - 회중의 환영 - 죄의 고백 - 키리에(Kyrie) - 영광송 - 기도

b) 말씀 예전
첫 번째 성경 봉독 - 찬양 - 두 번째 성경 봉독 - 찬양(할렐루야) - 복음서 봉독 - 설교 - 신앙고백 - 중보기도

c) 성만찬 예전
준비찬송 - 준비기도(성물준비와 세수를 위한 기도) - 성만찬 기도 - 영성체 - 주기도문 - 평화의 인사와 기도 - 떡을 나눔(하나님의 어린 양 찬양과 함께, 묵상기도) - 마침기도

d) 폐회 예전
인사 - 축도 - 폐회

(2) 개신교의 예배 갱신과 관련해 거론되는 인물은 단연 프로이센 제국의 황제인 프리드리히 빌헬름 3세(Friedrich Wilhelm III, 1797-1840)다. 예배 의식을 개혁시키고자 하는 빌헬름의 의도는 자신의 영토 내의 개혁교회와 루터교회를 연합하는 것과 가능하면 종교개혁 당시의 예배 의식과 유사한 새 의식을 개발하는 것에 모아져 있었다. 이런 의도하에 그는 포츠담의 궁정교회와 가르니손 교회를 위해 1816년 최초의 예배 개혁 시안을 작성했고 1821년 프로이센 군대를 위한 예배 의식을, 그리고 1822년에는 베를린에 있는 궁정교회를 위한 예배 의식서를 출간했다. 게다가 1817년 지금까지 독자적인 예배 의식을 유지하던 개혁교회와 루터교회의 예배 의식을 통일시켜 버렸다. 하지만 그에 의해 추진된 예배

개혁은 일방적으로 루터의 입장만을 반영한 것이었다. 성호를 긋는다든지 초를 켜는 것 등은 개혁교회에서는 생소한 것이었다. 이런 이유들과 왕에 의한 일방적인 강압적 조치는 당연히 강력한 반발을 불러일으켰고 동시에 교회 예식 개정의 도화선이 되었다. 개혁교회에서는 1834년 "약식 예식서"를 만들어 음악이 없는 예배를 도입했으며 이후 프로이센 예식은 단일성을 상실하게 된다. 한편 빌헬름 3세에 의해 만들어진 예배 순서는 1856년의 개정을 거쳐 1895년 최종적인 형식이 완성되었다.

그러나 이 예배 순서에는 성만찬이 빠져 있다. 따라서 이를 보완하자는 요구가 제기되자 1894년 다시 개정판이 나오게 되었다. 이 순서에서는 연도(키리에)와 죄의 고백, 죄의 용서를 알리는 은혜의 말씀과 영광송을 각각 하나로 묶었다. 성만찬 없는 예배시 서문경(Praefation)과 경배송(Sanctus, 상투스)는 순서에서 제외시켰으며 성만찬 제정의 말씀 뒤에 하나님의 어린양이 첨가되었다. 독일 각 주(洲)는 자신들 나름대로의 예배의식을 갖게 되었고 루터교회와 개혁교회가 연합된 지역에서는 빌헬름 3세가 만든 예식을 주로 사용하였다. 반면 루터파 교회들은 루터의 입장을 고수하였다.

20세기 들어 독일에 있어서의 예배 갱신의 움직임을 추진한 것은 스피타(Friedrich Spitta)와 스멘드(Julius Smend)다. 그들은 예배를 개인의 교화가 아닌 회중의 축제로 이해하여야 한다고 주장한다. 특히 스멘드는 주제에 의한 예배의 차별화를 주장하며 이것을 찬송가와 성구 선택을 통해 구체화할 것을 주장했고 예배의 단조로움을 피하기 위해 기도 및 예배의 고정 부분을 수시로 바꿀 것을 제안한다. 이들에게 있어 예배는 축제이며 하나의 예술작품을 의미했다. 이들의 뒤를 이은 예배 개혁의 주창자들로는 스텔린(Staehlin), 리터(Ritter), 하일러(Heiler) 그리고 부흐홀츠(Buchholz)를 들 수 있다.

특히 1968년 신앙과 정치는 불가분의 관계이며, 따라서 예배는 정치적이고 또 정치적이어야 한다는 모토 아래 신구교 연합의 "정치적 저녁 기도 모임"이 독일에서 처음으로 출범했다. 이 모임은 기도와 토론, 정보의 교환과 성명 등이 주된 요소를 이루는데 이후 정치 설교의 파생에 직접적인 영향을 끼쳤다.

또 하나의 새로운 경향성은 축제적 예배의 보편화 현상을 들 수 있다. 이것은 특히 하비 콕스(H. Cox)의 "바보제"가 발표된 이후 나타난 현상으로 예배가 인간의 상상력 창조성에 무대를 제공해야 하며 이런 것들을 가능케 해야 한다는 것이다. 곧 모든 예배 순서들은 자유의 경연장이며 학습장이 되어야 한다. 이런 개념이 실제 예배에 응용된 것은 1973년 이래 교회의 날 행사에서 지속적으로 열리게 된 축제적 성격의 저녁 집회를 들 수 있다. 이것을 모방해서 각 지역교회들은 산발적인 축제적 개념의 저녁 집회를 갖게 되었다.

예배 형식의 새로운 실험과 관련해 빼놓을 수 없는 것이 가정예배다. 이 예배는 성인과 어린이 예배의 분리라는 서글픈 현실을 극복하고 모든 세대들을 하나님 앞에서 통합시킨다는 의미에서 그 중요성을 갖는다. 어른과 어린이 모두가 만족할 수 있는 가정예배를 위해 새로운 노래들이 만들어지고 전통적인 교회음악과는 다른 실험적 노래들이 작곡되었으며 새로운 예배 형식들이 제안되었다.

한편 예터(Werner Jetter)에 의해 쓰여진 「상징과 제의」(*Symbol und Ritual*, Göttingen, 1976)라는 책이 제의에 대한 관심을 새롭게 촉발시켰다. 이 책은 주로 제의의 기능과 분석, 그리고 예배에 대한 사회심리학적 (sozialpsychologisch) 전달이론 측면의 시사점을 던져주면서 예배가 갖는 제의로서의 성격에 주의를 집중하게 만들었다.

최근 들어 새롭게 보이는 변화는 예배의 형식을 갱신하려는 과감한 시도들이라 할 수 있는데 빈야드 운동이나 구도자 예배 등이 그것이다. 윌로우크릭 커뮤니티 교회의 빌 하이빌스 목사로 인해 촉발된 구도자 예배(seeker's worship)는 예배를 전도의 한 방법으로 전환한 것으로 전통적인 교회의 예배 개념과는 상당히 다르다. 그러나 이것은 복음의 진수만 빼고 모든 것을 바꾸어서라도 복음을 전할 수밖에 없다는 절박한 상황의 변화를 염두에 둔 일종의 고육지책이라 할 수 있다. 이를 바탕으로 현재 미국에는 예배의 갱신이 지금 한창 화두로 등장하고 있고 한국 교회 역시 이런 변화의 움직임에 민감하게 대처하고 있는 실정이다.

이런 운동은 현대인들의 변화를 염두에 둔 것으로 예배에 있어서의 인본주의적 관심이 신중심적 관심을 앞지를 수 있다는 위험성을 갖기는 하나 생동력 있는 예배와 이를 통한 활성화된 선교를 지향한다는 점에서는 긍정적이라 할 수 있을 것이다. 복음의 본질을 훼손시키지 않는 한도 내에서 예배의 생기를 불어넣고 활력을 증진하며 예배의 감격을 복원하는 것은 오늘의 모든 예배 현장에 주어진 당면한 과제라 아니할 수 없다.

5
예배의 요소와 순서

복음신학대학교 허도화 교수

예배는 예배 공동체의 행위이기 때문에 하나의 공통된 순서를 따라 진행되어야 한다. 공통된 예배 순서를 따라 어떻게 드리느냐에 따라 예배에 대한 우리의 생각과 우리가 믿고 있는 것을 더욱 정확하게 표현하고 많이 발견할 수 있기 때문이다. 그러나 그 공통된 예배 순서가 어떤 요소들로 이루어져야 하는지를 결정하는 것은 쉽지 않다. 어떤 예배의 요소가 절대적인 것이며 상대적인 것인지를 구분하고 그 요소들을 어떻게 배열할 것인지를 결정하기 위해서는 성경으로 돌아갈 필요가 있다.

우리가 초대교회의 예배로부터 회복할 수 있는 것은 사도행전 2장 42~47절에 나오는 예배의 4중 구조, 즉 날마다 모여, 사도의 가르침을 받고, 떡을 떼고, 그리스도의 증인으로 세상으로 나가는 것이다. 초대교회는 예배를 하나님에 의해 부름을 받은 공동체의 모임으로 이해하였다. 첫째로, 그들은 예배를 드리기 위해 함께 모일 때 하나님의 백성들로 아버지의 집에 초청되었다. 둘째로, 그들은 하나님의 말씀으로부터 함께

행할 것을 깨달았다. 셋째로, 그들은 함께 떡을 뗌으로 서로 그리스도 안에서 형제와 자매로 연결됨을 경험하였다. 그리고 마지막으로, 그들은 예배를 통해 최고의 사도 공동체가 되어 성령의 능력을 받아 그리스도의 증인이 되도록 세상으로 파송되었다. 이렇게 초대교인들은 예배에서 부활하신 예수님을 만나는 경험으로부터 그리고 그리스도에게 속한 자들로서 그의 증인이 될 것을 다짐하였다. 이처럼 예배는 다양한 사람들을 한 곳에 모아 그리스도의 지체로 변화시켜 공동체를 만든다.

다음에 소개하는 예배의 요소와 순서는 현대교회로부터 회복할 수 있는 예배의 4중 구조 - 모이는 공동체, 말씀 듣는 공동체, 응답하는 공동체, 파송 받는 공동체 - 에 기초한다. 예배의 4중 구조의 각 부분으로부터 예배자들이 기대하는 경험과 분위기는 다음과 같다. (1) 기쁨으로 하나님 앞으로 나아가는 공동체, (2) 묵상하는 자세로 하나님의 말씀을 듣는 공동체, (3) 성만찬을 통하여 축제를 경험하는 공동체, 그리고 (4) 세상으로 파송되는 공동체. 이 기본적 예배 구조는 다양한 예배들의 배후에 있는 공통성을 보여준다. 이 기본적인 예배 구조를 중심으로 개 교회의 특성에 맞는 예배 형태를 제시할 수 있다.

1. 모이는 예배(The Gathering)

모이는 예배는 하나님이 계신 곳으로 올라가는 예배의 시작 부분으로 우리의 개인적인 생활로써의 예배로부터 공동체(교회) 생활로써의 예배로 넘어가는 문지방과 같다. 우리가 모일 때, 우리의 개인적인 예배가 공동체 예배로 바뀌면서 자기 중심으로부터 하나님 중심으로 옮겨간다. 결국, 모이는 예배 성격은 지상에 있는 하나님의 백성들이 하늘의 보좌, 영원한 예배의 장소, 하나님 나라의 영역, 하나님이 계신 곳의 영광을 향하여 여행하는 것처럼 위를 향한 움직임으로 나타난다. 하나님은 우리가 사는 곳에 항상 계신다. 그러나 예배를 드리는 동안 그 하나님의 임재를 강하게 느끼게 된다. 그래서 예수님께서는 "두세 사람이 내 이름으로 모인 곳에는 나도 그들 중에 있느니라"(마 18:20)고 약속하셨다. 이런 이유로, 우리는 하나님이 계신 곳으로 들어가는 내적 경험을 일으키는 모이는 예배의 내용과 구조에 관심을 가져야 한다.

모임의 예배는 넓게는 하나님의 이름으로 예배를 드리기 위해 하나님의 백성들을 모으는 기능을 하며, 좁게는 하나님의 말씀을 듣도록 그들을 준비시키는 기능을 가진다. 모임의 예배에서 개인적으로 모인 자들은 자신들이 더 큰 공동체에 속해 있다는 정체성(identity)을 경험하는 기회를 가진다. 모임의 예배에서 회중들은 자신들이 세(침)례를 받았을 때 그리스도의 몸인 신앙 공동체의 일원(교회의 지체)이라는 정체성을 다시 경험하는 것이다. 그러므로 모임의 예배를 위해 필요한 순서들은 기본적으로 예수님의 이름으로 나누는 인사, 경배찬양, 그리고 기도다. 이 모이는 예배 순서 중 마지막 순서인 기도는 죄를 고백하고 하나님으로부터 오는 치료와 용서의 말씀을 듣는 예배 행위를 포함하여 종종 다음 단계인 "말씀 듣는 예배"의 순서로 자연스럽게 연결된다(어떤 교회들은 찬양 전에 고백 순서를 둔다).

1 모임 찬양(Gathering Songs)

예배는 항상 하나님이 계신 곳으로 올라감을 경험하는 "모임 찬양"으로 시작한다. 이 올라간다는 예배 형식은 하나님의 백성들이 성전으로 올라갈 때 부른 시편 찬송에서 표현된 것처럼 예루살렘에로 들어간다는 구약성경의 형식에서 유래한다. 세상에서 지내다가 하나님의 자녀들의 공동체로 한 곳에 모여 그분께서 주시는 위대한 힘을 재발견하여 새로워지려는 성도들에게는 시편 95편이 모이는 교회를 위한 한 본보기가 된다. "오라 우리가 여호와께 노래하며 우리 구원의 반석을 향하여 즐거이 부르자"(시 95:1). 이 시편 기자가 말하듯이, 모이는 교회(구원받은 자들의 공동체)는 각자의 삶의 현장으로부터 자신이 구원받은 것에 대한 기쁨과 즐거움을 노래부르며 한 곳에 함께 모인다. 예배를 드리기 위해 모인 예배자들은 구원받은 자들로서의 기쁨을 서로 나누며 여호와께 노래할 수 있다. 측량할 수 없는 하나님의 은혜에 의해 변화된 생활을 보여주는 하나님 백성들의 "즐거운 함성"은 같은 성도들뿐만 아니라 처음 만나는 자들에게도 즐겁게 감염될 수 있다. 그러므로 이와 같은 모임 찬양의 중요성은 결코 간과될 수 없다.

이런 의미에서 시편 찬송은 모임 찬양으로 매우 적합하다. 많은 시편들은 성전에 올라갈 때 부른 신앙인들의 찬송이었기 때문이다. 각자 세상에서 흩어져 하나님을 사랑하고 섬기다가 하나님의 부르심으로 예배를 드리기 위해 성전으로 함께 모이는 백성들이 한 마음으로 시편을 읽거나 시편송을 부르는 것은 예배의 축제 분위기를 고조시키며 자연스러운 예배 준비가 될 수 있다. 이 때 교회력에 맞춘 성경일과로부터 시편을 선택하는 것이 좋다. 이 때 모이는 예배에서 모임 찬양을 위해 시편을 사용하기 때문에 말씀 듣는 예배에서의 시편 봉독은 생략할 수 있다.

예배를 준비하는 시간은 10~15분이 적절하다. 모임 찬양의 순서를 인도하는 자는 먼저 시편을 읽고 그 날 예배의 주제를 설명하면서 하나님의 초청을 받아 다양한 삶의 현장으로부터 한 곳에 모인 회중이 서로 하나님의 가족으로 느끼도록 한다. 시편은 세상과 교회를 연결하며 회중이 같은 목적을 가지고 모인 것을 체험하도록 한다. 시편의 주제, 즉 예배의 주제를 살리는 찬송이나 복음송을 부름으로써 자연스럽게 예배 안내가 이루어진다. 모임 찬양을 진행하는 동안 그 주일예배의 필요에 따라 교회소식, 인사, 환영사, 묵상기도, 찬송 미리 부르기 등을 함께 진행할 수 있다. 모임 찬양의 분위기는 성도의 교제와 환영과 같은 순서들로 밝고 명랑하게 시작하여 전주나 침묵기도와 같은 순서들로 예배 준비를 마무리한다. 모임의 찬양을 마침과 동시에 다음과 같은 말로 예배의 시작을 선언할 수도 있다. "이제 우리의 마음과 뜻과 정성을 모아 우리의 하나님께 예배를 시작하겠습니다."

모임의 노래들은 회중이 성전에 들어와 자리를 잡고 예배를 준비하는 동안 불려진다. 회중이 들어올 때 자동적으로 이 노래들을 부를 수 있도록 분위기가 이루어져야 한다. 따라서 모임송은 누구나 외워서 부를 수 있는 쉬운 곡이어야 한다. 이 때 간단한 움직임과 함께 다양한 악기를 사용하여 찬양할 수 있다. OHP 또는 액정 비디오 등을 사용할 수도 있다.

2 인사와 환영(The Greeting & Welcome)

하나님의 이름으로 서로를 환영하는 것은 우리가 드리는 예배의 중요한 부분이다. 우리가 영적인 집(교회)의 주인이신 하나님의 백성, 하나님의 사랑을 받은 자녀이고 하나님에게 찬양의 제사를 드리려는 예배자라면 서로에 대한 그리스도인들의 환대는 필수적이다. 그래서 세상에 흩어져 있던 하나님의 백성들이 아버지의 집에 즐겁게 모이는 경험을 시편 기자는 다음과 같이 표현하였다. "우리가 감사함으로 그 앞에 나아가며 시로 그를 향하여 즐거이 부르자"(시 95:2). 그리스도인 공동체가 인사하고 환영하는 시간은 논리적으로 그리고 자연스럽게 감사와 찬양의 시간으로 흘러갈 수 있다. 이런 점에서 우리가 예배를 드리기 위하여 교회에 모이는 것은 위대하신 권능자 하나님이 계신 곳으로 서로를 초대하는 것이다.

3 전주(Prelude)

우리는 이미 예배를 시작할 때의 전주에 익숙하다. 그러나 예배 장소로 모여 서로 인사를 나누는 자들의 대화가 종종 전주에 방해가 된다. 이것은 우리가 전주를 충분히 이해하지 못하기 때문에 일어난다. 전주

(Prelude)는 예배 도입부를 위한 연주, 행위 또는 사건인 까닭에 예배 시작 전에 추가된 준비 찬송과는 매우 다르다. 전주는 그 주일의 주제나 분위기에 맞는 곡으로 약 2분 정도의 짧은 것이 가장 좋다. 전주는 예배에서 첫 번째 말이나 첫 번째 찬송 직전에 진행된다. 또는 교회소식이 예배 시작 전에 진행된다면, 전주는 예배를 조용히 준비하는 시간과 연결되거나 그 대신으로 사용될 수 있다.

전주를 효과적으로 운영할 수 있는 몇 가지 방법들이 있다. 전주에 사용되는 곡은 그 주일예배의 중심이 될 찬송들 중의 하나가 될 수 있으며, 전주와 함께 중세기의 채색 유리창과 같은 시각 자료를 사용하여 예배에서 무엇이 진행될 것인지에 관심을 갖고 묵상할 기회를 주거나, 짧은 드라마를 전주와 같이 보여 주거나, 어린이들의 노래, 또는 리듬 악기를 연주하는 것도 가능하다. 이와 같은 전주를 통해 회중은 가장 의미 깊고 조용한 시간을 가지며 엄숙히 제단 앞으로 나아가 기도함으로 하나님의 품안에 있는 어린아이와 같은 자신의 모습을 체험할 수 있다. 입례 순서가 없는 경우에는 예배위원이나 성가대가 전주하기 전이나 또는 전주를 하는 동안 조용하게 그리고 눈에 거슬리지 않도록 옆쪽으로부터 들어가서 의자에 앉는다.

4 입례 찬송(The Entrance Hymn with Procession)
많은 교회들의 경우 예배위원과 성가대원이 전주와 함께 또는 전주에 이어 첫 찬송을 부르며 입례송 순서를 가진다. 입례송의 역사적 기원은 주후 5세기에 로마의 시민관들이 법정 안으로 들어갈 때 취한 예식에까지 거슬러 올라간다. 교회는 이 예식을 채택하여 성직자가 성경을 봉독대(lectem)로 가져가는 데 사용하였다. 성직자가 성가대원과 함께 입례하는 의식은 19세기 영국교회에서 시작되었다. 입례 순서가 예배에 강한 영향을 줄 수 있지만, 매주일 진행할 필요는 없으며 특별한 예배를 위해 적절하게 사용될 수 있다.

축제적인 입례 순서는 하나님의 백성들이 함께 모인 공동체로서 우리가 누구인가를 선언하는 다양한 기독교적 상징을 포함한다. 예를 들어, 축제적인 입례 순서로 십자가, 예배의 주제에 따른 기, 세상의 빛인 예수님을 나타내는 촛불, 성가대, 성경(바로 세워서 성경이 읽혀질 강단이나 봉독대로 들고 들어가지만 성만찬 상 위에 올려놓으면 안 된다) 등의 순서로 담당자들이 앞서 입장하고, 그 다음에 성경 봉독자와 예배위원이 그리고 마지막으로 인도자가 그 뒤를 따라 입장한다. 어린이가 십자가, 기, 또는 성경 등을 들고 입장하게 할 수도 있다. 입례 순서를 맡은 자들은 군인같이 절도 있는 입장을 흉내낼 필요는 없지만 똑같은 거리를 두고 같은 속도로 들어감으로 그들이 전하고자 하는 진리에 어울리는 품위와 은혜를 표현한다. 입례 순서가 없다고 해도 예배를 시작하기 직전에 성경을 봉독대로 가져갈 수 있다. 입례 순서는 여러 차례에 걸친 준비와 연습을 필요로 한다.

교회력에 따라 특별한 주일이나 절기에는 다양하게 입례순서를 진행할 수도 있다. 예로, 성탄절 전야에는 촛불로 입장하는 예배를, 사순절 첫 번째 주일에는 침묵의 입장으로, 종려주일이나 교회의 중요 기념일에는 회중들이 함께 교회 밖의 한 곳에 모여 있다가 그리스도의 한 몸으로서 예배 장소에로 입장할 수도 있다.

입례찬송은 예배위원들의 입례행렬과 함께 진행되어 본 예배의 시작을 알리는 역할을 한다. 입례찬송은 하나님의 임재로 나아가는 내적 경험을 제공하기 때문에 그에 걸맞는 무게와 내용이 있어야 한다. 일반적으로 합창곡이나 복음송은 입례행진에 사용되지 않는다. 대체로 그런 곡들은 찬송의 무게감이나 내적인 깊이가 부족하기 때문이다. 이런 이유로 입례찬송은 다음과 같이 찬송가에서 선택하는 것이 좋다. 9장(거룩 거룩 거룩), 21장(다 찬양하여라), 29장(성도여 다 함께) 등. 그러나 하나님이 계신 곳으로 나아감을 충분하게 표현해 냈다면 현대의 곡(복음송)들도 사용할 수 있을 것이다.

5 인사(The Greeting)

최근에는 예배로의 부름 순서가 인사(예배 인도자가 회중에게 하는)와 함께 이루어진다. 이것은 초대교회가 예배 부름과 같은 성격으로 진행한 인사(greeting/salutation)에 근거한다. 그러나 항상 인사가 예배로의 부름보다 앞서 진행된다. 종종 많은 교회들이 인도자와 회중 사이의 간단한 대화 인사 직후 회중을 예배로 부르거나 그 주일에 적절한 성경을 읽는다.

하나님에게 드리는 예배에서 인사는 하나님이 계심을 인정하는 첫 번째 순서다. 사회적인 모임이 시작될 때 자연스럽게 인사하는 관습을 가진 시대에서는 더욱 형식을 갖추어 예배를 여는 인사순서가 예배의 독특한 성격을 강조하는 데 도움이 되었다. "안녕하세요" 또는 "반갑습니다"와 같은 일상적인 인사는 교회 소식이나 예배 안내와 준비를 시작할 때에 적절할 것이다.

예배 인사는 서로가 이해할 수 있도록 짧고 단순한 형식을 취한다. 이때 인도자가 성경 구절을 읽거나 성가대가 입례송(introit; 첫 송영)을 부르는 것으로 대신할 수도 있다. 예배로의 부름은 간단하게 회중을 향하여 "우리 함께 하나님에게 예배를 드립시다" 또는 "이제 우리의 마음과 뜻과 정성을 모아 우리 하나님에게 예배를 드립시다"라고 초청하거나 적절한 성경 구절을 사용할 수 있다. 그러나 전통적으로 인사와 예배로의 부름 순서는 인도자와 회중 사이의 대화로 진행되었다.

모든 회중이 착석한 뒤 예배 인도자와 회중이 서로 주님의 이름으로 따뜻하고 생동감이 넘치도록, 자연스럽게 환영하면서 대화로 주고받는 인사가 이루어진다. 많은 사람들이 참석하는 예배에서 인도자는 여러 다양한 구슬들을 하나같이 이어주는 줄처럼 예배의 일치감을 주어야 한다. 이런 인도자의 역할은 많은 사람들이 참석하는 예배일수록 더욱 중요하게 된다. 예배를 드리는 동안 나누는 인사는 예배 인도자와 회중이 서로 인사를 교환하는 순서이기 때문에 예배 준비를 위한 모임 찬양에서 회중들이 인사를 교환하는 것과는 다르다. 이 인사 교환은 인도자와 회중이 서로 일어서서 간단한 인사말을 나눌 수도 있고 친숙한 말들을 적절하게 상호 교환할 수도 있다. 모임의 예배 순서 전체와 아울러 인사는 될 수 있는 한 간단한 하나님의 말씀으로 직접 인도하는 것이 좋다.

입례송을 부르면서 입례를 한 후, 예배 인도자는 회중을 바라보면서 강단 중앙, 설교단, 성경 봉독대, 또는 성만찬 상에서 인사한다. 인도자가 마치 회중을 감싸듯이 손바닥을 편 채로 회중을 향하여 두 팔을 벌리면 더욱 온화한 분위기를 자아낼 수 있다. 대화식 인사에서 회중이 응답할 때에는 사회자는 두 팔을 접는다. 인사는 여러 가지의 형식으로 진행될 수 있다. (1) 인도자는 회중을 예배로 부르면서 "우리 모두 하나님께 예배를 드립시다"라는 말과 함께 적절한 성경구절을 사용한다. (2) 인사나 예배로의 부름 순서가 없을 때는 시편이나 찬송으로 시작한다. (3) 전주에 이어 예배로의 부름을 진행할 때는 적절한 전주가 자연스런 예배로의 부름 역할을 할 수도 있다.

입례 순서가 없을 때는 예배 인도자와 성가대는 눈에 거슬리지 않게 조용히 옆 통로를 통해 들어가서 전주가 끝나기 전에 자리를 잡는다. 인도자가 회중에게 인사하기 위해 일어설 때까지는 회중이 일어서지 않아도 된다. 서로가 일어서서 인사를 나누는 행위에서 이 인사 순서는 서로의 존재를 인정하게 만든다. 인도자와 회중이 서로 서서 인사를 나누는 것은 새로운 손님이 방에 들어온 것을 맞이하는 것처럼 그리고 순서 진행에 대한 존경을 표하는 것처럼 서로의 예배 참석을 인식하는 것이며 예의를 갖추어 환대함을 의미하는 것이다. 이를 위한 성경의 예(겔 2:1,

신 18:5)는 서 있는 행위를 다양한 목회를 인정하는 한 방법으로 제시한다. 회중이 일어서는 순서를 위해서 주보에 표시를 하도록 한다. 인도자가 회중에게 일어서기를 요구하는 행위는 하나님에 대한 인격적인 경의를 요청하는 것으로 해석될 수 있다.

예배에서 사용되는 첫 대화(opening dialogue)로 불리는 인사는 모든 회중에게 예배에서 자신들의 다양한 역할을 확인하는 기회를 준다. 고대 교회에서 사용된 사도들의 인사에서 사회자는 이렇게 말한다. "우리 주 예수 그리스도의 은혜, 하나님의 사랑, 그리고 성령의 교제가 여러분 모두와 함께 하기를 기원합니다." 이 때 회중은 "주의 종(목사님)과도 함께 하기를 기원합니다"라고 응답한다. 이와 같이 기독교의 유산인 고대 교회의 인사를 사용하는 것은 우리들의 예배 이해를 확대시킬 수 있다. 우리가 확신하는 바는, 예배에 참여한 우리는 우리보다 앞서 여러 세기를 통해 신앙의 증언을 제공해 온 신앙인들과 함께 모이는 것이다.

인사는 교회력이나 그 주일의 주제에 따라 다양할 수 있다. 부활절의 인사로 할렐루야를 말할 수 있다(전통적으로는 사순절에 할렐루야를 후렴, 즉 인사에 대한 회중의 응답으로 사용하였다). 그러나 이처럼 다양한 인사를 주보에 실어 너무 문자에 의존하는 것은 눈과 눈이 마주치는 자연스럽고 생동감 있는 인사를 상실할 수 있는 단점이 있다. 인사가 매주일 동일할 때 암기된 회중의 응답은 서로를 공동체로 묶어 주는 증거가 되며 다양한 연령층의 참석자들을 확보할 수 있게 한다.

6 예배 부름(The Call to Worship)

하나님의 백성들은 하나님의 부름에 응답하기 위해 모인다. 교회사를 통해 모임의 예배 순서들이 주기적으로 변화되어 왔으나 항상 하나님의 임재로 들어가는 것이 공통된 특징으로 이해되었다. 하나님 앞으로 나오는 행위는 인간의 의도에 의한 것이 아니라 하나님의 명령에 의한 것이다. 하나님의 임재는 예배 공동체에 의해 주문되거나 만들어질 수 없다. 오히려, 하나님께서 우리를 하늘 보좌로 부르시고 하나님의 초월적 타자성의 눈부신 빛 속으로 여행하라 명령하신다. 여기에서 예배 공동체는 영원히 하나님을 찬양하는 천사들에 둘러싸여 있는 거룩하신 하나님의 초월적 타자성을 깨닫게 된다. 그 때, 그리고 그 때만이 함께 모인 예배 공동체가 하늘의 무리들과 합하여 삼위일체 하나님의 위엄을 잘 나타내는 찬양을 부른다.

예배 부름은 예배 공동체를 부르는 행위다. 이 부름은 하나님의 임재로 이끌림을 받는 행위를 표현한다. 그래서 예배 부름은 예배자들의 경험 속에 예배 공동체 안에 계신 하나님께서 강하게 느껴지게 한다. 예배 부름을 위한 말은 모임의 찬양들과 관련되어 사용될 수 있다. 또는 단순히 회중이 예배를 드리기 위해 모인 것을 선언할 수도 있다. 때로 모임의 찬양을 합창으로 부를 때는 합창 부분은 후렴같이 반복되는 구절이 되어야 한다. 예배 인도자는 예배 부름을 읽기보다는 외울 필요가 있다. 또한 예배 부름을 OHP나 슬라이드 등으로 나타낼 수도 있다.

- 인도자: 저와 함께 주께 영광을 돌립시다.
- 회　중: 우리 함께 하나님의 이름을 높입시다(시 34:3).
- 인도자: 내가 산을 향하여 눈을 들리라.
- 회　중: 나의 도움이 어디서 올까?
- 인도자: 나의 도움이 천지를 지으신
- 함　께: 여호와에게서로다(시 121:1-2).

(이 예배 부름 후에 찬송가 23장 "만 입이 내게 있으면"을 부를 수도 있다.)

1) 예배 부름을 준비할 때

예배 부름은 익숙한 노래나 그 주일의 성경 본문, 특별히 시편과 같은 자료들로부터 선택하여 주보나 OHP에 적을 수 있다.

예배 부름을 준비할 때 다음의 지침이 도움이 될 것이다. (1) 예배 부름은 위의 예처럼 인도자와 회중이 함께 나누는 부름과 응답의 구조를 가져야 한다. (2) 간단한 형식으로 준비하되 지시가 아니라 환호가 되도록 한다. (3) 창조적인 예배 부름이 되도록 찬송이나 복음송, 또는 합창곡 등을 같이 사용한다.

2) 예배 부름을 노래로 진행할 때
성가대나 찬양팀이 하나님의 임재를 향한 간구를 노래할 수도 있다. 또 그런 간구가 회중에 의해 불려질 수도 있다.

7 기원(The Invocation of Gathering Prayer)
예배 인도자가 드리는 기원은 일반 기도와는 성격과 내용이 다르다. 이 기원은 예배 속에 성령으로 임재하시는 하나님의 권능과 현존으로 예배에 임하는 성도들을 성결하게 해 달라는 것과 우리의 부족한 백성들이 드리는 예배를 통하여 영광을 받아 달라는 매우 짧은 기도다. 그러므로 하나님께서 원하시는 예배를 드리기 위한 기원의 내용은 두 가지로 요약된다. 하나는 하나님께서 우리가 드리는 예배를 받아주옵소서라는 기원이며, 다른 하나는 우리가 신령과 진정으로 예배를 드릴 수 있도록 성령께서 오셔서 우리를 정결하게 하옵소서라는 기원이다.

8 경배찬송(Hymn of Praise)
일반적으로 입례송이 없다면 경배찬양은 집례자의 인사나 예배 부름 다음에 위치한다. 이 때 회중이 부르는 경배찬송(Sursum Corda, 수르숨 꼬르다 "마음을 드높이는" 찬송)은 예배 부름에 대한 응답을 나타낸다. 경배찬송은 첫 번째의 찬양 행위로 참석자 모두를 더욱 하나로 묶는 역할을 한다. 이 찬양은 하나님께 드리는 인사말로서 이해되기 때문에 이 찬양으로 우리는 하나님께 인사드리고 경배할 뿐 아니라 교회력의 계절까지 이에 적절하게 반영한다. 여기에서 우리는 우리의 개인적인 것들에 집중하기보다 찬양과 감사를 불러일으키는 하나님의 품성에 집중한다. 이 첫 찬송은 가사와 곡이 모두 강하고 쉽게 불려지는 곡으로 회중이 하나님께로 "함께 나오는 것"을 돕는다.

찬송의 장수가 주보나 찬송가 번호판에 적혀 있다면 사회자가 굳이 말할 필요는 없다. 부를 찬송을 말로 알리는 것은 예배의 흐름을 방해하는 경향이 있다. 부를 찬송은 충분한 전주와 주보를 참고로 간단히 알려질 수 있다. 잘 알려진 곡의 전주라면 전 곡을 다 연주할 필요는 없다. 회중이 부를 곡의 전주는 자유로운 형식으로 그 곡의 멜로디 부분을 소개하고 곡의 분위기를 알릴 수 있다. 전주곡의 빠르기에 관한 두 가지 주장들이 있다. 한 쪽은 곡의 빠르기가 원래의 속도와 같아야 한다고 주장하며, 또 다른 한 쪽은 찬송의 속도를 자유롭게 바꿀 수 있다고 말한다. 그러나 전주곡의 빠르기가 회중으로 하여금 함께 찬송을 부르게 하는 데 그 목적이 있다고 한다면 찬송의 속도를 의심 없이 따를 때 우리는 찬송을 가장 잘 부르게 된다.

9 고백과 용서(Confession and Forgiveness)

하나님이 계신 곳에서 예배자는 눈부시고 신비로운 빛에 의해 비춰진 자신이 불완전하고 의존적인 피조물, 창조주를 거슬리는 자녀, 상처받고 깨지고 죄 많은 인간임을 발견한다. 이 때 유일하게 적절한 반응은 전능하신 분을 거스른 피조물로서의 겸손한 고백뿐이다. 그 이후에 하나님은 말씀을 들으려는 겸손한 자의 마음에 용서와 치료에 관한 위로의 말씀을 주신다. 이런 행위들이 한 번 일어나면 기도(opening prayer)를 통해 모임의 예배로부터 말씀을 듣는 예배로 적절하게 넘어가게 된다.

예배의 첫 부분인 모임의 예배에서 드리는 기도는 이 부분을 결론짓고 예배의 두 번째 부분인 말씀의 예배로 직접 인도하는 역할을 한다. 그러나 많은 교회들이 죄의 고백과 용서의 확인을 개회기도의 한 부분으로 잘못 이해하는 경향이 있다. 이 기도 순서는 권면, 참회, 용서 그리고 영광송으로 이어짐으로 길어지거나 복잡하여 말씀을 듣는 순서로 자연스럽게 넘어가는 데 방해가 될 수 있음에 주의해야 한다.

1) 권면과 침묵의 회개(Call to & Silent Confession)

죄의 고백은 다음의 순서들과 함께 연결성을 가진 예배 행위로 이해된다. 하나님의 사랑과 자비를 우리에게 확인시켜주는 말들을 근거로 고백을 권면하는 형식의 초청, 예배자들에 의한 고백기도, 개인적 고백을 위한 침묵, 자비송, 용서의 확인, 그리고 찬양이나 영광송, 소리를 내어 함께 고백하는 기도에는 특정한 죄들을 누군가에게 책임을 전가하지 않고 개인적 실수들을 드러내지 않는 일반적인 내용이 가장 적합하다. 특정한 죄들은 우리가 예배를 드릴 때 완전히 깨닫게 된다고 생각할 수 있는 어떤 것이 아니라, 선포된 말씀을 통해 밝혀지는 어떤 것들이다. 그러므로 이 기도는 교회와 세계의 죄들에 대한 후회를 표현하며, 용서, 간구, 그리고 새로운 생활로 인도하는 은혜를 요청한다. 혹은 개인적 죄들을 침묵으로 고백할 수도 있다. 고백 순서의 길이 때문에 예배자들은 앉아서 진행하고 찬양을 할 때는 일어선다. 각자가 약 1분 정도 회개기도를 할 때는 침묵으로 직접 하나님에게 고백하는데 이 경우에는 어떤 소리(사회자나 악기연주까지도)도 방해가 되지 않도록 하는 것이 좋다.

매주일 고백기도를 모임의 예배 순서에 넣을 필요는 없다. 고백기도가 참회하는 기분으로 하나님 앞으로 나가는 데는 적절하지만 꼭 그렇게 할 필요는 없다. 시편기자가 말하듯 주의 날은 기쁘고 즐거운 날이기 때문이다. "이 날은 여호와의 정하신 것이라 이 날에 우리가 즐거워하고 기뻐하리로다"(시 118:24). "사람이 내게 말하기를 여호와의 집에 올라가

자 할 때에 내가 기뻐하였도다"(시 122:1). 고백기도는 주일예배의 다른 순서에서 진행할 수도 있다. 목회기도에서, 또는 설교 후에 고백 순서를 포함하거나 봉헌하기 전에 고백하고 그 직후에 서로에 대한 용서와 화해의 행위로써 평화의 인사를 교환 할 수 있을 것이다.

참회의 계절인 대림절과 사순절에는 고백기도를 특별히 고백적인 행위와 함께 진행함으로써 예배를 시작하는 것이 적절하다. 그러나 성탄절과 부활절(그 후의 주일들을 포함하여)에는 주된 분위기가 축하와 찬양이므로 고백 순서를 다른 순서에 포함시킬 수도 있다.

2) 자비를 구하는 기도(Kyrie)

자비를 구하는 기도 "키리에"(Kyrie)는 다음과 같이 전통적으로 연도(連禱; litany)나 응답기도(responsive prayer)로 이루어졌다.

- 인도자: 주여, 자비를 베푸소서.
- 회　중: 그리스도여, 자비를 베푸소서.
- 인도자: 주여, 자비를 베푸소서.

자비를 구하는 기도는 고대 유대인의 예배 형식에서 나왔다. 키리에(Kyrie)는 "주여, 자비를 베푸소서"를 의미하는 헬라어 "키리에 엘레이존"(Kyrie eleison)를 줄인 말이다. 문둥병자들을 고치는 누가복음의 일화에서 문둥병자들은 멀리 떨어져 서서 예수께 "주여, 우리에게 자비를 베푸소서"라고 외친다(눅 17:12). 이 말은 "지금 우리를 구하소서"를 의미하는 아람어의 "호산나"(Hosanna)와 비교된다. 키리에는 4세기 예루살렘에서 주기적으로 나타나기 시작했으며 교회를 통하여 중보기도의 간구에 대한 하나의 응답으로 급속히 퍼져나갔다. 이 기도는 하나님께 드리는 일반적인 기도라기보다는 예수께 직접 드리는 특별한 기도다. 그 기도는 다양하게 3회, 6회, 때로는 9회 반복되는 형식의 기도다.

키리에는 말로나 노래(자비송)로 표현할 수 있다. 자비송은 교회와 회중에 따라 다양하다. 집례자가 자비를 구하는 기도를 한 후 곧 이어 자비송을 부르도록 소개한다. 자비송은 성가대, 회중, 또는 독창이나 회중과 함께 교창(交唱)으로 부를 수도 있다.

3) 용서의 확인(Assurance of Pardon)

인도자와 회중이 기도를 하는 동안 머리를 숙이는 반면, 용서의 확인을 위해서는 서로의 눈과 눈이 마주치는 것이 좋다. 인도자는 전체 회중을 대신하여 각 사람에게 그리스도 안에서 우리에게 주어진 용서를 선언한다. 용서를 확인하는 말씀은 사회자와 회중이 함께 제창이나 대화 형식으로 표현할 수도 있다.

예배에서 우리가 말하는 용서의 확인은 우리가 먼저 행한 것에 따르는 조건적인 것이 아니다. 하나님의 은혜는 항상 우리의 의지보다 앞서 존재한다. 용서의 말씀은 기꺼이 용서하시려는 하나님의 의지에 관한 성경적 확인에 주로 의존하거나 기도의 형식이 될 수도 있다. 그 후에 인도자는 회중이 용서받았음을 선언한다. 조건적인 은혜에 관한 다음의 예를 포함하여 용서에 관한 확신들은 많다. "예수 그리스도는 죄인들을 구하러 세상에 오셨습니다. 만일 우리가 우리의 죄를 자백하면 저는 의로우사 우리 죄를 사하시며 모든 불의에서 우리를 깨끗케 하실 것입니다"(요일 1:9). 또는 다른 가능성도 있다. "누구든지 그리스도 안에 있으면 새로운 피조물입니다. 이전 것은 지나갔으니 보십시오. 새것이 되었습니다. 그리스도 안에 있는 형제 자매 여러분, 복음의 기쁜 소식을 믿으십시오."

10 찬양(Acts of Praise)

고백기도와 용서의 확인 뒤에 나오는 찬양의 순서로는 영광송, 찬송, 또는 성가대의 찬양이 불려질 수도 있다. 일반적으로 '영광' 또는 '찬양' 이라는 말들은 노래 가사에 나오는 단어들이었을 것이다. 이 때는 회중들이 하나님의 존귀와 영광을 찬양하는 곡을 부르거나(눅 2:14에 나오는 천사의 노래와 같은) 성가대의 영광송이나 찬양으로 대치할 수도 있다.

특별한 예배에서는 이 찬양 순서 다음에 행사에 대한 설명이나 손님 소개가 진행될 수도 있을 것이다. 안수, 취임, 추대, 장립 등의 예식에서는 후보자를 소개하는 시간을 덧붙이기도 한다.

11 기도 또는 설교 전 기도(Opening Prayer/Prayer for Illumination)
예배행위가 하나님의 말씀을 듣기 위해 모임으로부터 하나님이 계신 곳으로 이동하기 때문에 음악도 찬양으로 소리를 내는 데서 하나님의 말씀을 주의 깊게 듣도록 만드는 쪽으로 변해야 한다. 이런 분위기 변화는 회중이 말씀 듣는 것을 돕는 묵상 분위기가 되어야 가능하다.

이 목회기도를 통하여 예배의 두 번째 부분인 말씀의 예배에서 우리는 하나님의 백성들로 한 곳에 모인 예배 공동체의 일원이 된다는 것이 무엇을 의미하는지를 다시 한 번 경험하게 된다. 어떤 까다로운 문제들이 예배자들 각자를 갈라놓을 수 있다 하더라도 그것들은 하나님을 예배하려는 우리의 공동 목적에 충실할 때 부차적인 것이 된다. 익숙한 전자 오르간의 소리와 삐걱거리는 의자, 설교단, 세(침)례반, 성만찬상, 십자가와 같은 상징물들, 인도자와 다른 예배위원들의 말들과 회중의 찬송 소리, 위엄 있는 행동과 따뜻한 기도 등을 통해 우리는 하나님 앞에서 연합된다. 이제 우리는 우리를 위한 하나님의 말씀에 초점을 모을 준비가 되어 있다.

설교 전에 하는 기도는 성경 봉독과 설교를 통해 하나님께서 우리에게 말씀하시는 것을 듣기 위해 우리의 생각과 마음을 열어주도록 간구하는 기도이다. 시편 19편 14절은 설교하기 전의 기도로 적절하다. "나의 반석이시요 나의 구속자이신 여호와여 내 입의 말과 마음의 묵상이 주의 앞에 열납되기를 원하나이다."

2. 말씀 듣는 예배(The Hearing)

예배의 4중 구조에서 두 번째 부분인 말씀 듣는 예배는 첫 번째 부분인 모이는 예배와 매우 다르다. 이 두 번째 부분에서 예배는 하나님의 임재로 들어가는 단계로부터 그의 임재 가운데 머무는 단계로 옮겨진다. 이런 이동은 마치 하나님이 거하시는 곳의 로비(lobby, 현관의 홀)에서 그분의 거실로 들어가는 것과 같다. 여기에서 사용되는 주된 예배행위는 대화로 하나님께서 설교(말씀)를 통해 우리에게 말씀하시며 그 다음 그 주신 말씀에 대해 우리가 응답하는 것이다. 하나님과 예배자 사이의 대화 내용은 성경 자체로부터 나온다.

말씀의 예배가 본질적으로 하나님의 이야기(말씀)를 선포하는 것이기 때문에 여기에서의 예배 구조는 모임의 예배에서와 같은 과정이나 여행이 아니라 말씀선포와 응답의 신학에 근거한 대화다. 또한 이 구조는 마치 거실에서 나누는 주인과 손님들 사이의 대화처럼 하나님과 예배자 사이의 대화 나눔이다. 하나님이 말씀하시고 사람들이 응답한다. 그러므로 말씀의 예배는 수세기 동안 말씀을 선포하고 이에 응답하는 구조로 이루어졌다. 말씀 선포와 응답의 구조는 다음과 같이 짝을 이룬다.

말씀선포	응답
1. 구약성경 봉독	2. 시편송(또는 말씀송)
3. 서신서 봉독	4. 할렐루야송(또는 말씀송)
5. 복음서 봉독	6. 찬양(성가대)
7. 설교	8. 응답송(결단찬송 또는 사도신경)
	9. 응답기도(또는 묵상기도)

10. 평화의 인사

(성만찬이 없을 때 8, 9, 10은 응답/감사하는 예배 속에 포함된다.)

예배를 이루는 두 가지 중요한 부분들 중 첫 번째가 성경을 봉독하고 해석하는 것이다(두 번째 부분은 성만찬 예식이다). 고대 유대 회당에서 진행된 안식일 예배는 성경, 시편, 성경에 대한 해석과 기도 형식을 가진 응답으로 구성되었다. 예수님은 이런 예배 중의 하나에 참석하여 누가복음 4장에 나타나는 대로 성경을 읽었다. "주의 성령이 내게 임하셨으니…" 초대 그리스도인들이 말씀 중심의 안식일 회당예배를 성만찬 중심의 주일예배와 결합시켰을 때, 각 예배는 본질적으로 손상되지 않고 보존되었다. 그러므로 이 두 가지 중 첫 번째를 말씀의 예배라고 부른다.

말씀의 예배는 성경 봉독, 성경을 해석하는 설교, 그리고 설교에 대한 응답을 포함한다. 우리는 설교만이 하나님의 말씀을 선포하는 것이라고 생각하는 경향이 있지만 사실은 성경 봉독도 하나님의 말씀을 선포하는 것이다. 그 두 순서는 모두 하나님을 찬양하고 섬기는 행위들이다. 그 두 순서 모두에서 하나님은 우리에게 말씀하신다.

말씀의 예배는 성경 봉독으로부터 설교로 자연스럽게 움직인다. 성경 봉독은 하나님의 말씀을 우리에게 선포하고 설교는 우리의 상황과 시대에 비추어 그 읽은 성경을 해석한다. 전체 예배 순서에서 성경 봉독이 중간에 위치하고 설교가 마지막에 위치하면 이와 같은 자연스런 예배의 흐름을 경험하지 못한다. 이 두 순서를 서로 멀리 위치시키는 것은 고속도로를 가운데 두고 두 쪽으로 나누어진 공원의 이쪽에서 다른 반쪽을 즐기기 위해 복잡한 고속도로를 건너가는 것과 같을 수 있다. 이처럼 간격이 넓은 두 순서 사이에서 말씀을 해석하는 시간이 되면(때로는 설교자가 노력함에도 불구하고) 이미 앞에서 읽은 성경말씀은 종종 잊혀지게 된다. 성경 봉독과 설교는 하나의 흐름을 형성하므로 예배 순서상 서로 가까이 위치하는 것이 가장 좋다. 두 순서 모두 우리의 삶을 하나님의 말씀에 집중하게 하며 그래서 하나님 자신의 성품과 의지를 우리에게 나타낸다.

예수 당시의 회당 예배는 성경 봉독과 설교 다음에 청중의 응답이 따랐다. 이와 비슷하게 오늘날 말씀의 예배는 응답 순서를 가질 수 있는데 들은 말씀에 대한 응답은 뒤에 진행되는 성만찬 예배에 대한 응답과는 매우 다르다. 설교는 이미 우리의 삶에 관련된 문제들에 대해 응답을 요구하기 시작하였다. 그 응답은 다양한 형식들을 취하며 반드시 설교와 대화를 해야 하는 설교자의 목회기도에서 결론이 난다. 이 기도는 우리가 들어 온 복음의 빛에 비추어 우리의 상황을 보며 세계, 교회, 지역사회와 개인적 요구들에 대한 우리의 관심을 표현한다.

1 성경 봉독(Scripture Lessons)

말씀 듣는 예배에서 잘 준비되고 봉독되는 하나님의 말씀을 듣는 것은 아름다운 일이다. 우리가 잘 아는 이야기들이나 성경 본문들이 다시 봉독되는 것을 들을 때 우리는 어린아이와 같이 기뻐할 수 있다. 성경이 잘 봉독될 때 각 단어는 다양한 강조, 고저 그리고 속도를 가진 음악처럼 분명하고 특별하게 들린다. 우리가 귀기울일 때 그 단어들은 생생하게 살아나게 된다. 하나님이 과거에 우리에게 말씀하시기 위해 사용하셨던 사건들을 현재의 우리 마음과 생각이 경험하게 된다. 이런 사건들에 대한 증언들을 통해 하나님은 오늘날 계속 우리에게 새롭게 말씀하신다. 그 증언의 말씀들은 귀하게 보존되어 후대의 우리들에게 전달되었다. 우리는 스스로를 하나님의 말씀을 들음으로 믿음이 자라는 사람들, 즉 성경의 사람들이라고 부른다. 이런 이유에서 강단용 성경은 대체로 크며 예배의 중심에 위치하는 것이다. 성경은 우리 예배 공동체의 책이다.

그래서 예배에서 성경은 극적인 제스처 같은 장식을 덧붙이지 않고, 암기되거나 극적으로 표현할 필요 없이 단순하게 봉독된다. 성경을 봉독하고 그것을 직접 듣는 것은 예배에서 필수적인 요소며 성경 봉독 순서는 예배의 중요한 부분을 차지한다.

우리는 보통 성경을 3부분으로 나누어 생각한다. 구약성경(율법과 예언자들의 기록), 복음서(예수님의 삶, 사역, 가르침에 관한 기록), 서신(바울과 다른 사도들의 편지). 한 예배에서 이 세 가지 본문을 읽는 것은 고대 기독교와 성서일과(lectionary)를 사용하는 현대의 에큐메니칼 예배까지를 포괄하는 것을 나타낸다. 전통적인 성경 봉독의 순서는 복음서에 비중을 두어 구약, 서신, 복음서의 순서로 진행된다. 때때로 우리는 이 전통적인 성경 봉독의 순서에 담겨 있는 의미를 잊어버리고 그 순서를 바꾸려고 시도한다. 복음서가 설교에 제일 가깝게 봉독된 이유는 그것이 바로 우리가 그리스도의 복음을 전하고 있다는 것을 상징하기 때문이다. 시편은 원래 노래로 이해되어 보통은 성경 봉독의 순서에 포함되지 않고 오히려 구약성경 봉독에 대한 응답으로 사용되었다. 오늘날 예배 갱신의 경향 중 하나로 성경일과로부터 세 가지 성경(구약, 서신 그리고 복음서)을 봉독하거나 두 가지 성경(구약과 신약)을 봉독하는 것은 고대 기독교(6세기의 서구 교회)의 전통을 회복하려는 의도에서 비롯된 것이다. 봉독된 성경들을 설교의 본문으로 삼을 필요는 없다. 예배자들이 단순히 봉독되는 말씀을 듣는 것만으로 충분하다. 몇 개의 성경 본문들을 함께 읽는 것은 지나치게 단순한 하나의 본문으로부터 오늘날의 문제들에 대한 성경적인 해답을 찾으려는 위험을 막는 안전장치가 될 수 있다.

성경 봉독은 교회 목회의 하나다. 성경 봉독을 통해 하나님의 말씀이 선포된다. 설교가 잘 준비되는 것이 중요한 것처럼, 성경 봉독도 잘 읽혀서 듣게 하기 위해서는 잘 준비되는 것이 중요하다. 그래서 성경 봉독자는 성경을 읽는 기술이 있어야 하며 이 순서의 준비를 위해 시간을 들여야 한다. 교회(예배위원회)는 교인들 모두에게 균등하게 기회를 주는 것보다는 정기적으로 평신도 가운데서 성경 봉독에 은사가 있는 몇 명을 선택할 수도 있다. 어린이와 청소년도 성경 봉독 순서를 담당할 수 있다. 중요한 것은 하나님의 말씀은 남녀노소의 다양한 목소리로 읽혀질 수 있다는 것이다. 그들은 교회의 다양한 회중을 대표하기 때문이다.

이런 점에서 큰 교회는 특별히 성경 봉독을 위해 성도들을 훈련시키고 또한 그들에게 다른 사람들을 훈련시키는 책임을 맡긴다. 이 훈련에서 중요한 부분은 정기적인 그룹 성경공부 시간에 다가오는 주일예배에 읽을 성경본문을 다루는 것이다. 성경 봉독 훈련을 위해 사용할 수 있는 훌륭한 자료는 성경일과다. 현재 세계의 많은 교회들은 예배 갱신운동의 산물인 성경일과를 사용하고 있다. 이 성경일과는 교회력에 맞추어 성경 전체를 3년 주기로 구약, 시편, 서신, 복음서의 4부분으로 나누어 매주일 예배에서 읽도록 만든 것이다. 한국의 주요 교단들은 예식서를 통해 성경일과를 소개하고 있다. 예배 안내위원들과 봉사위원들을 위한 목회처럼, 성경 봉독자들을 위한 목회도 교회 안에서 중요한 목회로 생각하고 예배에서 강조할 필요가 있다.

오늘날 시각 중심의 문화 조류에 밀려 구두로 표현된 말에 대한 관심이 점차 사라지고 있다. 그러므로 회중이 인쇄된 글에 주의를 기울이도록 노력하는 것보다 그들의 듣기 능력을 증대시킬 수 있도록 성경 봉독자들을 키우는 것이 중요하다. 예배는 여러 감각들과 관계가 있는데 성경 봉독은 무엇이 일어나고 있는가를 보고 듣는 감각에 의존한다. 바람직한 성경 봉독을 위하여 좋은 장비가 필수적이기 때문에 마이크 장치가 방해가 되지 않는가를 확인해야 한다. 아울러 청각 장애자를 위한 준비 역시 꼭 갖추어야 할 예배시의 배려다. 또한 각 성경본문을 봉독한 후에 들은 말씀에 대해 묵상을 하도록 간단한 침묵의 시간을 가지는 것도 도움이 된다.

성경을 봉독할 때 나타나는 모든 면들은 어떤 나이의 사람들에게도 호소력이 있다. 봉독자의 태도와 몸짓, 봉독대 또는 설교단 위에 놓인 성경의 가시적 상징, 하나님의 말씀이 빛이라는 것을 나타내기 위해 가능한 성경을 빛(촛불)이 비춰는 곳에 두는 것, 품위 있게 읽는 것 그리고 침묵의 시간 등이 그것이다.

만일 성경 본문 외에 추가로 성경을 읽을 필요가 있다면, 다음의 세 가지 방법으로 가능하다. (1) 말씀과 직접 관련이 있는 찬송과 유사하게 성경 본문에 대한 한 반응으로, (2) 설교 본문의 일부분으로, 또는 (3) 설교에 대한 반응의 부분으로. 그러나 추가로 읽는 성경이 원래의 본문을 대신한 것으로 생각할 수도 있으므로 두드러지게 나타나지 않도록 해야 한다.

성경 봉독의 주된 목적은 성경을 읽고 듣는 것이지만, 특별한 경우에는 본문이 암기되거나 연출적 차원으로 표현할 수도 있을 것이다. 이런 변화는 한 사람이, 다같이 한 목소리로, 읽는 부분을 분담해서, 또는 어떤 부분을 회중에게 할당하는 등으로 이루어질 수 있다. 이런 방법이 본문에 대한 해석으로 구성된다면 본문을 대신한 것보다 더 좋은 성경 봉독이 될 것이다. 또한 성경 봉독은 경우에 따라 영화, 슬라이드, 춤, 무언극, 또는 노래 등을 동반할 수 있다. 성경 봉독은 강단용 성경이 위치한 곳, 즉 설교단으로부터 또는 봉독대와 설교단이 있는 경우에는 봉독대에서 진행된다.

2 성가대 찬양(Canticle/Anthem)

이 성가대의 찬양은 서신과 복음서 봉독 사이에 위치하는 응답송이다. 짧은 예배를 위해서는 응답송을 생략하고 직접 서신 봉독에서 복음서 봉독으로 진행할 수 있다. 이런 경우에는 다른 두 성경본문을 읽는 것을 나타내도록 봉독자도 다른 두 사람으로 정하는 것이 바람직하다. 어떤 교회는 찬양 대신 춤을 추기도 한다. 춤이 예배의 한 표현으로 받아들여 진다면 찬송이나 봉독과 함께 진행하거나 그 춤이 봉독에 대한 응답이 될 수 있다.

만일 회중의 찬송으로 응답송을 대신한다면 이는 반드시 성경본문의 주제와 관계가 있어야 한다. 이럴 경우 회중 찬송은 성가대의 찬양과 같이 우리가 성경 말씀을 듣도록 도울 수 있다. 그 주일의 찬송이 있다면 성경 본문의 주제에 맞는 새로운 찬송을 부를 수도 있다. 회중은 그 주일의 찬송을 성경공부 시간이나 집에서 준비할 수 있으며 예배 준비시간에 소개받을 수도 있다. 복음서를 봉독하기 전에 찬송을 부르는 것의 선례를 3세기에 시편을 노래로 부른 것에서 찾을 수 있다. 교회력에서 대림절과 사순절을 제외한 모든 계절에 할렐루야를 후렴으로 부를 수도 있다.

기도서 송가(canticle) 또는 작은 노래는 시편이 아닌 성경 구절을 음악에 맞춘 것이다. 이것은 성가대나 회중에 의해 불려질 수 있다. 이런 노래들 중에는 마리아 송가(Magnificat, 눅 1:39-56)와 시므온 송가(Nunc Dimittis, 눅 2:29-32)가 있다. 아직 한국교회의 찬송가에는 기도서 송가가 소개되어 있지 않다. 전통적으로 기도서 송가는 성만찬 예배에서 불려지지 않고 아침이나 저녁 기도회를 위해 사용되었다.

잘 준비된 성가대 찬양(anthem, 성가)은 성경본문이나 교회력에 직접 연결된다. 그러므로 성가대 찬양은 음악적인 우수함뿐만 아니라 전체적으로 예배의 주제와 관련이 있도록 선택되어야 한다. 성가(anthem)는 "대답하는"(sounding or answering back)이란 의미를 지닌, 응답하는 교창(antiphon)에서 온 말이다.

3 설교(Sermon)

개신교의 예배는 성경을 읽는 것만으로는 충분하지 못하다. 그 성경 본문은 해석될 필요가 있다. 하나님의 말씀은 하나의 '사건', '일어난 일' 또는 '행위'로 주로 이해된다. 여기에서 말하는 하나님의 말씀은 성경에 쓰여 있는 말들과는 다르다. 오히려 하나님의 말씀은 성령의 도움으로 회중이 그것을 들을 때 그들의 삶 속에 살아 움직이는 말들을 말한다. 그래서 각 예배는 그 말씀이 육신이 된 것, 즉 성육신을 축하하는 것이다. 좋은 설교는 자신의 사명을 위해 기도하고 연구하고 시간을 투자하는 설교자와 설교를 통하여 하나님께서 말씀하시는 것을 듣는 청중들 모두에게 달려 있다. 이런 이유로 본회퍼(Dietrich Bonhoeffer)는 자신의 학생들에게 설교를 들을 때마다 부활하신 그리스도와 만날 것을 기대하며 들어야 한다고 충고하였다.

설교 사역은 전통적으로 말씀과 성례전 사역을 위한 안수와 훈련을 전제로 한다(최근에는 말씀과 성례전뿐만 아니라 목회 상담에 대한 안수가 주가 된다). 사실, 미국의 대학들은 말씀과 성례전 사역을 감당할 목회자들을 훈련하고 배출해내기 위해 교회에서 설립한 경우가 많다.

설교의 목적은 이해를 통해 신앙을 양육하는 것(faith-seek-understanding)이다. 설교는 고대의 문화와 시간 속에서 이루어진 성경 본문을 택하여 최초의 청중들에게 주었던 것과 같은 생명력을 가지고 오늘에로 가져오는 것이다. 성경의 각 절들은 서로 격리된 상태로가 아니라 각 절과 연결된 맥락 안에서 그 의미를 나타낸다.

설교의 권위는 마태복음의 마지막에서 모든 나라와 족속을 제자로 만들라는 그리스도의 명령으로부터 온다. 우리가 설교로 전하는 것은 그리스도다. 이런 권위를 강조하는 이유는 전통적으로 설교가 복음서를 봉독한 직후에 진행되기 때문이다. 성경 봉독이 복음서에서 절정을 이룰 때 설교는 오늘날 그리스도의 기쁜 소식을 전하려는 것으로부터 직접 흘러나온다. 복음서가 설교의 본문이 아니라도 구약, 서신, 그리고 복음서로 진행되는 성경 봉독의 순서는 동일하다. 우리가 그리스도에 관해 이해하는 대로 우리는 성경을 해석하게 된다.

성경이 읽혀지고 해석되는 것이 필수적이지만 봉독된 모든 성경의 본문이 해석될 필요는 없다. 단순히 성경을 듣는 것도 가치 있는 일이다. 그러나 설교를 위해 하나의 본문만을 취급하는 것은 매우 어렵다.

설교는 회당예배에 기원을 두고(눅 4:16, 행 13:14) 초대교회에 의해 채택되었다. 바울은 드로아에서 떡을 떼기 전에 설교하였다. 복음서들이 나오기 전에는 설교를 위한 자료들로 예수에 관한 이야기들이 사용되었다. 바울은 자신의 서신들이 예배에서 읽혀지기를 원했으며(고전 16:22-24) 그래서 그 서신들은 설교 자료가 되었다.

초기의 설교는 다양한 기능을 가지고 있었다. 그 모든 기능들이 예배에서 나타난 것은 아니었다. 설교의 어떤 기능들은 기독교를 모르는 자들을 가르치려는 목적을 가진 복음전도나 선교에 초점을 맞춘 것이었다(행 10:42). 어떤 설교의 기능은 이미 그리스도에게 헌신한 자들을 양육시키기 위한 것이었다(히브리서). 그리고 어떤 기능은 기독교의 교리를 가르치기 위한 것이었다. 설교가 항상 예배에서 이루어지는 것은 아니었지만 최소한 중세기에 파행적으로 오용되기 전까지는 정기적인 예배의 한 부분이었다. 그러나 중세기 동안에도 도미니칸(Dominican) 수도승들은 위대한 설교들을 함으로써 설교를 회복하고자 시도하였다. 개신교 종교개혁자들도 설교의 중요성을 회복하려고 노력하였다. 많은 종교개혁자들이 예배의 의식적인 순서와 가시(시각)적인 요소들을 거부한 결과, 거의 말씀 중심의 예배 경향이 대두되었다.

설교는 많은 기능들을 가지고 초대교회로부터 온 유산 가운데 가장 중요한 부분을 차지한다. 20세기에 와서 설교는 다양한 형태로 나타났다. 기독교의 교리나 교훈을 전하는 교리적 설교, 성경 본문을 때로는 각 절을 다루는 강해설교, 그리고 특별한 주제나 개념을 성경적 이해에 근거하여 발전시키는 주제설교 등 부분적으로 우리의 자유로운 강단 전통은 설교자가 읽을 본문뿐 아니라 설교의 방법까지도 결정할 수 있게 만들었다. 1970년대에 개신교의 설교에 새로운 형식으로 등장한 성경일과 설교(lectionary preaching)는 설교의 본문 선택을 광범위하게 만드는 수단이 되었으며 또한 설교를 성경적으로 이끄는 데 일조를 하였다.

설교는 성경 봉독과 다르다. 성경 봉독 순서에서 우리는 봉독되는 성경의 단어들에 귀를 기울인다. 설교(sermon, homily)의 원래 의미는 강화나 대화. 설교는 책으로부터 왔다기보다는 책을 읽은 사람으로부터 온 것이다. 설교는 대화에 필요한 여러 가지 특징들을 가지고 있다. 다양하고 표현력 있는 목소리, 모든 사람에게 들리는 충분한 음량, 눈과 눈의 마주침, 몸짓. 상자형의 강단은 설교자의 몸을 가로막기 때문에 설교가 지니는 물리적인 영향을 감소시키는 경향이 있어서 최근에는 강단 앞으로 나와서 설교를 하는 설교자들도 있다.

한국교회에서 설교자들이 가운이나 예복을 입도록 강요받지는 않지만 가운이나 예복 착용은 점차 확대되고 있다. 설교자가 가운을 착용해야 하는 이유의 하나는 설교 시간에 초점이 되는 것은 사람으로서의 설교자가 아니라 설교자의 직무이기 때문이다. 가운이 목사 안수의 표시는 아니다. 스톨(stole)을 가운 위에 입는다. 스톨은 가운과 함께 입도록 만들어진 것임으로 거리 복장 위에 입을 수 없다.

설교의 길이는 10분에서 30분 정도로 다양하다. 최근 예배 갱신의 한 결과는 설교 이외의 다른 순서들이 전통적으로 설교로부터 기대되는 것의 얼마를 전할 수 있다는 것이다(예 - 추수감사절의 기도). 설교 중심의 예배에서, 또 설교가 마지막 순서로 나오는 예배에서 설교가 약하면 예배 전체가 약해질 수 있다. 그러나 예배가 설교에 의해 덜 지배받는 경우에는 다르다. 예배의 다른 순서들이 메시지를 전하는 데 도움이 될 수 있다.

간단한 설교가 약한 설교는 아니다. 사실, 간단한 설교가 잘 준비된다면 더욱 강한 설교가 될 수 있다. 긴 설교보다 짧고도 훌륭한 설교를 준비하는 것이 더 어렵다. 그 이유는 오늘날 회중이 집중할 수 있는 평균 시간이 12분이나 13분에 불과하기 때문이다. 설교가 더욱 짧아질 필요가 있다는 주장은 결코 설교의 중요성을 약화시키는 것이 아니다. 루터(Martin Luther)가 "하나님의 살아 있는 말씀"(viva vox Dei)이라고 부른 설교의 말씀은 예배에서 절대 필요한 부분이다. 설교에서 우리는 믿음으로 부름을 받고 우리의 믿음은 계속 양육되고 새로워진다. 설교를 하나님의 말씀이라고 말하는 것은 성만찬에서와 같이 설교에서도 그리스도의 실제적인 임재를 인정하는 것이다.

3. 응답하는 또는 감사하는 예배(The Responding/Thanksgiving)

점차 세계 교회는 성만찬을 축하하지 않는 주일예배는 적절하지 못하거나, 충분하지 못한, 또는 받아들일 수 없는 것으로 이해하고 있다. 한국교회는 성만찬 없이 진행되는 주일예배에서 말씀에 대한 충실한 표현으로 하나님에게 예배를 드렸다. 비예전의 전통으로 이어진 한국교회들은 설교를 하나님의 이야기가 충분히 제시된 것으로 이해하였다. 그러나 성만찬 없이 말씀을 중심으로 드린 예배는 성만찬 이전에 행해진 예배(Ante-Communion)로 불려진다. 이 말은 성만찬까지 축하해야 충분한 예배가 된다는 것이다.

그러나 한국의 대부분 교회가 매주일 성만찬을 축하하지 않기 때문에 많은 교회들은 성만찬을 대신하여 들은 말씀에 대한 응답으로 그리스도의 구속 사역에 대해 하나님께 다양한 감사를 표현한다. 많은 교회들은 다음의 다섯 가지 방법으로 성만찬을 대신하여 감사를 표현한다.

첫째, 말씀 초청에 대한 응답으로 예수님을 영접하는 초청, 세례예식, 목회자 헌신, 또는 치유집회를 진행한다.

둘째, 하나님을 찬양하는, 그리스도의 사역을 기억나게 하는, 성령의 임재를 구하는 응답 찬송을 여러 곡 부른다.

셋째, 중보, 감사를 위한 응답기도나 통성기도를 진행한다.

넷째, 말씀을 듣고 은혜 받은 것을 간증한다.

다섯째, 선교(전도) 또는 지역사회에 대한 봉사 등의 행동으로 응답한다.

위와 같이 예배에서 설교에 대한 응답으로 설교 바로 다음에 따라오는 적절한 순서들은 여러 가지가 있다. 그러나 여기에서는 일반교회에서 실천 가능한 몇 가지만 소개한다. 설교에 대한 적절한 응답으로는 사도신경, 찬송, 제자도로의 초청, 세(침)례, 신앙갱신, 간증, 회중의 생활과 일에 관한 광고 등이 있다.

1 중보기도(Prayers of the People)

성경 봉독과 설교는 회중 가운데 있는 개인들에게 서로 다르게 영향을 준다. 우리는 거의 듣지 못하고 지나쳐버리는 한 마디의 말이 암으로 고생하는 자에게 새로운 희망을 줄지 알 수 없는 일이다. 이와 비슷하게 우리에게 중요한 것이 다른 이웃에게는 잘 들어보지도 못한 것일 수 있다. 중보기도는 말씀 선포를 통해 예수님을 만난 것에 대한 우리의 응답으로 이해될 수 있다. 중보기도는 성경 봉독과 설교에 대한 대화를 나누는 것이기 때문에 설교자나 인도자보다는 심방이나 선교 목회를 대표하여 성도들의 생활을 잘 아는 평신도 대표나 평신도 목회자에 의해 인도되는 것이 좋다. 이 점에서 중보기도는 목회자에 의해 인도되는 목회기도와 다르다. 중보기도는 교회밖에 대한 관심으로 성도들이 목회상담이나 세계선교에 관한 훈련을 시작하는 것이 될 수 있다.

어떤 교회들은 중보기도 대신 목회자가 인도하는 목회기도(pastoral prayer)를 순서로 넣는다. 목회기도는 묵상을 인도하는 형식과 영적 향상을 위한 시간으로 진행된다. 목회기도는 종종 매우 깊은 목회적 관심을 나타내어 목회자가 성도들의 모든 생활에 깊이 관계가 있음을 보여준다. 결과적으로 성도들은 종종 자신들의 관심이 목회기도 속에 표현되는 대로 알려진다고 느낀다. 목회기도는 아름답고 거룩한 그리고 하나님과 가까워지는 시간일 수 있다. 이 기도의 성공은 종종 목회자 개인의 능력에 달려 있다. 그러나 목회기도의 위험은 그 기도가 성도들의 관심을 사로잡는 기도라기보다는 또 하나의 설교가 될 수 있다는 것이다.

설교 후에 들은 말씀에 대한 응답으로 기도를 하는 것은 2세기까지 거슬러 올라간다. 이 기도는 점차 중보기도의 형식을 갖추어 성도들의 응답으로 키리에(Kyrie)와 함께 장로에 의해 인도되었다. 나중에 중보가 사라지고 키리에만 남았다. 종교개혁자들은 예배 속에 중보기도를 회복하려고 하였다. 장로교 예배의 뿌리를 형성한 1664년의 웨스트민스터 예배 모범(Westminster Directory)은 이 기도를 설교 앞에 놓았다. 그리고 이 기도가 어떤 기능을 가지고 있는지에 대해 다섯 페이지를 할애하였다(즉 우리의 어두운 생각, 굳은 마음, 불신앙, 완고함, 안일함, 무미건조함, 초라함을 애통합니다 등). 그 기도의 내용은 고백으로부터 고상하고 잘 선택된 언어로 모든 것을 위한 간구와 중보로 진행된다(예 - 우리의 기도에 은혜가 넘치도록 응답하심으로 용기를 주시어 은혜의 보좌에로 가까이 이끄소서). 이 기도는 종종 성경 구절로 가득 차 있다. 목회기도의 길이는 다양하지만 3분에서 5분 정도가 이상적이다.

중보기도는 간단한 죄의 고백과 용서를 위한 기도(설교가 특별한 어떤 것을 제시하였다면), 그리고 특수한 축복에 대한 감사가 될 수 있다. 그러나 감사의 내용은 다음에 나오는 성만찬 예배에서 나타나기 때문에 중보기도의 주요 내용은 중보(intercession)다. 중보기도는 특별히 다음의 영역들에 주목하면서 관심과 감사를 표현한다. 세계, 하나의 교회, 지역 공동체, 도움이 필요한 자들과 죽은 자들(이런 영역들은 설교를 위해서도 중요한 주제가 될 수 있다). 또 회중의 생활과 일에 관하여 다양한 면들이

다루어질 수 있다. 이러한 기도는 직접 기도제목을 제시할 수 있고 기도를 준비하고 진행할 때 소개될 수 있다. 짧은 기도나 간구로 이루어지는 기도(litany)는 교독문(versicle)과 다음과 같은 응답들과 함께 사용될 수 있다. "하나님, 우리의 기도를 들으소서", "당신의 사랑으로 응답하소서" 또는 "우리가 주께 기도하나이다", "주여 자비를 베푸소서." 이런 응답들은 말이나 노래로 이루어진다.

　중보기도는 회중이 참여할 수 있는 가장 직접적이고 자발적인 순서가 될 수 있다. 중보기도는 각 개인의 관심들이 침묵이나 큰 소리로 표현될 수 있는 기회가 주어진다. 이런 관심들이 매우 특수한 것이 될 수 있으나 될 수 있는 대로 간단해야 한다. 그 관심들은 하나님께서 해야 하시는 것을 가리키지 않고도 단순히 관심을 불러일으킬 수 있다. 큰 교회에서는 이런 관심들을 기도요청 카드에 적어 성전 입구에 비치된 기도함에 넣도록 하거나 광고 시간에 적어 내도록 할 수도 있다. 이렇게 모여진 기도요청 카드들의 일부를 크게 읽을 수도 있다. 작은 교회에서는 성도들이 자신들의 관심을 침묵이나 소리를 내어 제시할 수 있다(각자가 자신의 기도 제목을 "하나님 우리의 기도를 들어주소서"와 같은 교독문 끝에 이어 표현할 수 있을 것이다). 각자가 자신의 기도를 표현할 때까지 기다릴 때 침묵이 필요한데 그 길이는 성도들이 자신의 생각을 표현할 수 있을 만큼 충분해야 한다(최소한 1분). 기도는 인도자가 마지막으로 모든 기도 제목들을 하나님께 위탁하고 성도들이 "아멘"을 말할 때 끝난다. 이런 기도의 종류는 교회의 모임에서 진행된다면 효과가 있을 것이다. 그리고 회중들도 서로 기도를 나눔으로 친근하게 된다.

　이 중보기도를 인도하는 자는 봉독대나 침례탕을 바라보며 복도 중앙에 서거나 머리를 숙일 수 있다. 그것은 기도가 성도들의 생활과 필요로부터 나온 자신들의 것임을 상징하는 것이다. 특별한 경우에는 우리 기도의 관심들을 가시화하는 묵상적인 방법을 제공하기 위해 영상자료들을 사용할 수도 있다.

2 침묵기도(Silent Prayer)

성경 봉독 후에 진행하는 것처럼 설교 바로 다음에 나오는 간단한 침묵은 들은 말씀에 대한 묵상을 가능하게 한다. 침묵이 우리의 예배에서 대체로 자주 무시되어 왔지만 침묵의 중요성은 일찍이 하박국에 의해 다음과 같이 언급되고 있다. "오직 여호와는 그 성전에 계시니 온 천하는 그 앞에서 잠잠할지니라"(합 2:2). 우리가 말로 표현하는 것이 항상 하나님의 말씀에 대해 응답할 수 있는 유일한 방법은 아니다. 그림이나 표식으로 응답할 수도 있다. 침묵의 시간은 성령께서 비언어 또는 언어가 사용되기 이전의 방법으로 우리에게 말씀하도록 한다. 위대한 음악이 소리와 침묵의 혼합으로 이루어진 것처럼 예배도 그 두 가지가 함께 짜여짐으로 이루어진다.

우리의 예배는 우리가 침묵을 두려워한다는 것을 일깨워준다. 텔레비전과 함께 사는 우리들은 종종 침묵을 죽은 시간으로 생각하는 경향이 있다. 예배에서도 우리는 침묵의 시간이 될 수 있는 부분을 음악으로 채우는 경향이 있다. 우리가 시골에서 도시로 올 때는 얼마나 소리에 압도당하는지, 반대로 도시에서 시골로 갈 때는 어떻게 듣는 방법을 다시 배워야 하는지를 경험한다. 그러므로 침묵이 효과를 나타내도록 교육을 통해 회중을 잘 준비시킬 필요가 있다.

3 신앙고백 또는 사도신경(Profession of Faith, The Apostles' Creed)

설교가 공동체를 대표하는 해석이 되도록 노력함에도 불구하고 부분적으로는 개인의 해석이기 때문에 어떤 면에서는 위험성이 있다. 그런 설교에 신앙고백은 공동체성을 주어 회중과 연관시킨다.

1세기의 교회에서 매주 행했던 성만찬 전에 드리는 긴 기도(the Great

Prayer, 성만찬 기도 또는 대감사기도로 알려진)가 그러한 신앙고백의 기능을 가지고 있었다. 그 신경(신앙고백)의 내용은 그리스도에 관한 필수적 신앙을 요약한 것으로 하나님이나 하나님의 위대한 행위에 대해 감사하는 유대인의 감사 형식을 따랐다. 이 외에 별도의 신앙고백은 없었다. 특별히 니케아신경(Nicene Creed)을 암송하는 것은 4세기의 이단에 대처하기 위한 주요 교리적 논쟁의 결과에서 비롯된 것이다. 신경(信經)은 기도가 아니라 성도들을 바로잡기 위한 목적으로 만들어진 것이다. 신경을 암송하는 것이 11세기까지는 유럽에서 일반적인 예배 순서가 되지 않았다. 사도신경은 세(침)례에 관한 신앙선언으로, 세(침)례 예식에서 말하는 "예수님은 주이시다"와 같은 초기의 고백적 선언으로부터 나왔다. 여하튼 사도신경은 특별히 세(침)례 예식과 갱신을 다짐하는 예배에서 말씀에 대한 응답으로 적절하다.

동시대의 신앙을 가장 충분하게 표현한 것은 성만찬 기도들에서 나타난다. 각 성만찬 기도는 새신자들을 위한 성경공부의 기초를 제공하였다. 신경을 암송하는 순서는 성만찬이 집행되지 않는 예배나 다양한 교회 그룹들이 활동하는 예배에서 실행될 때 가장 적절할 수 있다.

어떤 사람들은 자신들의 신앙이 표현되어 있지 않다는 이유로 혹은 다른 나라에서 나온 과거의 신앙 표현이라는 이유로 사도신경을 주일예배 순서에서 생략해야 한다고 주장한다. 그러나 오늘날 우리가 예배에서 사도신경을 암송하는 이유는 이단을 바로잡기 위해서가 아니라 공동의 신앙고백 행위, 즉 우리를 과거, 현재, 미래의 모든 그리스도인들에게 연결시키는 공식적인 신앙 선언으로 사용되는 '고백'을 하기 위함이다. 루터가 한 것처럼 신앙고백을 곡으로 부를 수도 있다.

4 찬송(A Responsive Song)
설교와 그 다음에 부르는 찬송과의 밀접한 관계는 오랜 전통이 되었다.

설교 전에 부르는 찬송과는 달리 이 찬송은 설교의 주제와 관련하여 헌신에 초점을 두게 된다. 이 때 예배를 준비하는 순서가 있다면 새로운 찬송이나 익숙하지 않은 찬송을 부를 수 있다.

5 제자도 초청 또는 세(침)례와 신앙갱신
(Invitation to the Discipleship, Baptism and Confirmation)

제자도로의 초청은 세(침)례와 신앙갱신(신앙의 확증, 고백, 재확인)과 같은 의식을 포함할 수 있다. 세(침)례는 후보자의 나이에 상관없이 그리스도의 지체가 되어 기독교 공동체의 성만찬을 받는 회원으로 가입하는 유일한 의식이다. 세(침)례 의식은 유아세례와 성인세(침)례뿐만 아니라 견신(confirmation)과 신앙고백을 통해 각 개인과 회중의 세(침)례 신앙을 갱신하도록 한다. 그러므로 이 때의 예배는 기독교의 입회의식(initiation)들 - 세(침)례, 견신, 첫 성만찬 - 을 재결합한다.

물론 세(침)례는 한 번 뿐인 의식이지만 세(침)례신앙의 갱신은 여러 번 일어날 수 있다. 견신을 일생에 한 번 하는 것으로 생각하는 한국교회에는 자주 갖는 신앙갱신을 위한 의식이 비교적 생소하다. 신앙을 갱신하는 의식은 여러 가지 경우에 이루어질 수 있다. 다양한 이유로 개인들은 세(침)례서약을 갱신하고 축복을 받을 기회를 환영한다. 성인식, 졸업, 장기간의 출타(군입대, 유학, 외국근무 등), 교회 이적, 결혼, 출산, 은퇴 등 모든 회중은 기념식에서 자신들의 세(침)례신앙을 갱신할 수 있으며 그 때 자신들의 사명선언(mission statement)을 채택하거나 공동체 계약을 갱신할 수도 있다.

6 간증(Witness)

예배의 첫 부분은 객관적인 경향이 있다. 그러나 말씀으로 은혜를 받은 후에는 예배가 더욱 주관적인 분위기를 띤다. 이런 이유로 간증은 설교

후에 진행하는 것이 적절하다.

복음주의 계통의 교회들은 개인의 신앙을 간증하는 순서를 진행해 왔다. 특별히 작은 교회의 예배에서는 즉흥적이거나 정해진 계획에 따라 간증할 수 있는 기회가 있다. 그러나 일반적으로 예배가 계획되고 형식을 갖추는 대형교회에서는 간증이 잘 준비될 필요가 있다. 간증은 설교에 포함될 수도 있다. 주일 오전에 신앙간증을 위한 특별 예배를 계획할 수도 있다. 이런 특별 예배는 주로 찬송, 간증, 기도로 이어지는 형식을 취하며 일반 예배의 구조와 다르게 진행될 수 있다.

7 회중의 생활과 일에 관한 광고(Announcements)

광고가 들은 말씀에 대한 응답으로 설교 후에 위치할 때는 회중의 생활과 일을 드리는 것으로 이해되어야 한다. 이 순서는 회중(광고위원)에게 맡겨 공동체의 생활 속에 회중 모두가 참여할 수 있도록 진행한다. 이 때 다음 순서인 중보기도를 위하여 개인적 관심을 모을 수도 있다.

그러나 광고가 설교 후에 진행되면 예배의 흐름을 깰 수도 있다. 한편으로, 우리는 예배가 자유로우며 자발적인 분위기를 유지하기를 원한다. 또 다른 한편으로, 우리는 예배의 흐름과 통일성(말씀과 성만찬 예배)을 깨뜨리며 여러 가지 도움을 요구하는 광고 순서를 원하지 않는다. 광고를 지루하지 않게 진행한다면 회중의 생활과 일을 대표하는 순서가 될 수 있다.

성만찬이 없는 예배에서는 응답하는 예배 순서들로 위와 같은 순서들 다음에 평화의 인사, 봉헌, 광고가 진행될 수 있다.

4. 파송하는 예배(The Sending-forth)

최근에 주일예배에 나타난 새로운 경향은 예배의 마지막 부분을 통하여 예배 공동체의 선교적인 기능을 강조하는 것이다. 한 교회의 주보는 이 마지막 부분에 "말씀을 따라 열매를 맺기 위해 세상으로"라는 표제를 붙였으며 또 다른 교회의 주보는 교회의 직원(staffs) 명단을 소개하는 부분에서 제일 먼저 "목회자: 모든 교인들"로 시작하고 그 밑에 담임목사, 목사, 장로, 직원 등의 이름을 소개하였다. 어떤 교회는 교회 출구나 주차장 출구에 "당신은 지금 선교 현장으로 들어가고 있습니다"라는 글을 붙여 교회를 떠나는 교인들에게 파송되고 있음을 기억나게 한다. 이런 노력들은 교회와 예배의 현장에 대한 이해가 선교적으로 변하고 있음을 말해주는 것이다. 예배자들에게 세상은 선교의 현장이기 때문이다.

예배의 마지막 부분인 파송하는 교회는 간단하고 목적이 분명하다. 이 부분의 순서들은 예배 전체를 결론짓는 방향으로 움직인다. 예배의 마지막 부분에서 우리는 하나님의 축복과 주를 사랑하고 섬기기 위해 세상으로 가도록 위임하는 성경 말씀을 기억한다. 이런 순서들을 강조하는 것은 우리가 세상의 고통을 알고 믿음을 실천함으로 우리의 예배가 계속된다는 것을 이해하기 때문이다.

파송하는 예배의 성격은 로마서 12장 1절에 잘 나타난다. 바울은 로마의 교인들에게 예배로 위임받은 것의 본질을 말한다. "그러므로 형제들아 내가 하나님의 자비하심으로 권하노니 너희 몸을 하나님이 기뻐하시는 거룩한 산 제사로 드리라 이는 너희의 드릴 영적 예배니라." 바울의 이해에 의하면 예배는 생활이다. 예배는 교회의 문을 나오기 전에 끝나는 것이 아니라 우리들의 생활 여러 곳(가정, 직장, 여행)에서 계속된다.

만일 파송의 예배가 예배자들에게 더욱 의미를 부여하기를 원한다면 먼저 다음의 간단한 질문을 할 필요가 있다. 파송 순서에 무엇을 해야 하는가? 주로 파송은 하나의 축복이다. 우리가 예배에서 하나님에게 찬양과 경배를 드릴 때 이것은 실제적으로 우리가 하나님을 송축(축복)하는 것이다. 이런 의미에서 하나님을 송축한다는 것은 하나님의 이름이 지닌 능력과 역사를 선포하며 그 이름에 합당한 영광을 돌린다는 것이다. 그러나 우리가 찬양과 경배를 통하여 하나님을 송축할 때는 우리가 하나님에게 어떤 것을 드리는 것이 아니다. 오히려 하나님이 기뻐하시는 것(하나님을 인정하고 섬기는 것)을 행함으로 하나님을 송축하는 것이다.

그러나 반대로, 하나님이 우리를 축복하실 때는 그분이 우리를 예수 그리스도 안에서 의로움과 거룩함에로 부르신 것을 성취할 수 있는 능력을 주신다. 하나님이 우리를 축복하시는 것은 구체적인 선물 즉, 실제적으로 성령을 부어주시는 것이다. 우리에게 축복을 부어주신다는 의미가 민수기 6장 24~26절에 잘 나타난다. "여호와는 네게 복을 주시고 너를 지키시기를 원하며 여호와는 그 얼굴로 네게 비춰사 은혜 베푸시기를 원하며 여호와는 그 얼굴을 네게로 향하여 드사 평강 주시기를 원하노라." 이 말씀과 성경의 다른 모든 축복 말씀들의 핵심은 27절에 있다. "그들은 이같이 **내 이름으로** 이스라엘 자손에게 축복할지니 내가 그들에게 복을 주리라." 축복을 하실 때 하나님은 우리에게 그분의 이름을 부여하신다. 이것이 바로 우리가 세상에서 어떻게 살아가야 하는가를 말하는 것이다. 만일 매일 우리의 구체적인 삶에서 "나는 하나님께서 나에게 주신 이름을 가지고 있다!"는 것을 의식적으로 인정한다면 우리의 삶이 얼마나 달라질까?

파송의 예배는 공예배를 끝내고 하나님의 백성들을 그들의 생활 속에서 예배를 계속하도록 파송하는 내용을 가지고 있다. 이 파송의 내용을 완성시키는 세 가지 예배행위가 있다. 축복, 찬송, 파송. 파송의 예배는 축복기도(하나님의 축복), 파송의 찬송(사명을 주어 하나님의 백성들을 파송하는 찬송이나 복음송), 그리고 파송의 말씀의 순서로 진행되는 것이 가장 적절하다. 찬송, 파송, 축복의 순서로 진행하는 교회들이 있지만, 각 순서의 의미를 고려한다면 파송이 마지막으로 예배 장소를 떠난다는 것을 의미하기 때문에 가장 마지막 순서로 적절하다. 회중이 세상에서 교회로 부름을 받았음을 먼저 알리기 위해 파송(위임) 순서를 축복 앞에 둘 수도 있다.

1 축복(Benediction/Blessing)

하나님에게 제단을 잘 쌓았던 아브라함이 세상에서 만나는 자들에게 축복의 근원이 되었던 것처럼 모든 예배자들은 예배의 마지막 순서에서 세상에서 축복이 되기 위해 먼저 축복을 받을 필요가 있다. 이런 의미에서 축복 또는 축도는 예배 공동체에 대한 하나님의 사랑을 선언하는 것이다. 축복하는 성직자는 회중을 바라보면서 제단 앞으로 나와 두 손을 펼쳐 들고 손바닥을 약간 아래쪽을 향한다. 일반적으로 이와 같은 축복 의식이 교회에 나타난 것은 대다수의 회중이 성만찬을 받지 못하고 교회를 떠날 때였다.

회중이 곧 세상에서 생활하고 일할 것을 암시하는 의미로 광고 순서를 파송의 예배에 포함할 수도 있으나 어디까지나 첫 번째 파송의 예배 순서는 축복이나 축복기도다. 오늘날 예배 갱신 운동은 축복기도의 참 의미를 재이해함에 강조를 하고 있다. 축복이 선언될 때 예배자들은 그 축복을 하나님으로부터 오는 의식적이고 개인적인 축복선언으로 받기 위해 자리에서 일어서도록 요청을 받는다. 어떤 목사들은 축복기도에서 생활의 특별한 부분들에 대해서도 언급함으로 예배자들로 하여금 하나님께서 일상생활의 모든 면에 계신다는 것을 기억나게 한다. 축복 다음에 세상으로 파송되는 것에 관한 찬송이나 노래가 따라온다. 이 때 섬김, 선교, 또는 그리스도인의 삶을 다룬 위임에 관한 찬송을 부르는 것이 가장 적절하다. 복음송이나 폐회송도 어울린다.

2 파송의 찬송(A Commissioning Hymn)

파송의 찬송을 부르면서 하나님의 부름을 받아 함께 모인 교회(하나님의 백성)로서의 회중은 세상에서 계속 교회가 되도록 위임받는 것을 확인한다. 예배가 끝난 후 특별한 축제 행사를 계속할 경우에는 파송의 찬송은 예배 후에 다시 들어올 예배 위원들과 성가대를 위한 폐회송으로 부를 수도 있다. 입례송을 부르며 입례하는 것처럼, 오순절에는 전 회중이 세상으로 나가는 교회를 상징하여 예배 후에 성전으로부터 교회 앞뜰로 나가는 폐례식(閉禮式; 폐회행진)을 가질 수 있다. 대림절이나 사순절과 같은 참회하는 절기에는 침묵이 마지막 찬송을 부르는 것보다 더욱 적절할 수 있다.

3 파송의 말씀(Commissioning Words)

파송(sending forth) 또는 위임(commissioning)은 집례자(성직자)가 "그리스도의 이름으로 나가시오" 또는 "주를 사랑하고 섬기기 위해 세상으로 평안히 가시오"라는 말을 하는 순서다. 이에 대해 회중은 "하나님께 감사를"하고 응답한다. 원하는 경우에는 파송사와 응답을 노래로 할 수도 있으며 이미 곡으로 된 위임사가 사용될 수도 있다.

폐회송(또는 성가대의 송영)을 부르는 동안 예배 인도자들은 가능한 성전의 뒤쪽으로 나가는 것이 좋다. 전통적으로 폐장 순서는 입례 순서와 동일하다. (1) 십자가, (2) 기, (3) 성경 봉독자, (4) 성가대, (5) 목사(설교자, 사회자). 이 폐장 순서가 의미하는 것은 폐회송을 부르는 동안 목사들은 성전 뒤쪽에 모여 마지막 찬송을 인도한 다음에 파송의 말씀으로 예배의 결론을 내린다. 이 파송의 말씀이 교회에서의 예배 경험을 종결하고 그 예배를 세상에서의 예배자들의 삶과 연결시킨다. 일반적인 폐회 순서는 다음과 같다. (1) 마지막 찬송(또는 성가대의 송영). (2) 목사, 예배위원, 성가대원은 성전 뒤쪽에 선다. (3) 목사가 두 손을 들고 "이제 모두 주님을 사랑하고 섬기기 위해 세상으로 나가십시오"라고 외친다. (4) 그 다음 회중은 "할렐루야!" 또는 "아멘!"으로 힘있게 응답한다.

4 후주(Postlude)

최근의 예배에서 후주는 전형적인 순서가 아니다. 어떤 회중은 후주를 듣지만 다른 회중은 후주를 배경 음악으로 여기고 대화를 나누기 시작한다. 후주가 끝날 때까지 회중이 자리에 앉아서 듣도록 주보나 성가대를 통해 알릴 수 있다. 후주를 듣도록 하는 또 다른 방법은 성도의 교제 및 교회소식을 진행할 수도 있다. 이 때 새로운 찬송을 배우거나 간단한 연주를 진행할 수도 있다. 파송을 받는 자들로서 교회를 떠나기 전에 기도할 수 있는 기회를 주기 위해 오르간 연주를 제시하는 것도 좋다.

6
예배와 성례전

한국성서대학교 김순환 교수

개신교 예배에서 설교와 성례전(聖禮典)은 중요한 두 축이라고 할 수 있다. 그 동안 개신교 예배에서는 설교를 너무나 강조한 나머지 성례전적인 부분이 설교에 비해 상당 부분 약화되었던 것이 사실이었다. 더불어 성례전이 지니는 상징적 특성이나 강점을 간과하여 진리에 대한 언어 외적 전달의 힘이나 가치를 등한시해온 바 없지 않았다. 그러나 예배에서 설교가 중요한 만큼 만일 적절히 시행된다면 성례전은 설교의 목적과 내용과 방향을 올바로 규정해주는 중요한 의식이 아닐 수 없다. 성례전에 대한 적절한 이해와 실행은 예배의 불균형을 극복하고 통전성을 회복하는 좋은 방안이 될 것이다.

본 장에서는 성례전에 대한 개괄적인 이해를 통해 그것의 필요와 중요성을 제시하고 더불어 기독교 성례전의 두 기둥인 세(침)례와 성만찬의 배경과 의미에 대해 구체적으로 살펴봄으로써 기독교 성례전의 신학에 대한 이해와 관심을 새롭게 도모하고자 한다.

1. 성례전(聖禮典)에 대한 이해

1 성례전의 정의

사람은 보통 보이지 않는 자신의 마음을 남에게 알 수 있도록 전하는 수단으로서, 말이나 행동, 혹은 어떤 선물을 통해서 표현하는데 이것을 표지(表識, sign)라고 할 수 있다. 이 말은 오늘날 주로 상징(symbol)이라는 말로 좀더 세분화해서 표현하기도 한다. 이 표지 속에는 전하는 사람의 마음이 그대로 담겨져 있다고 할 수 있다.

하나님은 인간을 향하여 끝없이 은혜를 베푸시는 분이다. 그 하나님은 보이지 않는(invisible) 그의 은혜를 특별한 경우에는 표지(sign)를 사용하여 외적으로 공지(公知)하기를 원하신다. 그것은 바로 물리적 세계에 살고 있는 인간의 삶의 구조나 사고에 적합한 방법을 존중하여 효과적인 은혜전달을 하기 위해서다. 성례는 바로 이 표지를 사용하여 하나님의 은혜를 전달하는 수단이라고 볼 수 있다.

성례전이란 말은 신약성경에서 사용된 미스테리온(mysterion)이 그 어원이다. 즉, "신비, 비밀"이라는 의미를 갖는 이 말은 "숨겨진 것"(그러나 드러나게 될 것)을 의미하는 것으로 사용되었지만(마 13:11, 막 4:11, 눅 8:10, 롬 11:25, 고전 13:2, 계 1:20, 10:7, 17:5, 7) 이 용어가 가리키는 것은 "그리스도를 통해서 행하시는 하나님의 측량할 수 없는 구원의 사건"(롬 11:25, 16:25, 고전 2:7, 4:1, 엡 1:9, 3:3, 4, 9)이었다. 그리고 좀더 구체적으로는 "그리스도 자신"을 가리키는 말이었다(골 1:27, 딤전 3:16).

그러므로 초대교회에서는 예수님의 모든 말씀과 행위가 우리의 구원을 위해서 행해진 것들이라는 점에서 그의 모든 말씀과 행위에 미스테리아(mysteria)라는 말을 붙이기도 하였다. 그리고 이 말이 후에는 라틴어로 새크라멘툼(sacramentum)이라는 말로 번역되어 사용되었던 것이다. 라틴어의 새크라멘툼(sacramentum)은 원래 "군인의 충성맹세" 혹은 소송을 벌이는 당사자들이 소송에 앞서서 맡기는 "공탁금"의 뜻을 지닌다. 그러나 서방교회는 일찍부터 이 말을 "성별된 어떤 것"의 의미로 사용하여 "일련의 교회의식들"이라든가 "하나님의 은혜를 전해주는, 특별한 영적 질을 지닌다고 여겨지는 성직자의 행위들"을 널리 지칭하는 말로 통용되었다.

2 성례전의 수(數)

1) 종교개혁 이전

하나님이 일반적으로 은혜를 베푸시는 수단은 몇몇에 제한될 수는 없을 것이다. 즉, 교회와 성직자가 의식으로서 행하는 많은 일들이 사실상 예수님이 위임한 구원행위들이었기 때문에 성례라는 명칭은 많은 경우에 사용되어질 수 있었다. 그래서 초대교회는 시간이 지나면서 교회의 가르침, 예배, 기도, 축복하는 일 그리고 여러 예식들을 미스테리아(mysteria)라고 부르고 라틴어로는 성례전(sacramentum)으로 부르게 되는 일이 빈번해졌다.

그러다 보니 교회역사의 첫 천년 동안에는 무려 30개가 넘는 성례들(심지어 교회 헌당, 수도원 헌정, 장례식 등도 포함하여)이 존재하게 되었다. 거의 1200년 동안 성례전의 수가 몇 개인가라는 점에 대한 합의가 사실상 없었다. "보이지 않는(invisible) 은총의 보이는(visible) 형태"로서 성례를 정의했던 어거스틴(Augustine)의 경우도 수십 개의 성례에 대해 언급할 정도였다. 예를 들어 평화의 입맞춤(the peace of kiss), 세(침)례못(the font of baptism), 축성된 소금(the blessed salt), 신조(the creed), 주의 만찬(the Lord's Supper), 참회의 재(the ashes of penance) 등 많은 행위와 사물들을 성례에 포함시켰다. 휴 빅터(Hugh of St. Victor, d. 1141)는 성수(holy water), 예전용기(liturgical vessels), 예복(vestments), 헌당(the dedication of churches) 그리고 예수님의 성육신(the incarnation of Jesus)과 교회 등을 포함시켰다.

 종교개혁 이전에 어떤 것들이 교회의 성례가 되어야 할 것인가에 대한 논의가 구체화되기 시작한 것은 휴(Hugh)나 아벨라르(Abelard)보다 20년 늦게 타계한 롬바르드(Peter Lombard)와 동시대의 신학자들의 노력에 의해서였다. 아벨라르는 중세교회의 7성례 중에서 안수를 제외한 6개만을 성례로 제시했다. 그러나 롬바르드(1095-1169)는 1150년에 그가 쓴 「문장」(The Sentence)라는 저서에서 세(침)례(baptism), 견진(confirmation), 성만찬(eucharist), 고해성사(penance), 종부성사(extreme unction), 신품(orders), 혼배성사(marriage) 등이라고 하였는데, 이들은 1274년 제2차 리용(Lyons) 공의회에서 공표되고, 그 후 플로렌스(Florence) 공의회와, 트렌트(Trent) 공의회에서 재확인됨으로써 오늘까지 7성례(七聖禮)로 알려져 내려오고 있다.

2) 종교개혁 이후

거의 모든 종교개혁자들은 7개의 성례에 대해 의문을 제기하였다. 오늘날 개신교 안에서 성례는 당연히 둘뿐이라고 인식되고 있지만 그러한 결정에 이르기까지 로마 카톨릭교회와 종교개혁자들 또는 개혁자들 간에 서로 다른 신학적 이해와 갈등이 있었다.

 루터의 7성례에 대한 의문은 바벨론 포로(The Babylonian Captivity, 1520년 10월)에 처음 나타난다. 루터는 여기서 7성례를 부인하며 세(침)례, 성만찬 그리고 고해를 포함해서 세 개의 성례만이 진정한 것이라고 강조한 뒤, 그러나 결국에는 성례란 명칭은 "표지가 따르는 약속들"인 세(침)례와 성만찬에 국한시켜야 한다고 결론지었다. 이들 둘에만 "하나님이 제정하신 표지"(물, 떡, 포도주 등의 요소)와 "사죄의 약속"(혹은 말씀)이라는 두 요소가 있기 때문이라는 것이다. 이러한 기준에서 볼 때,

고해성사는 표지(sign)가 결여되었다는 것이다. 그 후 루터는 1529년 대교리문답(The Large Catechism)에서 두 개의 성례전이 그리스도에 의해서 제정되었음을 재확인하였다.

츠빙글리는 「참 종교와 거짓 종교에 관한 주석」(Commentary on True and False Religion)에서 그리스도께서 우리에게 오직 두 개의 성례, 곧 세(침)례와 성만찬만을 전해주셨다고 보았다. 다른 성사들은 다만 의례에 해당된다고 보았다. 칼빈은 구약의 성례, 즉 할례, 정결례, 희생 등을 높이 평가하면서도 "그리스도의 오심과 더불어 교회가 사용하는 두 개의 성례가 제정되었다"고 주장하였다. 그는 안수를 성례라고 부르는 것을 반대하지는 않았으나 그것이 정식 성례로 포함되지는 않는다고 주장하였다. 그것은 모든 신자들에게 해당되거나(ordinary) 공통적인 것이 아니기 때문이라는 것이다.

영국교회도 다른 개혁자들과 같이 "복음서에서 우리 주님으로부터 제정된 두 개의 성례, 즉 세(침)례와 성만찬이 있다"고 선언하고 다른 다섯 개의 성례는 복음서에 따른 성례로 인정할 수 없다고 하였다. "주님으로부터 제정된 가시적인 표지와 의식이 없다"는 것이다.

그 외에 보다 과격한 개혁자들의 입장으로, 소위 영적인 개혁자들은 외적인 성례란 있을 수 없다는 입장을 보이기도 했다. 그런 영성주의자들 가운데 슈뱅크펠트(Casper Schwenckfeld)는 "신앙으로 행해지는, 그리스도의 몸과 피를 영적으로 먹고 마시는 것 외에는 그 어떤 다른 먹음은 없다"고 주장하였다. 다른 영성주의자들인 호프만(Melchior Hofmann)과 프랑크(Sebastian Franck)도 외적인 형식은 불필요하다고 보았다. 이들과 동일한 전통에 서있는 것은 아니지만, 구세군이나 퀘이커교도들도 외적인 형식의 성례전을 인정하지 않았다.

아주 드문 예로서 모라비안 감독인 진젠도르프(Nikolaus von Zinzendorf)가 19세기에 혼인도 성례가 되어야 한다고 주장하였던 경우가 있었고, 또 많은 전통(교파)들 속에서 여전히 다른 성례들을 중시하는 경향이 없지 않았지만, 거의 모든 개신교회에서는 두 개의 성례만을 인정하는 데 일치하였다. 명백한 은혜의 수단으로서 명시된 것은 두 개의 성례전뿐이라는 개혁자들의 결정은 성경적, 역사적 정당성을 배경으로 하고 있음이 분명하다. 기독교적 관점에서 지나친 성례 중심주의가 자칫 성직자 중심의 영성구조만을 고착시키고 예배자의 참여성을 제한할 수 있다는 점에서 두 개의 성례에 대한 개혁자들의 공통적인 입장은 견지되어야 하리라고 본다.

3 성례전의 기능(機能, function)

여기서 말하는 기능이란 성례의 시행을 통해서 "수례자(受禮者, receipient)가 실제로 얻게 되는 은총의 내용이나 정도는 무엇"이며 "여타의 은혜의 수단과는 어떠한 차이를 갖느냐"는 것에 대한 설명이다.

어거스틴은 이 성례전을 말할 때, 보이지 않는 은총(invisible grace)의 보이는 형태(visible form)라고 표현하였고, 중세의 둔스 스코투스(Duns Scotus)도 성례를 일컬어 "하나님에 의해서 제정되어진 것으로서 하나님의 은혜 혹은 은혜로운 행위를 효과적으로 나타내주는 물리적인 표시"라고 설명하였다.

은총의 가시적인 표지요, 수단이라는 점은 종교개혁자들의 생각 속에서도 분명하게 밝혀지고 있다. 루터의 경우, 성만찬은 부활하신 예수님께서 우리와 교통하는 수단이라는 고전적 견해를 견지하였다. 성만찬은 하나의 효과적인 표지로서 그것이 예표하는 바를 전달하며 그리스도의 부활하신 임재를 교회에 효과적으로 알려준다고 주장하였다. 루터는 성례를 하나님의 백성들의 신앙을 낳게 하며, 양육하는 것으로 보았던 것이다.

츠빙글리는 그러나, 루터의 이런 견해를 거부했다. 그에 의하면, 루터가 너무 중세적인 견해와 뒤섞여 있다고 본 것이다. 즉, 은혜를 마술화 시키고 단지 실행만 하면 구원행위를 성취할 수 있는 것처럼 은혜를 질량화시켰다는 것이다. 그는 성례(sacrament)라는 용어를 맹세(oath) 혹은 서약(pledge)이라는 의미로 이해하고자 하였다. 그런데 이러한 용어의 뜻을 1523년경에는 "우리를 향한 하나님의 신실성의 서약"이라고 이해했던 반면, 1525년에 이르러서는 "우리들 상호간 서로를 향한 순종과 충성의 서약"을 가리킨다고 주장했다. 마치 군인이 그의 군대에 충성을 맹세하듯이 그리스도인은 그의 공동체에 대해 충성을 맹세해야 한다는 주장이다. 그러므로 성례는 "누군가가 교회에 그리스도의 군병이 되고자 함과 이미 군병임을 증명하는, 그리고 자신보다는 전체 교회에 그의 신앙을 알리는 수단"으로 본 것이다. 이 맹세는 세(침)례를 통해서 시작하며, 이후 성만찬을 통해서 지속적으로 이루어진다고 본 것이다. 그러다 보니 츠빙글리는 성례는 하나님의 말씀에 종속된 것으로 보았다. 신앙을 가능케 하는 것은 설교였다. 성례란 단지 신앙이 공적으로 증명될 수 있는 경우를 제공한다고 보았다.

　루터와 츠빙글리보다 한 세대 이후에 활동했던 칼빈은 이 두 진영의 견해의 장단점을 잘 보완한 입장을 보였다. 칼빈은 인간성의 본질과 관련하여 성례의 기능을 이해했다. 그는 「기독교 강요」에서 성례를 설명하면서 "우리 신앙의 연약함을 돕기 위해 우리의 양심 위에 주께서 우리를 향한 선한 의지의 약속들을 인치는, 또 우리가 주와 그의 천사 및 사람들 앞에서 그를 향한 우리의 경건을 증명하는 외적인 표시'라고 보았다. 즉, 인간은 타락의 상태에 남아 있어서 영적인 것을 이해하지 못하며 생각할 수 없기 때문에 지상의 요소들을 사용하여 영적인 축복을 보여주시는 경우라는 것이다. 인간은 가시적인 표지를 필요로 하는 존재며 성례전은 이러한 필요에 부응하여 하나님이 은혜를 위해 선택한 수단이라는 것이다.

웨슬리(John Wesley)의 경우도 성례를 은총의 수단으로 보았다. 그는 삼위일체이신 하나님이 성례전 안에서 구속 사역에 활발히 참여하고 계심을 믿었다. 성례전적 수단이 은총을 자동적으로 전달한다고 보지는 않았으나 그 수단을 통해 하나님은 은혜 주심을 기뻐하셨다는 입장을 견지했다.

오늘날에도 이러한 견해들은 여러 교파들 속에서 나타나고 있는데 이들 속에서 공통적으로 발견할 수 있는 것은 최소한 성례는 하나님이 당신의 은총을 인간에게 전하기 위해 특별히 선택하시는 수단으로 인정하고 있다는 점이다.

4 성례전의 유효성(有效性, efficacy)

성례전의 유효성은 어떻게 인정되는 것인가? 성례를 은총의 수단으로 여겼다는 사실이 종교개혁자들에게 있어서 성례가 곧 자동적인 은혜의 수혜로 여겨졌다는 말은 아니다. 고대 기독교회 안에서 이단들이 시행한 세(침)례와 관련하여 부적격한 집례자에 의한 성례가 유효한가를 놓고 논쟁을 벌이면서 교회가 발전시킨 성례신학은 그리스도의 구속적인 행위는 비록 집례자가 부적격하여도 교회가 성례에서 시행하고자 하는 바를 행하려는 의도를 가진 본질적인 의식을 수행키만 하면 발생한다고 하였다. 심중에 이런 상황을 염두에 두고 스콜라 신학자들은 13세기 초에 "시행된 일로 인하여"라는 뜻을 지닌 라틴어 엑스 오페레 오페라토(ex opere operato), 즉 "적절히 시행된 예식이기만 하면 그 예식은 정당하다"라는 개념을 발전시켰다. 이것은 이후 트렌트(Trent) 공의회에서도 인준을 받았다. 비록 이것이 성례는 곧 마술적인 어떤 것, 무조건 자동으로 은총이 임하는 것으로 보는 것은 아니며 여전히 수례자(受禮者)의 내적인 적격성을 위한 노력이 중요하다고 보았지만 의식 자체가 지니는 은혜의 자동적 수여에 큰 힘을 실어주는 입장이었다.

그 결과 개혁자들의 맹렬한 비판에 직면하게 되었다. 루터는 그의 논문, "바빌론 포로"에서 중세의 미사에 대해서 비판하면서 미사가 개인의 신앙과 오히려 깊은 관련이 있음을 지적하고 있다. 바야타(Vilmos Vajta)에 따르면, 루터는 성례는 창조주의 다른 은사들과 같이 하나님의 선한 선물이며, 예배(미사)가 거행되는 곳에 하나님은 항상 일하시고 사람의 뜻에 앞서, 그리고 그와 관계없이 은혜를 뿌리신다고 보았는데 그러나 이러한 은사가 작용하기 위해서는 믿음이 선행되어야 한다고 강조하였다. 예배가 은혜를 전달하는 특별한 수단임을 인정하면서 믿음이라는 조건의 중요성을 역설한 것이다.

칼빈은 성례가 그리스도에 관한 우리들의 진정한 지식을 강화시키고, 확인하며 증대시키는 데 있어서 유효하지만 진정한 믿음으로 받을 때 그런 효과가 일어난다고 말한다. 웨슬리가 성례전의 유효성을 언급하는 구절을 보면, "네 마음에 이것을 정하라. 단지 행하여진 일(opus operatum, 성례)만 가지고는 아무 것도 맺을 수 없다. 구원할 능력도 없다. 오로지 하나님의 성령으로만이다. 어떤 공로도 아니요, 오로지 그리스도의 피로 말미암아서이다. 결과적으로 하나님이 정하신 것마저도 만일 그분만을 신뢰함이 없이는 영혼에 은총을 전달할 수 없다"라고 말한다. 이는 성례의 유효성이 개인의 신앙과 깊이 연관되어 있음을 보여주고 있다. 결과적으로 개혁자들이 보는 성례전의 유효성은 믿음이 결정적인 역할을 함을 보여주고 있다.

오늘날 성례전적 의식을 강조하는 진영에서도 일부는 과거와 같이 성례전의 "자동적 은혜수여"의 측면만을 일방적으로 부각시키는 경우를 피하고 수례자(recepient)의 신앙의 전제를 제시하고 있다. 즉, 수례자는 신앙과 내적인 굴복을 통해서 자신들을 성례 속에 임하시는 주님께 열어놓아야 한다는 것이다. 그러므로 성례전은 그 시행 자체가 적절하고 수례자가 의도적인 거부를 하거나 불신하는 경우가 아니면, 은총의 전달을 위한 유효한 수단이 된다는 것이다. 이러한 해석은 개신교의 성례에 대한 이해와 유사한 부분이기도 하다. 성례전은 분명히 중요한 은혜의 수단이다. 그러나 그 은혜의 수단은 개인의 신앙적인 응답이 있을 때에 유효하게 된다는 점이 중요한 바탕이 되어야 할 것이다.

5 성례전과 상징

성례전은 여타의 다른 신앙행위들, 예를 들어 설교, 기도, 찬양, 성경 봉독 등과는 은혜의 전달기능에 있어서 어떤 차별성을 가지고 있는가? 왜 특별한 은혜의 수단으로서의 위치를 갖는가? 성례전의 중요성과 필요를 강조하는 데에는 이에 대한 설명이 있어야 할 것이다. 이 점은 상징성이 인간의 종교적 삶과의 관련에서 가져오는 독특한 의미를 밝힘으로써 설명될 수 있을 것이다.

1) 인간과 상징

인간은 상징 조작적 존재로서 모태에서든 혹은 세상으로 나온 후이든, 의식의 최초 시기부터 그의 경험세계를 상징이라는 수단을 통해서 터득해간다. 인간이 살아있는 한 상징을 피하여서는 존재할 수 없다. 어린 영아나 유아가 언어를 미처 배우기 전 최초의 의사소통 방법은 언어보다도 상징적 행위나 소리를 통해서다.

자라면서 인간은 초기의 상징행위나 경험들을 언어로 바꾸어가지만 그가 사용하게 되는 언어도 그가 처음 경험했던 상징적 경험들을 언어로 바꾸어 뜻을 전달하는 것이다. 인간의 의식 속에는 자신의 경험들이 상징적 이미지들로 기억되어 있다. 이 상징은 더 나아가서 인간을 둘러싼 세계 안에서 인간이 세상과의 일치감을 갖게 해주며 하나님과의 만남에 있어서 심도 있는 매개 역할을 해내는 것이다.

빈(Wendell Bean)은 말하기를 상징은 인간과 우주를 연합시켜주는 것이라고 했다. 또한 이 상징은 개인들의 통합을 도와주는 집단적 구조, 예를 들어 국가나 공동체 등에 있어서도 중요한 기능을 수행하여 다양한 존재들이 서로 맞추어나가고 통합하는 데 도움이 된다는 것이다.

2) 상징성과 성례전

위에서 언급한 대로 인간에게 있어서 중요한 부분을 차지하는 상징성은 성례전과 어떤 관련이 있는 것인가? 이것은 인간이 지니는 언어적 한계와 관련지어 생각해 볼 수 있다. 오늘날 세계가 신학이나 철학에서 언어의 한계와 혼란에 직면하고 있다고 틸리히(Paul Tillich)는 지적하였다. 그는 논리적 개념을 뛰어넘는 실재(예를 들어 하나님)를 다루는 일에 있어서 상징의 역할이 매우 중요하다고 여기고 깊은 관심을 기울였다. 틸리히는 비언어적 상징은 언어가 다 표현해 내지 못하는 실재의 단계(하나님과의 진정한 만남의 단계)까지 열어놓으며 궁극자(the Ultimate)를 표현해 낼 수 있다고 이해하였다. 그의 이러한 주장은 언어의 기능이나 힘을 격하시키고자 한 것은 아님이 분명하다. 그만큼 비언어적 요소인 상징의 힘을 강조한 것이라고 볼 수 있다.

우리가 드리는 예배를 생각해 보자. 오늘의 예배는 너무 인지적인(cognitive) 측면에만 기울어져 있어서 예배의 상징성들이 극히 약화되어 있기는 하지만 예배는 전통적으로 공동의 상징행위들(corporate symbolic actions)로 가득 채워져 있었다. 중세의 예배가 지나치게 상징성만을 부각시키면서도 상징의 의미를 가르치거나 설명함이 없이 사람들의 무지를 조장한 점은 여전히 비판받아 마땅하지만 상징적 수단이 때로 언어보다도 더 깊고 직접적인 힘을 지닐 수 있음을 간과해서는 안 될 것이다. 예배를 공동의 상징행위들로 이루어진 그 무엇으로 본다면, 예배는 그런 상징적 행위들을 통해 내적인 경험을 외적으로 표현해 내는 것이다.

6 성례전의 위치와 중요성

1) 성례전의 위치

그렇다면 과연 성례는 기독교 예배에서 구체적으로 어떤 위치를 가지고 있었는가? 한 마디로 설명하자면, 성례는 특별히 초대교회의 4세기 동안에 교회의 삶의 중심에 있었다고 볼 수 있다.

우선 교회 안에서 성례전의 비중이 어느 정도였느냐 하는 것을 알아보는 데 있어서 성경적 자료들은 매우 중요한 원자료(primary source)에 해당이 된다. 역사적으로 성례신학에 대한 신학적 재고와 검증을 위해 신약상의 원칙과 관행들은 중요한 표준과 근거를 제공한다고 믿어졌기 때문이다. 이 시기에 그리스도인이 되기 위한 첫 번째 관문은 세(침)례를 받는 것이었다(행 2:38, 8:36-38, 10:47-48, 16:14-15). 뿐만 아니라 성만찬 - 온전한 식사의 형식 - 을 빈번히 나누었던 흔적들이 발견이 된다. 사도행전 2장에서 묘사되고 있는 초대교회는 "사도의 가르침을 받아 서로 교제하며 떡을 떼며 기도하기"를 매우 힘썼고(42) 날마다 성전에 모이기를 힘쓰고 집에서는 "떡을 떼며" 기쁨과 순전한 마음으로 음식을 먹는 삶이었다(46).

다음으로는 신약성경이 기록되던 시기와 매우 근접한 시기에 쓰여졌다고 보여지는 디다케(Didache)로부터 발견되어지는 역사적 문서 등에서의 모습들이다. 이후 성례전의 비중을 강조하거나 단편적인 실행들을 보여주는 문서들은 안디옥의 이그나시우스의 편지(2세기 초), 플리니(Pliny)의 편지(2세기 초), 순교자 저스틴(Justin Martyr)의 제1변증론(2세기 중엽) 등에서 발견이 되고 3세기 초반의 히폴리투스(Hippolytus)의 사도전승은 성만찬과 세(침)례에 관한 구체적인 본문을 보여주고 있다.

그러나 여기서 한 가지 지적해야 할 것은 이 시기의 성례전의 위상을 긍정적으로 평가하면서 바라보는 이유가 다름 아닌 현대 예배들의 결여하고 있는 부분들에 대한 반성적 관찰임을 잊어서는 안 된다. 즉, 전통과 단절되고 불균형으로 치닫는 오늘의 예배를 과거의 거울에 비추어 재고한다는 점에 더 의의를 두어야 한다는 것이다. 또 다른 한 가지는 사도시대 혹은 속사도 시대의 교회들의 성례전 실행이 당시 기독교 신앙의 매우 중요한 부분이었으며 이후 성례전 전통의 중요한 표준적 자료들이 되었던 것은 사실이지만 이 시기의 교회의 영성적 삶이 성례전 중심으로만 채워졌다고 보는 것도 자칫하면 "나무는 보되 숲은 보지 못하는" 우를 범할 수 있다는 점이다. 다시 말해 성례전만이 예배의 중심이며 여타의 은혜의 수단들은 주변적이었다고 보는 경향은 경계되어야 한다는 것이다. 이런 우려는 실제로 중세교회에서 현실화되었음을 우리는 잘 알고 있다. 중세 교회의 예배신학은 철저히 성례전적 바탕 위에 서 있다고 보아도 과언이 아니다. 십자가에서 예수님께서 이루신 구속의 사역은 세(침)례를 통해서 "성례전적으로" 전달되기 때문에 유아들도 태어나자마자 빠른 시일 안에 세(침)례를 받아야 되었다. 그렇지 않고 죽은 유아는 천국에 들어갈 수 없다고 믿었다. 결국 세(침)례는 원죄를 씻는 수단으로 보았다. 뿐만 아니라 미사(성만찬)는 연옥에서의 형벌을 탕감시켜주는 희생제사로서의 기능이 있다고 보았기 때문에 살아있는 사람들은 돈을 들여서라도 죽은 자를 위해 미사를 드리는 일이 생겨나게 되었다. 종교개혁자들이 개혁의 기치를 들었을 때 중세의 성례전 체계에 대해 주요 공격을 가했던 것은 모든 중세신학의 오류에 큰 영향을 끼칠 만큼 성례전 체계가 중세교회의 신학과 삶의 주요 바탕이었기 때문이었다.

   종교개혁 이후 성례전의 위치는 점차 주변화되었다고 볼 수 있다. 그 주변화의 원인이 여러 가지 있겠지만 몇 가지를 지적해 보면 다음과 같다.

   첫째, 성만찬의 경우에 수찬자들에게 지나치게 엄격한 적격성

(worthiness)을 요구하는 관례 때문이었다. 이점은 특히 칼빈 이후 칼빈주의자들 가운데서 두드러진 현상인데 결과적으로 성만찬 경축(Celebration)의 참여도와 빈도가 줄어들게 하였다.

둘째, 18세기 이성주의의 영향과 무관치 않다. 합리적인 사고에 기초하여 설명 가능한 사실에만 신뢰를 두는 사조는 성만찬의 신비적인 영역을 납득하기 어려웠고 오히려 츠빙글리의 기념주의적인 견해를 결과적으로 선호할 수밖에 없었다.

셋째, 미국을 중심으로 해서 일어난 부흥운동에도 원인이 있다. 미국의 프론티어 전통의 상황에서 나타난 부흥운동은 간략한 형식의 예배들을 발전시켰고 성례전에 대한 비중은 자연히 약화될 수밖에 없었다. 한국에 온 초기 선교사인 알렌(Horace Allen)이나 언더우드(Horace Grant Underwood) 등은 미국의 부흥운동에 크게 영향을 받은 선교사들이기도 하다.

근자에 와서 예전갱신운동에 대해 수용적인 교회들은 특별히 성례전을 예배 안에서 자주 실시해야 한다고 주장하고 있다. 성례전이 예배의 부속적인 부분으로 전락해 버린 대부분의 개신교회의 현실에 비추어 볼 때 성례전의 위치를 새롭게 강조한 점에 있어서는 상당히 의의가 있다고 본다. 그러나 단순히 성례전을 빈번히 시행하는 것 그 자체가 중요한 것이 아니라 성례전 전통이 신학과 교리의 형성의 모태가 되었다는 점을 감안하여 성례전 형식(formular)의 전통적 본문(text)들에 대한 깊은 이해와 복원을 통해 올바른 성례전을 시행하는 것이 더욱 중요하다고 할 수 있다.

2. 세(침)례와 성만찬

1 세(침)례

1) 세(침)례의 배경

가장 오래된 배경이라면 구약에 나오는 의식적 정결(ritual purification)이다. 회막(후에는 예루살렘 성전)에서의 의식을 집행하기에 앞서 제사장들은 물로 손을 씻는 관습이 있었다(출 40:12, 30-32). 속죄일에는 대제사장이 제사장복을 입고 희생을 드리기에 앞서 그의 몸을 씻었다(레 16). 모세오경에도 불결한 것과 접촉함으로써 발생한 불결을 해결하기 위한 의식의 일부로 씻는 행위를 기술하고 있다. 의식적인 결례는 구약의 기자들에게는 매우 잘 알려져 있어서 비유 속에서 자주 이들을 사용하였다.

시간적으로 초대교회의 세(침)례가 베풀어지던 시기에 유대인들의 관습 중에 성경에서 나오거나 혹은 이를 응용한 의식적 결례들이 있었다. 두 번째 성전의 시기부터 의식으로서의 입욕(immersion baths)이 광범위하게 시행되었다는 근거들이 마사다, 헤로디움, 여리고, 예루살렘, 쿰란 등 몇몇 곳에서 고고학자들에 의해 발견이 되고 있는 실정이다. 쿰란에서 발견된 정교한 수관(水管)은 의식적 정결이 에세네 공동체의 정규적인 삶의 일부였음을 보여주고 있다. 이들은 공동체의 구성원이 되면서부터 강한 종말론적 의식을 갖고 살게 되었다.

그 외에도 랍비 문서에 나오는 "개종 세(침)례"(proselyte baptism)나 그레코 로마 신비종교 집단의 입교식 등도 그 배경이 되었을 가능성이 있으나 확률은 상당히 희박하다. 예수님 당시의 유대인들이 그런 의식을 알고 있었을 가능성은 상당히 높다. 그러나 그런 의식이 세(침)례 요한과 예수님을 따르던 사람들이 행한 세(침)례의 시행방법 등에 어느 정도 영향을 주었을 것이라는 추측만이 가능할 뿐, 직접적 배경이라고 할 수는 없다.

초기 기독교 세(침)례의 가장 영향을 주었을 것으로 보이는 의식은 세(침)례 요한의 세(침)례였다. 요한의 활동은 요단강 근처의 유대광야를 중심으로 하였다. 쿰란과 멀지 않은 이곳은 1세기경 여러 세(침)례자 소종파들이 모여들었다. 그 가운데서 세(침)례 요한은 역사가 요세푸스나 복음서 기자들에 의해서 세(침)례자라는 명칭을 얻을 만큼 영향력이 있었다고 보여진다. 대부분의 유대의 정결의식들이 자가적인데(self-administered) 반해, 요한의 세(침)례는 타자에 의해서 시행되었다. 또 다른 유대의 정결의식은 대부분 반복적인데 비해 요한의 세(침)례는 일회적 사건이었다. 요한의 세(침)례는 다가올 하나님 나라에 직면하여 삶의 전환을 요구하는 것이었다. 이런 점에서 초대교회 세(침)례의 몇몇 중요한 특징은 요한의 세(침)례에서 온 것임을 반영해 주고 있다. 즉, 물을 사용하는 의식, 일회성, 타자에 의한 세(침)례, 회개의 요청, 그리고 종말론적이라는 점이다.

그러나 기독교 세(침)례는 두 가지 모습에서 세(침)례 요한의 세(침)례와 구별된다. 그 하나는 "예수님의 이름으로"라는 것이고 다른 하나는 성령의 임재가 있는 의식이었다는 것이다. 요한의 세(침)례가 회개를 강조하고 종말론적인 측면에 강조를 둔 반면에 기독교 세(침)례는 더 나아가서 성령에 대한 강조와 더불어 그리스도에게 편입하는 것이며, 하나님과 그 백성들 사이의 새로운 언약에 들어감을 나타내는 의식이었다. 기독교 세(침)례는 구약의 여러 물을 사용한 의식들에 의해서 간접적 영향을 받았을 것으로 추측이 되지만 가장 근접한 배경으로는 세(침)례 요한의 세(침)례이며 또 직접적인 기원은 예수님 자신의 제정이었다.

2) 유아세례(幼兒洗禮, Infant Baptism)

유아세례의 정당성 여부에 대해서는 역사적으로 매우 팽팽한 입장을 보였다. 현대에 와서 이에 대한 논의는 성경을 해석하는 입장에 따라서 성경적 명시 사건으로 보는 입장과 성경적 근거가 없다고 보는 입장 그리고 성경의 가르침을 널리 해석하여 유아세례 시행을 인정하는 입장 등이 있다. 유아세례에 대한 근대 교회들의 입장은 교파적으로 다양한 양상이지만 종교개혁이전에는 일반적으로 인정되었고 이후 개혁자들 가운데서는 급진적 개혁주의자들인 재세례파를 제외하면 유아세례를 모두 인정하였다.

(1) 종교개혁이전

세(침)례는 초대교회 때부터 입교과정의 중심적 사건이었다. 신앙을 고백하고, 신자의 일원이 되고, 예수님을 영접하는 성인들이 세(침)례의 식을 시행하는 예는 성경에 분명하게 나오고 있다.

시간이 흘러가면서 초대교회의 세(침)례시기는 회심 후 즉시 이루어지던 것이 주일 성만찬 예배로, 그러다가 매년 부활절 때로 옮겨져 갔다. 그리고 준비기간으로서의 교리학습도 생겨나게 되었다. 2세기 말경에 이르러서는 어린이들이 세(침)례 후보자로 나타나기 시작한다. 그러나 4세기까지도 성인세(침)례가 매우 흔히 이루어졌다. 유아세례는 일반적 규범이라기보다는 예외적인 시행이었다.

그러나 4세기 말에서 5세기 초에 이르러서는 유아세례가 보다 보편화되어 갔다. 요한복음 3장 3절의 내용을 문자적으로 이해해서 세(침)례의 필요성을 강조하기 시작했다는 점이 한 가지 이유이다. 당시의 유아의 사망률은 매우 높았다. 이러한 것에 더하여 "세(침)례를 통해 용서받는 것은 아담의 죄"라는 키프리안의 신학적 설명이 부가가 되고 그것은 바로 "원죄"라는 어거스틴의 주장이 부가되었다. 5세기경이 되어서는 유아세례 시행이 서방에서 보편화되었고 8세기 말경에는 신성로마제국을 위한 표준 의식상 세례의 대상은 곧 유아임을 의미하게 되었다. 성인세(침)례에 대한 말이나 흔적들이 남아 있기는 했으나 모든 어린이는 유아 시 세례를 받아야 한다는 표준화가 이루어졌다.

(2) 종교개혁 이후

종교개혁자들은 대체로 유아세례를 인정하는 입장이었다. 루터는 유아세례의 관행을 지켜나갔다. 이러한 그의 입장은 "오직 믿음으로만 의롭다" 인정받을 수 있다는 그의 칭의론과 모순되는 것처럼 보였다. 믿음이 만일 하나님의 약속에 대한 의식적이고 의도적인 응답으로 이해된다면 유아는 신앙을 가질 수 있다고 말할 수 없기 때문이다. 그러나 루터의 "이신득의"(以信得義)론은 신앙을 가진 개인이 그 공로로 인하여 의로워진다는 말이 아니다. 오히려 하나님이 신앙을 선물로 주시는 것으로 보았다. 이러한 관점에서 볼 때, 루터가 유아세례를 인정하는 것은 오직 믿음으로만 의롭게 된다는 그의 주장과 일치한다. 왜냐하면 신앙은 우리가 성취하는 것이 아닌, 우리에게 은총으로 주어지는 것이기 때문이다. 루터의 경우 성례전이 신앙을 낳을 수 있다고 했다. 세(침)례는 신앙을 전제하지 않고 오히려 신앙을 발생케 한다는 것이다. 그러므로 유아세례를 통해서 유아들 속에 믿음이 생겨날 수 있다고 생각했던 것이다.

그러나 츠빙글리는 루터와 같이 유아세례에 대해 인정하는 입장에 서 있었지만 다른 이유에서였다. 성례전은 공동체에 대한 서약과 그 구성원이 됨을 증명하는 것이라고 보았기 때문에 유아가 공동체에 속하게 됨을 증명하는 것이라고 보았다. 그래서 츠빙글리는 원죄론에 기초한 유아세례에 대해서는 동의하지 않았고, 구약에서 사내아이들은 이스라엘의 백성됨의 표시로 며칠 안으로 할례를 받아야 했는데 이것을 곧 공동체에 속하게 됨을 알리는 의식으로 본 것이다. 츠빙글리는 이 개념을 발전시킨 것이다.

칼빈도 역시 유아세례를 인정하는 입장이었다. 칼빈이 볼 때, 유아세례는 중세의 관행이 아닌 초대교회로부터의 전통이었다. 스트라스부르그에서 잠시 지내는 동안 재세례파의 점증적 영향을 지켜보았던 칼빈은 그들 재세례파가 극력 반대했던 유아세례의 정당성이 얼마나 중요한가를 느끼게 했다. 칼빈은 츠빙글리의 입장과 같이 신앙공동체와의 관계에서 그 의의를 찾았다. 즉, 유아가 세례를 받을 수 없다면 유대의 유아들과의 관련시켜 볼 때, 분명히 불이익을 당하고 있다는 것이다. 유대의 유아들은 할례를 통해서 언약공동체에 공시적이고 외적으로 들어가게 됨을 입었다는 것이 칼빈의 견해였다. 천국이 어린이들에게 속한다는 것을 주님이 분명히 말씀하시고 그들을 위해 기도하셨던 것을 볼 때, 어린이들이 교회로부터 거부되어서는 안 된다는 것이다.

3) 세(침)례의 의미

세(침)례의 의미는 세(침)례가 목표하는 것들과 또 그것이 가져오는 효과들을 설명해 주는 것이다. 이 의미들은 의식의 여러 상징적 행위들 속에 담겨 있기도 하고 예식의 형식문(formular)의 내용 속에 포함되기도 하여 성례를 실행할 때마다 이런 주제들을 일깨워 준다.

(1) 하나님 나라의 표지

마지막 일들에 대한 종말론적 강조는 위기나 박해의 시기에 특히 두드러진다. 종교개혁 시대의 재세례파에게 세(침)례는 곧 새로운 세상을 향하여 나아가는 표시였다. 세(침)례는 구질서에서 새질서로 나아가는 과정을 표하였다. 세(침)례는 지상에서 다가올 하나님의 나라의 시민이 되도록 준비시킨다고 보았다.

이러한 주제는 비단 이들에게 뿐만이 아니라 역사적으로 여러 교파들에게서 나타났지만 주류교회에서도 점차 이런 주제들을 중요하게 다루게 되었다. "세(침)례, 성만찬과 교역"이라는 문서는 세(침)례를 하나님 나라와 다가올 세상에서의 삶의 표지로 설명하고 있다. 세(침)례는 모든 이들이 예수님의 주되심을 고백하게 될 날을 바라는 사건으로 보고 있다. 미연합감리교회, 루터교회, 장로교회 등도 이런 주제를 반영하고 있다.

(2) 죄의 용서

세(침)례는 이미 에세네뿐만 아니라 세(침)례 요한의 세(침)례와 비유대 종파들과 같은 많은 집단들 속에서 죄의 말소, 정결 그리고 용서라는 주제를 보게 된다. 베드로는 "너희가 회개하여 각각 예수 그리스도의 이름으로 세(침)례를 받고 죄 사함을 얻으라. 그리하면 성령을 선물로 받으리니"(행 2:38)라고 선언한다. 그 외에도 같은 개념들이 사도행전 22장 16절, 고린도전서 6장 1절 등에서 반복되고 있으며 베드로전서 3장 21절과 히브리서 10장 22절은 세(침)례를 좋은 양심의 외적인 씻음과 내적인 씻음에 비유한다. 니케아 신조에서도 이것이 나타난다. 4세기 유아세례를 강화하는 경향에서도 이것을 보게 된다. 세(침)례가 죄를 씻는 기능을 하기 때문에 원죄를 타고나는 어린이의 경우 반드시 유아사망의 위험을 피하여 일찍 세례를 받아야 한다고 믿었던 것이다. 죄의 용서는 최근 세(침)례예식들 속에서 두드러진 주제이기도 하다. 미연합교회, 루터교회, 미국성공회(미감독교회), 장로교회 등이 세(침)례식 중에(특히 물을 위한 기도에서) "죄를 씻어 주시기를" 기도한다.

(3) 그리스도의 죽으심과 부활에 참여

신약에서 세(침)례에 관한 또 하나의 중요한 비유는 그리스도의 죽음과 부활 속에서 그 자신과 연합한다는 것이다. 우리가 세(침)례를 받음으로써 그의 죽음과 부활에 참여한다는 것이다(롬 6:3, 골 2:12).

세(침)례를 죽음과 부활에 연관시킨 것은 그 역사가 오래되었다. 3세기경 터툴리안(Tertullian)의 글들 속에서와 듀라 유로포스(Dura-Europos)라는 초대교회 터(232-256)에서도 이런 그림이 나타난다. 초기 침례탕이 종종 묘를 모방하였던 것도 이러한 연유에서이다. 4세기까지만 해도 세(침)례는 주로 부활절에 시행되었는데 이것은 그리스도의 죽음과 부활이라는 이미지를 부활절이 가장 잘 담고 있었기 때문이었다. 다만 그 후 유아들에 대한 신속한 세례를 위해 부활절까지 기다리지 않고 시행하는 세(침)례가 늘어나게 되면서 세(침)례와 부활절 사건과의 연관이 약화되기도 하였다. 오늘날 미연합교회, 미국성공회, 루터교회, 장로교회 등에서 이런 주제를 살려 세(침)례의식을 시행하고 있다.

(4) 그리스도의 몸에의 합동

바울은 고린도전서 12장 13절에서 "한 성령으로 세(침)례를 받아 한몸이 되었고"라고 하였다(갈 3:27-28). 세(침)례는 교회로 들어가는 표시행위이고 그래서 세(침)례못이 종종 교회의 문간에 위치하기도 한다.

일찍부터 세(침)례는 교회의 일부가 되는 수단으로 여겨졌다. 동방교회에서는 세(침)례를 받은 후 곧바로 성만찬에 참여한다. 서방교회에서는 12세기경 이것이 없어졌다. 그리스도의 몸에 들어감이라는 주제는 중세에는 크게 의미가 없었다. 교회와 사회와의 구별이 크지 않았기 때문이다.

과거 일부 교회가 이 주제에 대해 불분명한 입장을 보이기도 하였지만 대체로 모든 교회들이 세(침)례를 통해서 신자가 교회의 회원이 된다는 점에 대해서는 견해가 일치하는 것 같다. 세(침)례에 의해서 그리스도인은 그리스도와 연합하게 되고, 서로와 그리고 모든 시대와 장소에 처한 전체 교회와 연합하게 된다. 세(침)례를 통해 우리가 나누게 될 그리스도와의 연합은 기독교 연합에서 중요한 의미를 지니고 있다.

(5) 성령을 받는 사건

세(침)례를 통해서 "그리스도의 몸에 합동"한다는 주제는 세(침)례에서 성령을 받는 일과 긴밀히 연관되어 있다. 교회는 바로 성령께서 활동하는 장이기 때문이다. 성령은 교회의 회원이 되는 일에 개입하여 일하신다. 세(침)례 중에 성령이 강림하는 예는 예수님 자신의 세(침)례에서 비둘기의 형상으로 성령께서 나타나신 사건을 보아도 분명하다(마 3:16). 사도행전 2장 38절에도 "회개하고 성령을 선물로 받으라"고 함으로써 세(침)례와 성령을 받는 것 사이에 깊이 연관을 짓고 있다. 그러나 세(침)례와 성령을 받는 사건의 순서에 대해서는 다소 복잡하다. 예를 들어 사도행전 10장 47절의 경우, 성령이 세(침)례 전에 임하는가 하면, 19장 6절의 경우는 세(침)례를 받은 후 얼마가 지난 뒤, 안수를 통해서 주어지고 있다.

서방교회에서는 종교개혁 이전까지만 해도 세(침)례시 나타나는 성령의 역사에 대해서, 성만찬에서와 같이 거의 무시한 듯하다. 루터는 세(침)례시 불결한 영의 추방에 대한 문제도 중요하게 생각하면서 성령에 대한 관심을 가졌다. 츠빙글리도 그리스도에 대한 신뢰가 성령의 내적인 세(침)례로 이루어진다고 생각하여 중요하게 보았다. 칼빈에게 있어서 성령의 역할은 더욱 중요하였다.

오늘날에는 많은 교회들이 세례수(세례시 사용할 물)에 대해 기도하거나, 수세자에게 안수할 때, 성령을 보내셔서(부으셔서) 은혜를 베푸시기를 구하는 기도문들이나 형식을 되찾아가고 있다.

그 외에도 세(침)례중에 신생(new birth)이 일어난다고 보는 견해나 입장이 최근 더욱 확대되고 있다. 기독교의 압도적인 남성중심의 이미지와는 달리 세(침)례못을 신생을 가능케 하는 어미의 태에 비유하여 세(침)례는 곧 신생의 사건이기도 하다는 것이다. 또한 세(침)례는 평등의 의식을 동반하는 것으로 보고 사회적 정의라는 주제를 세(침)례에 추가시키고 있다.

2 성만찬

한국교회의 경우는 명칭상 통일적으로 성만찬 혹은 성찬이라고 하지만 영어권에서는 성만찬을 지칭하는 말이 여러 가지가 있다. 그 중의 대표적인 것들은 주님의 만찬(Lord's Supper), 성만찬(Eucharist, 감사라는 의미를 지님), 거룩한 교제(Holy Communion), 최후의 만찬(Last Supper) 등이다. 그 가운데에서 가장 널리 쓰이는 말은 성만찬(Eucharist)이라고 할 수 있다.

1) 성만찬의 배경

(1) 유대적 배경

성만찬이 제정되기까지의 배경이나 기원에 대한 주장은 여러 가지가 있다. 그러나 이들 중에 어떤 것도 정확히 직접적인 기독교 성만찬의 기원이었다고 말할 수 있는 것은 없다.

맥스웰(William Maxwell)은 유월절 식사를 성만찬의 기원으로 보는 전통적 견해에 이의를 제기하고 키두쉬(Kiddush)라는 식사를 소개하고 있다. 즉, 유월절 식사는 가족중심이며, 양을 잡아서 했고, 누룩 없는 떡을 사용하였으며 여러 번의 잔을 사용하고 연중 1회만 실시하였던 행사임에 비해, 키두쉬라는 식사는 남자들만 모였고, 양을 잡지도 않았고, 항상 누룩 있는 떡을 사용했으며, 매주 실시했다는 점이 성만찬과 유사하다. 그러나 예레미아스(Joachim Jeremias)는 키두쉬(Kiddush)가 예수님 당시에는 단순한 기도를 지칭하는 말이지 식사는 아니었다고 비판한다.

그레고리 딕스(Gregory Dix)는 율법의 엄정한 준수를 위한 바리새파인들의 모임(주전 2세기 시작)인 하부라(Haburah)를 그 기원으로 보았다. 그러나 이 모임은 부정기적인 모임으로서 모임의 구성원 외의 다른 사람들도 참여하는 모임이었다는 점에서 예레미아스는 아니라고 생각했다. 또 쿰란의 에세네파의 식사가 기원일 것이라는 주장도 있고 유대사회에서 병이나 위험에서 구원된 사람들이 감사제로서 행했던 토다(Todah) 등이 그 기원일 가능성도 제기되었다.

다소의 이의에도 불구하고 유월절이 성만찬의 배경으로 보는 것은 전통적이며 가장 유력한 입장이라고 볼 수 있다. 하지만 안식일이나 유월절에 유대인들이 행했던 음식, 특별히 떡과 포도주에 드려졌던 축복기도의 관습에서 보듯이 성만찬의 배경은 전체적인 유대적 관습에 그 뿌리를 두고 있음이 분명하다. 유대인들은 이런 공동체적 식사를 통해서 하나님의 백성으로서의 그들의 정체성을 확인하였다. 이러한 전통은 그리스도인들에게도 이어졌다. 떡과 포도주를 함께 나누는 성만찬을 행하면서 그리스도의 죽음과 부활을 통해 함께 부름받은 새 백성들로서의 자신들의 정체성을 확인한다는 생각을 가졌던 것이다.

(2) 신약적 배경

신약은 성만찬 제정의 직접적 기원을 제시하는 예를 담고 있다. 성만찬 실행의 최초 증거는 바울의 고린도전서 11장 17절에서 34절에 나오는 성만찬에 관한 교훈에서 발견이 된다. 일부 고린도 교회 교인들이 떡과 포도주를 축복하기 위해 모인 여러 사람들을 기다리지 않고 자기들이 가져온 것을 먹고 취하였던 사실을 보고 꾸짖은 내용과 더불어 여기서 바울은 자신이 주께로부터 받았다는 만찬에서의 행위와 말씀 및 명령을 소개한다. 기념(anamnesis)을 위해 반복하고 그리스도의 구속 사역을 경축하는 것은 주님의 명이라는 것이다. 그는 또 그것이 "주님의 죽으심을 전하는 것"이라고 하였다. 그는 이미 성만찬이 새로운 유월절 희생으로서의 예수님의 죽음을 기념한다고 인식하고 있었다고 보인다. 그러나 바울이 매주 성만찬 실시를 명하였는지는 분명치 않다. 주중 첫날(주일)에 주례 집회를 언급했던 점에서 그 가능성을 추론할 수는 있지만 명백한 것은 아니다.

공관복음서는 바울과는 독립된 형식으로 성만찬에 대해 전해주고 있다. 그 안에는 "떡을 취함, 축사, 뗌, 나누어줌"이라는 성만찬의 네 가지 행위를 보여주고 있다는 점에서 성만찬을 연상케 하는 기록들(막 6:41-2, 8:6-8, 마 14:19-20, 15:36-7, 눅 9:16-17)도 있지만, 마가복음 14장 22~25절, 마태복음 26장 26~29절, 누가복음 22장 15~20절 등은 성만찬 제정의 직접적 사건을 소개하고 있다. 요한복음 6장 25~60절까지의 기적적 식사는 직접적인 성만찬 기사로 볼 수는 없지만 일종의 확장된 성만찬 기사로 알려져 있다. 그밖에 포도나무와 가지의 주제(15:1-8)도 성만찬적인 분위기를 보여주고 있다.

예수님께서 부활 승천하신 뒤 성만찬을 시행한 실제 사례들을 보여주는 경우로서 사도행전 2장 46절을 들 수 있다. 초대교회 성도들은 매일 성전에 모여 "떡을 떼었다는" 곧 성만찬을 했다는 기사를 보여주고 있고, 20장 7~12절에 보면 바울이 드로아에서 주(週) 첫날 저녁 집회를 하면서 떡을 떼었다는 기사가 나온다. 아마도 토요일 저녁에 성만찬을 시행했을 것이라는 증거이기도 하다.

(3) 기타

신약 외의 교회 문서들 가운데서 성만찬에 관계된 기록들 가운데 로마교회에서 고린도로 보낸 편지로서 클레멘트 제1서신(Clement's First Letter, 96년경)을 예로 들 수 있다. 그는 이 서신에서 집례자가 성만찬에서 드렸을 법한 기도를 소개하고 있다. 또 112년경 비두니아의 총독이었던 플리니(Pliny)가 로마 황제에게 보낸 서신에서도 성만찬으로 보이는 식사를 나눴음을 기록하고 있다. 또 117년경 이그나티우스(Ignatius)가 보낸 편지에서도 성만찬에 대한 언급을 본다. 서머나 감독, 폴리캅(Polycap)의 서신에서도 나타난다. 그리고 155년경 순교자 저스틴의 「제1변증론」(The First Apology)은 성만찬 실시가 정례화되었음을 보여주고 있다. 그리고 3세기 초, 히폴리투스의 「사도전승」(The Apostolic Tradition)은 구체적인 형식을 보여주고 있다.

성만찬은 유대적 배경을 가지고 있으면서도 그리스도에 의해서 제정되어 그의 구속 사역을 보여주는 중요한 상징적 행위였다. 역사적 문서들 속에서 공통적으로 발견되는 것은 성만찬이 예배의 중요한 요소였다는 점이다.

2) 성만찬의 의미

(1) 종말론적 식사

신약에 나오는 성만찬의 배경은 매우 종말론적이다. 제정사도 "하나님의 나라에서 이루기까지" 혹은 "하나님의 나라가 임하기까지" 등에서 보듯이 매우 임박한 천국의 임재감을 나타낸다(눅 22:16, 18). 바울은 성만찬을 더욱 기다림의 사건으로 기록하고 있다. "이 떡을 먹고 이 잔을 마실 때마다 그가 오시기까지 주의 죽으심을 전하라(고전 11:26)."

여기에는 주의 임박한 오심과 왕국의 시작에 대한 강한 의식이 있다. 성만찬은 그것을 미리 맛보는 것이며 대망하는 것이다. 성만찬은 창조와 구속에서 보여주신 하나님의 모든 역사를 요약하며 마지막 완성으로 나아간다. 성만찬은 모든 그리스도인들로 하여금 부분적이기는 하지만 구원의 완성 단계를 맛볼 수 있도록 도와준다. 성만찬은 천국에서의 축제를 기대하게 한다. 그레고리 딕스에 의하면 성만찬의 종말론적 주제는 4세기에 접어들어 시류에 영합하면서 사라졌다고 한다.

종교개혁 기간에 혹독한 핍박에 직면한 재세례파와 19세기 몇몇 운동들이 이를 반영하다가 최근에는 주류교회들이 이런 주제를 많이 채택하고 있다. BEM[Baptism, Eucharist and Ministry - 세(침)례, 성만찬, 사역 - 1982년 에큐메니컬 일치 문서] 문서는 이 주제를 "천국에서의 식사로서 성만찬"이라는 표현으로 제시하고 있다.

(2) 감사로서의 성만찬

영어로 성만찬을 지칭하는 유카리스트(eucharist)는 헬라어 유카리스테오(eucharisteo, 감사하다)에서 나온 말이다. 이는 찬미의 드림과 깊이 관련되어 있다. 신약에서 예수님은 성만찬상에서 감사를 드렸다. 초기의 디다케(Didache, 12시도의 교훈서)에서부터 "감사한다"는 말은 곧 성만찬을 의미했다. "떡을 떼다"와 "성만찬"도 비슷한 표현이었다.

1세기 유대인들에게 있어서 "감사를 드린다"는 말과 "축복함"이라는 말은 서로 깊이 연관된 용어였다. 대부분 이것은 하나님의 역사적인 행위를 낭송하고 그에 감사하는 상황에서 이루어졌다. 그래서 사람은 창조, 구원 및 여러 유익을 가져온 사건들에 대해서 하나님을 송축한다. 감사한다는 것은 즐거운 활동이다. 행복한 공통의 기억들을 공유한 다른 이들과 함께 즐거워하는, 기쁨에 찬 행위인 것이다. 사도행전 2장 46~47절에 보면, "기쁨과 순전한 마음으로 음식을 먹고 하나님을 찬미하며"라고 기록하고 있다.

중세의 일반미사에서 이러한 주제는 약화되었다. 집례자와 공동체가 모두가 참회적 분위기를 연출하였다. 미사는 하나님의 위대함을 찬양하기보다는 죄로 인한 인간의 무가치성에 초점을 맞추었다. 중세교회의 무거운 이미지는 예배당 안에 있는 최후의 심판의 그림에서도 잘 나타난다.

종교개혁자들도 이런 주제에 관련해서 앞서 중세적 분위기와 크게 다르지 않았다. 루터는 비록 찬송가에서 기쁨의 분위기를 많이 반영하기도 하였지만, 그의 예배는 죄의 용서에 대한 부분에 초점을 맞추었다. 칼빈과 크랜머의 예배도 감사의 감격의 분위기보다는 엄숙한 분위기였다. 웨슬리의 경우는 그의 성만찬 찬송에서 감사와 기쁨의 주제를 비교적 많이 다룬 것으로 평가된다.

오늘날 교회들은 이 주제를 새롭게 강조해가고 있다. "세(침)례, 성만찬 및 교역"(BEM 문서)은 "감사로서의 성만찬"을 여러 주제 가운데 제일 앞에 두었다. 그 외에 성만찬기도의 이름도 미국감리교회, 루터교회, 미국성공회 및 장로교회 등에서 "성별기도"(the prayer of consecration)라고 부르는 대신에 "대감사기도"(the great thanksgiving)라는 명칭을 선호하고 있다.

(3) 기념(commemoration, anamnesis)으로서의 성만찬

오늘날 성만찬 신학에서 널리 이해되고 있는 바는 누가나 바울이 기록한 성만찬 제정사에서 나오는 기념이라는 말인 어넴네시스(anamnesis)라는 용어가 단순히 정신적 기억이라는 뜻보다 훨씬 강한 의미를 지니고 있다는 것이다. 영어권에서는 메모리(memory)요, 우리말로는 기념, 혹은 기억이라는 뜻으로 번역되고 있는데 이들은 헬라어에서

의미하는 원뜻을 충분히 전달하지 못한다고 한다. 어넴네시스는 그리스도의 사건을 실제로 새롭게 경험하는 것이요, 과거의 사건을 오늘에 실재적으로 되살리는 기념의 의미를 지닌다는 것이다.

초대교회의 성만찬기도는 창조로부터 시작되는 구속사의 전체를 망라하였다. 한 예로, 375년경의 「사도전승」은 창조에서부터 심지어 애굽에서의 10대 재앙을 포함하여 재림까지의 내용을 담고 있다. 이러한 전통이 서방에서는 오래 전부터 사라져 주로 그리스도의 고난, 죽음, 부활에 초점이 맞추어졌지만 동방은 여전히 초기 전통을 보존하고 있는 실정이다.

성만찬은 죽으시고 부활하신 그리스도에 대한 기념이다. 더 나아가서 창조로부터 그리스도의 재림에 이르는 하나님의 전체적인 구속사를 경험케 하는 장이다. 특별히 그리스도의 희생이 지금도 살아 역사하는 효과적 증표다. 십자가에서 유일회적으로 발생하였던 그 사건은 지금도 성만찬을 통하여 여전히 인류를 위하여 생생하게 되살아나는 기념의 장인 것이다.

(4) 교제(communion)로서의 성만찬

성만찬은 신약에서 교제(koinonia)로 묘사되어 있다. 바울은 "그리스도의 피에 참예함"(koinonia)과 "그리스도의 몸에 참예함"(koinonia)에 대해서 말하면서 "우리가 축복하는 바 축복의 잔은 그리스도의 피에 참예함이 아니며 우리가 떼는 떡은 그리스도의 몸에 참예함이 아니냐. 떡이 하나요 많은 우리가 한 몸이니 이는 우리가 다 한 떡에 참예함이라"고 계속하여 말한다(고전 10:16-17). 이것은 식사를 하면서 교제를 하였던 유대인들의 의식과 관련되어 있다. 유대인들에게 있어서 함께 식사하는 일은 곧 서로간의 깊은 친밀성의 확인이었다.

이 의식은 여러 세기를 지나면서 약화되었는데 특히 서방에서 그러했다. 그 원인은 성만찬의 빈도가 격감된 데서도 찾아볼 수 있다. 제4차 라테란 공의회 이후 트렌트 회의까지 사람들은 연중 최소한 부활절에 한 번만 성만찬을 받으면 되었다. 예배가 알아들을 수 없는 언어로 점차 바뀌어가면서 교제의 의미는 더욱 퇴색되었다. 예배에서 종교개혁자들의 주요한 긍정적 공헌은 개인적인 경헌행위(예배 외의 경헌적 관습들)대신에 사람들이 함께 참여하여 드려지는 예배를 다시 회복하였다는 점이다.

루터의 경우 그가 개인미사를 반대한 이유는 공동적인 참여의 중요성을 강조하였기 때문이었다. 그가 모국어 찬송가와 음악을 만들고 일반 회중의 참여를 독려한 한 것은 예배의 공동성을 높이려는 의도와 무관치 않다. 츠빙글리도 전체 회중의 교제에 초점을 맞추었다. 루터가 떡과 포도주의 성변화(consecration)에 초점을 맞춘 반면 츠빙글리는 회중의 변화에 관심을 가졌다. 예수님은 함께 모인 공동체 속에서 경험된다는 것이다. 예수님은 공동체 속에 임재하시고 활동하시는 것이지 떡과 포도주에 임재하시지 않는다는 생각이었다. 영국성공회나 청교도들 그리고 대륙의 개혁자들에게도 성만찬에서의 교제라는 주제는 중요한 것이었다. 이러한 주제는 오늘날 많은 교파들 속에서 잘 드러나고 있다.

(5) 성령의 역사가 일어나는 성만찬

신약의 성만찬 배경에서 성령은 명시적으로 언급되고 있지는 않다. 그러나 성만찬과 성령의 관련성은 점차 초대교회 여러 지역에서 나타났다. 「사도전승」에서는 하나님께 기도하기를 봉헌물(성만찬 요소를 포함하여) 위에 성령을 보내주시기를 하나님께 기도한다. 4세기 예루살렘의 시릴(Cyril)은 교회에 명하기를 성만찬을 할 때 성물(떡과 포도주) 위에 성령을 보내시기를 구하라고 말한다. 성령은 성변화(consecration)를 일으키기 위해 역사하신다는 것이다. 그 외에도 동방교회의 주요 예전인 크리소스톰(Chrysotom)의 예전에서도 같은 경향을 보이고 있다. 그러나 서방에서는 성만찬에서 성령의 역할이 점차 약화되어갔다.

종교개혁자들 가운데 루터는 다른 두 개혁자들에 비해서 성령의 역할에 대한 강조가 깊지 않다. 그러나 츠빙글리는 성만찬을 받는 사람들 가운데 예수님을 나타내기 위해 성령이 행하시는 역할을 분명히 말하고 있다. 오로지 성령만이 하나님을 믿는 신앙을 줄 수 있다는 것이다. 칼빈은 천국에 있는 그리스도의 본체(substance)에 참여케 하는 데 성령이 중요한 역할을 한다고 보았다. 우리가 그리스도의 몸과 피에 참여하게 되는 것은 바로 성령의 이해할 수 없는 권능을 통해서라는 것이다. 근자의 주요 예식서들은 성령의 임재와 그의 역할을 강조하는 방향으로 나가고 있다. 서방교회에서 그간 주변화 되었던 성령의 역할을 정위치로 회복해 가는 추세인 것이다.

그 외에도 성만찬의 주제로서 희생으로서의 성만찬, 사회적 정의로서의 성만찬 등이 다루어지고 있다.

3. 맺는 글

오늘날 예배에 대한 개혁의 움직임 중에서 예전성을 회복하고자 하는 움직임이 있는데 이는 그간에 예배가 지나치게 인지적, 지적 수단에 의해서만 이루어진 것에 대한 반성에서 나온 것이라고 볼 수 있다. 실제로 세계의 개신교회들 안에서도 성례전에 대한 관심이 더욱 높아지고 있는 것이 사실이다. 그 관심은 올바른 성례전 신학과 그 실제에 대한 관심이다. 교회는 성례전의 의미와 가치에 대한 올바른 인식을 통해서 너무 지적인 예배와 의식에 편향된 오늘의 교회에 역동적이고 효과적인 성례전적 측면들을 보완하는 지혜가 필요하리라고 본다. 또한 성례전에 대한 무조건적인 맹신이나 혹은 전적인 설교 중심의 극단에서 피하여 예배 안에서 진리를 가장 의미 있게 구현할 수 있는 방안들을 위해서 끊임없이 노력해 나가야 할 것이다.

7
예배와 교회력

한영신학대학교 최범선 교수

기독교 예배에 있어서 교회력은 매우 중요한 위치를 차지한다. 교회력은 기독교가 구체적인 시간 안에 일어난 예수 그리스도의 사건을 재현하고 고백하는 초대교회의 훌륭한 전통이다. 교회력에 대한 접근은 기독교의 시간 이해에서부터 출발한다고 할 수 있다. 다시 말하면 예수 그리스도의 삶은 곧 시간 안에서 어떤 형태의 공간적이고 구체적인 삶으로 드러나는데 이것을 재현하고 고백하기 위한 근거가 교회력이 되는 것이다. 시간 속에서 그리스도께서 이루신 사건은 초대교회의 회상과 기억 가운데 교회의 축제가 되어왔다. 이것이 교회력의 근간이 되었고 이러한 시간 안의 삶은 지금도 교회력을 통하여 그리스도인들이 기억하고 회상하면서 그리스도의 구원의 신비에 계속적으로 참여할 수 있는 장을 확보하게 된다.

한국교회는 선교 2세기를 맞아 우리의 상황에서 교회력을 새롭게 이해할 때 예배의 활력을 주는 동시에 목회에 힘을 더할 수 있을 것이다.

1. 교회력의 유래

교회력은 기독교가 성도의 신앙생활을 위하여 작성한 전통적인 것으로 예수님의 주요한 사적을 중심으로 하여 작성된 것이다. 예수님의 생애와 사업, 그리고 이에 기초한 교회생활을 순서대로 배열한 것이 바로 교회력이다. 이러한 교회력은 크게 두 가지 형태가 있음을 볼 수 있는데 그 하나는 1주일을 단위로 하는 교회력이다. 대부분의 그리스도인들은 사실 이러한 주기에 따른 생활에 이미 익숙해져 있다. 홀(K. Holl)은 일반적으로 기독교의 주요한 축제는 연례적인 축제가 아니고 주일마다의 행사였다고 말한다. 임박한 주님의 재림을 기다리던 초기 그리스도인들은 1년을 단위로 계산하지 않았다는 것이다. 기독교 전통에 있어서 시간의 기본 단위로 7일을 한 주로 정한 것은 유대 관습의 연장이다. 초대 기독교에서 있어서 그 주간의 마지막 날인 안식일 외에 나머지 6일은 명칭이 없으며 단지 순서만 정해져 있었다. 그런데 기독교회는 특별히 그리스도의 고난과 죽으심, 장사지냄과 부활 등을 주저 없이 유월절 신비의 기념일로 받아들였으며 주간의 첫날을 부활의 날로, 예배를 위하여 함께 모이는 날로 고백했다. 초대 교회에서는 예수님의 부활을 기념하고 떡을 떼며 모이는 예배일이 한 주간의 중심이 되고 주간의 첫날이자 빛의 날이며 이것이 역사가 발전하는 가운데 하나님의 섭리를 따라 안식의 날로 확정되었음을 우리는 알게 된다.

초대 교회의 한 주간을 살펴보면 한 주간을 단위로 한 교회력의 근간을 좀더 자세히 알 수 있다. 디다케(didache)에서는 그리스도인들에게 "너희가 금식하는 것이 위선자와 같아서는 안 된다. 그들은 월요일 목요일에 금식하나 너희는 수요일 금요일에 금식하라"고 대단히 진지하게 권하고 있다. 이런 점에서 보면 오늘날 한국교회가 수요일 모임과 금요일 모임을 갖는 것은 역사적인 전승이라고 볼 수 있을 것이다.

주님께서 부활하신 주일을 시작으로 한 주간을 시작하여 살아가다 수요일이 되면 교회에 나가 예배를 드리고 금요일이 되면 우리를 위하여 고난을 당하신 예수님을 기억하며 주님의 고난에 동참하는 마음으로 구역예배 혹은 금요기도회로 모인다. 그리고 토요일에는 주일을 준비하였다가 다시 주일이 되면 교회에 나가서 예배를 드리며 부활하신 주님을 삶 속에 영접하는 삶의 주기적 형태는 일주일을 단위로 한 작은 교회력의 모습이라고 할 수 있다.

초기의 제자들은 안식일 다음 날 죽음으로부터 살아나신 주님의 충격적 사건을 서로의 가슴에 안고서 함께 모였고, 주님의 명령대로 성만찬을 계속하는 일부터 시작하여 점차 주일의 첫날(고전 16:2, 행 20:7)은 주님을 위해 모이는 예배일로 발전되어갔다. 이 날이 바로 모든 교회력의 기초요, 핵심이 되는 날임에 틀림이 없다.

이와 또 다른 교회력의 유형은 1년을 단위로 생각하는 교회력이다. 예수님의 탄생을 기다리는 대강절(Advent)에서부터 예수님의 생애에 초점을 맞추어 그분의 나심과 그분의 공생애를 기념하는 절기와 그분의 고난당하심과 부활을 기념하는 절기, 주님의 승천과 더불어 약속하였던 성령의 강림 사건에 이르기까지 1년을 주기로 하여 이를 현재의 삶 속에 재현해 나가고자 하는 교회력의 형태가 있다. 이것은 일 년을 우리 주님의 구속사에 따라 구분하여 예배드리는 사람들에게 그 시기에 따른 생각과 의미를 재인식시키는 방법의 일환이었다.

그리하여 사도들도 외면하지 않고 지켰던 유대 민족의 고유한 유월절과 같은 절기를 염두에 두고 주님의 부활 사건과 승천 그리고 성령강림과 같은 역사적 사건들을 해마다 새롭게 다짐하고 그 깊은 뜻을 성도들에게 전하려는 데서 절기를 중심으로 한 교회력이 시작되었고 발전을 거듭해 왔다.

2. 역사적 배경

기독교회가 독자적인 교회력을 작성한 그 배경과 과정에는 유대교 및 이교적인 생활력의 영향이 있었다. 교회력 가운데서도 가장 최초로 확립된 것은 2세기경의 부활절이었다. 이 부활절은 유대교의 파스카(Pascha, 유월절)의 재해석 내지는 그것의 복음화라는 형태에서 성립된 것으로 볼 수 있다. 심지어는 명칭까지도 "파스카"를 사용한 듯한데, 내용은 예수님의 십자가와 부활을 기념하는 것이었다. 그 이후 서서히 정립된 부활절은 교회력의 중추를 이루었다. 이와 병행하여 이른바 '주일'이 형성되었다. 유대교 안식일과의 관계와 이것이 한 주간의 첫째 날(일요일)로 정해진 경위는 분명치 않은 점이 있으나, 이것 역시 그리스도의 부활을 초대교회의 환경 가운데 받아들인 하나의 예라 하겠다. "파스카"의 성립은 이를 중심으로 하여 전후로 절기가 확대되는 경향이 나타나, "파스카"에 이르는 주의 고난 계절(Lent, 사순절)과 주의 부활로 연결되는 계절(부활절)로 전개되었다. 사순절의 성립은 2~4세기로 생각된다. 이에 앞서 예루살렘 교회에서는 오순절 사건의 교회력 성립이 있었던 것 같다. 이것 역시 고대의 유대교에 있었던 추수제 또는 율법수여 기념일이었던 것을 교회화한 것인데, 교회의 축일로 화한 것은 그 이후라는 설도 있다. 그리스도의 수난과 시련을 생각하여 참회와 극기의 표시로서 행하는 금식은 사순절과의 연관성에서 생각할 수 있는데, 이것도 유대교의 금식일 전통과 아주 무관하다고는 보기 어렵다. 5세기경에 이미 동방 교회의 성탄제(1월 6일)와 서방 교회의 크리스마스 사이에 어떤 교섭이 있었다. 그 결과 12월 25일을 성탄절로, 1월 6일을 주현절(Epiphany)로 확정한 것 같다. 그리고 크리스마스 전의 대강절과 오순절(Pentecost)에 이어지는 삼위일체절의 성립(14세기경)을 덧붙여 오늘날의 교회력이 형성되었다.

3. 교회력의 내용과 의미

1 대강절(待降節, Advent)

1) 대강절의 내용과 의미

교회력은 대강절로부터 시작된다. 이 절기는 오늘날에는 4주간으로 확정되어 사용되고 있으나 과거에는 4주간에서 7주간까지 이르는 다양한 기간으로 지켜왔던 절기이다. 오늘날과 같이 4주간으로 확정된 것은 6세기경 로마의 주교가 4주간으로 확정한 것이 오늘에 이르고 있다. 이 절기는 성 안드레의 날인 11월 30일에서 가장 가까운 주일부터 시작된다. 그러나 다른 방법으로 이 절기를 계산한다면 성탄절인 12월 25일 전 4주간이 바로 대강절기라고 할 수 있다. 고대 그리스도인들은 대강절을 엄격히 지켰으며 모든 신자들이 날마다 금식하고 교회 예배에 참석해야 했다. 대강절을 뜻하는 영어 단어 어드벤트(advent)는 두 개의 라틴어 아드(ad)와 베니레(venire)로 이루어진 것으로 "오다"(to come to)를 뜻한다.

대강절의 메시지는 하나님께서 그리스도로 성육신하셔서 이 땅에 오신다는 것이다. 이 뜻을 좀더 구체화하면 다음과 같다.

먼저, 하나님께서 성탄절에 아기 예수의 형체를 입으시고 예언자들을 통하여 말씀하셨던 약속을 이행하신 과거 사건으로서의 경험을 들 수 있다. 둘째로, 성탄절을 찾아오신 주님과의 만남을 통하여 새로운 경험을 이룩하는 현재적 사건으로서의 성탄절의 뜻을 찾게 된다. 그리고 미래적 경험의 예시로서 세상 끝날에 예고 없이 재림하셔서 산 자와 죽은 자를 심판하러 영광 중에 다시 오실 것을 대망하는 신앙적 경험을 들 수 있다.

이러한 근본적인 의미를 파악하여 성도들은 회개와 기도 그리고 인내로 이 절기를 준비하도록 해야 할 것이다.

2) 대강절의 색깔과 예배와 목회 힌트

대강절에 사용되는 색상은 자색(보라색)으로 이 색상이 의미하는 것은 죄에 대한 뉘우침과 속죄 그리고 기다림을 나타낸다. 일부 교단에서는 4주간의 대강절기 중 세 번째 주일에는 자색의 슬픔과 백색의 기쁨의 중간색인 장미색을 사용하기도 하는데 이는 성탄의 서광을 앞두고 잠시 기뻐하며 쉬어간다는 의미에서 "기뻐하라"는 뜻으로 사용하기도 한다. 이 때의 기쁨은 완전한 기쁨이 될 수 없는 것이므로 자색의 슬픔과 완전한 기쁨의 백색의 중간인 장미색(핑크색)을 사용하는 것이다.

이 때 예배의 중심과 설교의 중심은 당연히 기다림이 초점이 되어야 한다. 이미 오셨던 예수님의 성탄을 기다리며 또 다시 오실 예수님을 맞이하기 위한 준비를 점검하는 기회가 되어야 할 것이다. 그러므로 이 때의 목회의 방향도 화해와 용서 그리고 주님의 길을 준비하기 위한 것에 초점을 모아야 한다. 그리고 교회가 성탄을 위한 장식을 할 경우 바로 이 대강절기부터 시작하는 것이 바람직하다. 너무 일찍 시작하는 교회들은 아직은 성령강림절기인데도 불구하고 성탄 장식을 하는 경우가 있는가 하면 너무 늦은 교회의 경우 성탄절기가 되어서야 장식을 한다면 주님을 기다린다는 의미가 약화될 수 있으므로 대강절의 시작과 더불어 성탄장식을 하는 것이 바람직할 것이다.

이 때에 대강절 화환(Advent wreath)을 가정과 교회에서 사용할 수 있으며, 대강절 초(Advent candle)를 사용하기도 한다. 전통적으로 이 때의 십자가는 타우 십자가(T)를 사용하기도 하였다.

2 성탄절(聖誕節, Christmas)

1) 성탄절의 내용과 의미

초기 그리스도인들은 부활절에만 깊은 관심을 두었을 뿐 성탄절에 대한 연구나 축제에는 소홀하였다. 그러나 기독교가 공인화된 이후 로마에서는 336년경 이교도들이 태양신의 생일로 지킨 날을 주님의 탄생일로 정하였다. 그 이유로서는 주님의 탄생이 늦가을이나 또는 겨울이었다는 사적 증거와 이 시기에 태양이 지평선의 가장 낮은 지점으로부터 다시 올라와 이 우주에 빛을 주는 날이라는 입장에서 당시의 동짓날이었던 25일을 택하게 되었다. 그 후 안디옥에서는 375년, 알렉산드리아에서는 5세기에 이 성탄절을 지키게 되어 서방의 모든 교회에 퍼지게 되었다. 이 성탄절은 1월 6일 주현절 전까지 계속되었고 그 기간은 특수한 축제 기간으로 중세기까지 지켜졌다.

일부이기는 하나 12월 25일을 성탄절로 지키는 것을 비판하는 이들도 있다. 그러나 그것은 초대교회의 고뇌를 이해하지 못한 데서 나온 어리석음일 것이다. 정확한 날짜를 모른다고 하여 이미 오셨던 예수님의 탄생을 기념하지 않을 수 없었던 초대교회의 지도자들이 많은 연구와 번뇌, 논쟁을 거쳐 성탄일을 정한 것은 높이 평가하여야 할 것이다. 예수님의 탄생일을 사도시대나 속사도시대에는 역사적인 증거는 없다. 성탄일을 12월 25일로 확정한 최초의 성수하였다 인물은 히폴리투스(Hippolytus)로 추정된다.

2) 성탄절의 색깔과 예배와 목회 힌트

성탄절기의 색깔은 백색이다. 이 색은 하나님께서 친히 입으신 색으로 여겨지는 것으로 영광과 결백, 기쁨을 상징한다. 성탄일로부터 시작해서 성탄절기 내내 백색은 우리에게 성탄의 영광과 기쁨을 고조시키는 색으로 지켜진다.

이 때의 예배는 좀더 적극적인 축제의 분위기가 이어져야 할 것이다. 만왕의 왕으로 오신 주님, 우리를 구속하시기 위해 오신 주님의 나심은 분명 모든 이들에게 크나큰 기쁨일 수밖에 없는 것이기에 교회 내의 성도들은 세상을 향하여 더 힘차게 축제의 나팔을 부는 일들을 해야 할 것이다. 성도들만의 조촐한 파티가 아니라 세상을 향해 예수님을 증거하기 위한 힘찬 축제가 될 수 있도록 설교와 구제 등 여러 측면에서 구체적 축제가 있는 절기로 삼아야 할 것이다.

성탄의 기쁨을 널리 전파하기 위해서는 성탄전야 예배의 활성화와 지역교회가 함께하는 지역사회의 기관과 소외된 지역 주민을 위한 연합새벽송 등을 고려해보는 것도 좋겠다. 그리고 작은 선물을 준비하여 가족과 이웃 등과 함께 나누는 문화도 만들어갈 필요가 있다.

3 주현절(主顯節, Epiphany)

1) 주현절의 내용과 의미

현현절이라고도 불리는 주현절은 교회력에서 부활절 다음으로 가장 오래된 절기로서 소아시아와 이집트에서는 2세기경부터 지켜졌다. 1월 6일 주현일에 시작하여 사순절의 시작을 알리는 재의 수요일 전날까지가 주현절기다. 그러므로 주현절은 일정하게 정하여진 기간이 아니라 그 해의 부활절이 언제냐에 따라 유동적일 수밖에 없다. 뒤에 설명하겠지만 사순절의 시작을 알리는 재의 수요일은 부활절이 며칠로 정해지는가에 따라 유동적이기 때문에 부활절이 결정되고 재의 수요일이 결정되어야 주현절기가 결정될 수 있기 때문이다. 주현절은 예수님께서 인간 세상에 현현하심을 축하하고 그분과 함께하는 삶을 결단하는 절기다. 1월 6일을 주현일로 선택한 것은 원래 동짓날로 태양신의 생일을 축하하던 이교도의 축일을 그리스도인들이 주현일로 대체했기 때문이다.

교회력에서 주현일은 크리스마스와 부활절 및 오순절과 맞먹는 주요 축일이다. 그럼에도 불구하고 주현일로서의 1월 6일을 무시하는 교회가 더 많은데, 그것은 그 날이 보통 평일이 되기 때문이다. 로마 카톨릭교회에 있어서 그 날은 의무적으로 미사에 참석해야 하는 날이다. "주현절"이라는 명칭은 "나타남"을 뜻한다. 빛이 어둠 속에서 스스로를 나타내고, 하나님이 예수에게서 자신을 계시하시고, 하나님의 영광이 예수에게서 보인다는 뜻이다. 역사가 흐르면서 주현일은 현현 축일(Feast of Manifestation), 빛의 축일(Feast of Light), 그리스도 출현의 축일(Feast of Appearing of Christ), 세 왕의 축일(Feast of the Three Kings) 등과 같은 다른 이름으로도 알려지게 되었다.

2) 주현절의 색깔과 예배와 목회 힌트

주현절의 색깔은 녹색으로 이것은 생명의 희열과 희망을 드러내는 색이다. 주현절기 중 예배의 중심은 주님의 현현에 맞추어야 하며, 주님의 공생애를 통하여 나타난 주님의 사역을 묵상하고 이 시대에 이를 실현하기 위한 결단에 중심을 맞추어야 한다.

특별히 이 주현절기 중 주현일(1월 6일) 다음에 오는 첫 번째 주일은 "주님의 수세주일"이다. 이는 예수님께서 세(침)례를 받으신 것을 기념하는 주일로 교회 전통에서는 이를 성탄일과 더불어 중요시해 왔다. 그러나 한국교회는 주님의 수세주일에 대한 관심이 소홀한 것이 현실인데 앞으로는 각 교회가 주님의 수세주일에 성도들을 위한 세(침)례예식을 행한다면 세(침)례를 받는 이들에게 더 큰 의미를 부여할 수 있을 것이다.

또 주현절 마지막 주일은 "주님의 산상변모일"이다. 복음서에 등장하는, 예수께서 변화산에서 변모하신 사건을 기념하는 주일을 말하는 것이다. 이 역시 한국교회는 거의 도외시하고 있는데 앞으로는 한국교회가 이에 대한 깊은 이해와 더불어 성도들이 함께 지켜가게 하는 일이 필요할 것이다. 전통적으로 "주님의 산상변모일"은 주현절기의 마지막 주일에 지켜왔다. 즉, 재의 수요일 바로 직전의 주일이 바로 주님의 산상변

모임인 것이다. 우리는 이 주님의 산상변모일에 성도의 거룩한 삶의 변화를 촉구할 수도 있으며, 또한 주님의 변화산의 사건시 있었던 제자들(특별히 베드로)의 어리석은 모습을 돌이키며 변화산 사건 이후 세상을 향해 내려가시는 주님에게서 교훈을 얻는 기회로 삼을 수 있을 것이다.

이 절기에는 주현절 별(the Epiphany star)을 사용하여 왔는데 주현절 별은 오각형 별을 사용해 왔다. 이것은 성육신을 의미한다. 참고적으로 육각형 별은 다윗의 별로 옛 언약을 의미하고, 칠각형 별은 완전의 별, 팔각형의 별은 세(침)례를 통한 중생을 나타낸다.

4 사순절(四旬節, Lent)

1) 사순절의 내용과 의미

사순절은 교회력에서 가장 긴 절기는 아니지만, 가장 중요한 절기 중의 하나이다. 이 절기는 부활절을 대비한, 신앙의 성장과 회개를 통한 영적 준비의 시기이며 교회력 중에서 주님의 수난과 죽음에 초점이 맞추어지는 때이다. 이 절기는 특별한 회개일인 재의 수요일(ash Wednesday, 성회수요일)에서 시작되어 성금요일(good Friday)의 깊은 슬픔과 비극 가운데서 끝난다. 사순절이라는 절기의 명칭에는 이 절기의 메시지나 분위기가 반영되어 있지 않다. 이것은 봄이 시작되는 날을 연장하는 것을 의미하는 고대 앵글로색슨어 렌텐(lencten) 또는 렌텐(lenchthen)에서 왔다. 사순절이 40일의 기간으로 확립된 것은 오랜 기간 변천해 온 결과였다.

사순절이라는 우리의 말 자체가 의미하는 것은 40일간을 의미한다. 그러나 재의 수요일에 시작되어 부활절 직전 토요일까지의 정확한 날수는 46일이 된다. 이는 6주간의 기간에 재의 수요일부터 그 주간의 토요일까지의 날 수 4일을 더한 날수다. 그러나 이 사순절 46일간을 사순절이라 부르는 것은 주님의 수난과 죽음을 기념하는 기간이라고 할지라도 사순절 기간 중에 속한 여섯 번의 주일은 주님의 축제일이기에 교회의 전통에서는 그 수만큼을 제외시켰기 때문이다. 그래서 46일에서 6번의 주일을 제외하면 40일이 되므로 이를 사순절이라고 하는 것이다.

원래 1세기에는 사순절이 단 40시간이었는데, 이것은 예수님의 시체가 무덤 속에 40시간 동안 있었던 것과 일치시키기 위해서였다. 40시간이 끝나는 오후 3시에는 부활절 예배가 있었다. 나중에 이 40시간이 늘어나 3세기 중에는 6일이 되었다. 이 6일은 사순절의 마지막 주간이 아니라 40시간을 연장한 것이었다. 이 6일간을 성주간(holy week)이라고 일컬었는데, 엄격한 절제의 기간이었다. 성주간을 지키기 시작한 것은 4세기 중엽 예루살렘에서이었다. 예수님 생애의 마지막 주간 중 특별한 사건이 일어난 곳, 즉 다락방, 겟세마네, 빌라도의 법정 등에서 적당한 날에 예배가 거행되었다. 서방 교회에서 성주간을 지킬 때에는 예루살렘의 실제 장소를 대신하여 십자가의 의미를 부여할 수 있는 장소를 택하였다. 로마는 성금요일과 성토요일 및 부활일의 성삼일을 특별히 강조했다. 4세기에는 성주간 중의 날들이 다음과 같이 지정되었다.

- 종려주일 - 예루살렘 입성
- 월요일 - 성전일소
- 화요일 - 감람산에서의 설교
- 수요일 - 유다의 동의
- 세족 목요일 - 다락방의 모임
- 성금요일 - 갈보리 언덕의 고난
- 토요일 - 무덤 속의 안식

이 6일간이 1년 365일 중 십일조의 의미로 36일간으로 늘어났다. 731년경 샤를마뉴(Charlemagne) 대제 시대에 이 36일에 4일이 첨가되어 지금처럼 40일간의 절기가 되었다. 이 나흘은 재의 수요일에서 사순절의 첫 주일까지로 이루어져 있었다. 40이라는 숫자는 자주 등장하는 의미 있는 숫자다. 예수님은 광야에서 40일간 시험을 받았고, 모세는 시내산에서 40일간 금식을 했으며, 엘리야는 하나님의 산으로 가는 길에서 40일간 금식을 했고 이스라엘 사람들은 광야에서 40년을 보냈다.

사순절이 시작되는 날짜는 부활절의 날짜에 따라 정해진다. 325년에 교회는 3월 21일 또는 그 이후에 생기는 만월 이후의 첫 주일을 부활주일로 정했다. 이 부활절 전 주를 보통은 종려주일이라 하여 주님께서 마지막으로 예루살렘 성에 입성하신 것을 기념하는 주일로 지킨다. 최근 세족목요일 행사가 교회마다 많이 시행되는데 이는 종려주일(고난주일)이 지난 목요일에 실시한다.

재의 수요일 다시 말해 속죄일(ash Wednesday)은 사순절의 첫날이다. 속죄일이라는 명칭은 1099년 교황 우르반 2세(Urbanus)가 명명한 것이다. 그 전에는 사순절의 첫날이 "금식 시작일"(beginning of the fast)로 알려졌다. 이 날은 특별한 회개일 및 회개 절기의 시작일로 정해졌다. "재"(ash)는 회개를 상징했다. 사제들은 신자들의 머리 위에 재를 뿌리며 "너는 흙이니 흙으로 돌아갈 것임을 기억하라"고 말하는 관습이 있었다. 오늘날까지 로마 카톨릭교회 신도들은 재의 수요일에 모여 죄를 용서받은 표로써 이마에 재를 찍어 바른다.

2) 사순절의 색깔과 예배와 목회 힌트

사순절의 색깔은 자색(보라색)이다. 일부이기는 하나 검은색을 사용하여야 한다는 주장이 있기는 하나 대부분은 자색을 사용한다. 이는 죄에 대한 뉘우침과 속죄를 나타내는 것이다. 여기에서도 대강절의 경우와 같이 일부 교단에서는 사순절 넷째 주일에 장미색(핑크색)을 사용하는 경우가 있다. 이는 긴 사순절의 기간에 주님의 부활의 서광을 앞두고, "즐거워하라"는 의미에서 자색과 백색의 중간색으로 장미색을 사용한다.

사순절기 중 예배의 초점은 주님의 수난과 죽으심으로 우리는 이를 회개와 주님의 삶에 동참하기 위한 준비의 기회로 삼아야 할 것이다. 또한 만약 부활절을 기하여 세(침)례식을 행할 예정이라면 이 기간을 세(침)례를 위한 준비의 기회로 삼는 것도 좋겠다. 초대교회에서는 세(침)례를 받기 위해 매우 철저한 교육이 행해졌던 것을 볼 때 오늘날의 한국 교회는 너무 쉽게 세(침)례식을 행하는 것이 아닌가 하는 반성을 해 본다. 전통적으로도 이 사순절은 준비의 기간으로서 부활절에 세(침)례 받을 사람들을 6주간 동안 준비시키는 기간이었다. 시험과 교육과 회개와 기도를 통하여 이 기간 동안 지원자들이 세(침)례식에 참여할 자격이 자신에게 있다는 것을 입증토록 했다. 325년 기독교가 공인되었을 때 사순절은 하나님의 백성 전체를 위한 준비 기간이 되었다.

한국교회는 이제 선교 2세기를 맞으며 더욱 성숙해져야 할 터인데 이 사순절기를 주님을 위한 준비의 기회로 삼는다면 이는 매우 적절한 목회의 초점이 될 수 있을 것이다.

5 부활절(復活節, Easter)

1) 부활절의 내용과 의미

부활절을 뜻하는 영어인 이스터(Easter)는 "이스터"(Eastre)라는 이교도적인 명칭을 고대 영어에 맞추어 바꾼 말이다. 이스터(Eastre)는 튜튼족의 신 중 봄과 새벽의 여신 이름이었다. 이 여신의 축제는 해마다 춘분에 열렸다. 부활절의 원래 명칭은 유월절을 뜻하는 히브리어 파스카(pascha)였다. 죽음과 부활은 하나님의 백성들에게 새로운 유월절, 즉 죽음의 노예 상태로부터의 해방이 이루어졌다는 뜻을 부여했다. 부활절(Easter)이 일반적인 명칭이 되기 전에는 이 날이 "주님의 부활일" 또는 "부활의 유월절"(paschal day of the resurrection)이라고 알려져 있었다.

이 부활절은 춘분 후 첫 만월에 뒤이은 주일이다. 서방교회와 동방교회의 부활절이 서로 다른데 그 이유는 서방교회는 1582년 교황 그레고리우스 13세(Gregorius) 때 제정한 그레고리우스력을 사용하고, 동방교회는 주전 46년 율리우스 시저가 제정한 율리우스력을 사용하고 있기 때문이다. 이 두 월력은 보통 10일에서 심한 경우 한 달의 간격이 생기기도 한다. 그러나 2001년에는 서로 다른 날짜의 계산법에도 불구하고 4월 15일에 합치되는 현상을 보이게 된다. 이러한 현상을 앞에 두고 세계교회협의회(WCC)와 중동교회협의회(MECC)는 1996년 시리아 알렙포에서 회의를 갖고 역사적인 결정을 내린 바 있다. 이들은 "예수님의 부활의 날짜를 가장 정확한 천문학적 지식을 이용해 산출한 뒤 21세기가 시작되는 2001년을 기점으로 부활절을 함께 지내자"는 합의를 한 바 있다고 한다. 물론 시행 여부는 알 수 없는 일이다.

2) 부활절의 색깔과 예배와 목회 힌트

부활절의 색깔은 흰색이다. 영광과 결백 그리고 기쁨을 상징하는 백색이 부활절의 상징색인 것이다. 사실 기독교의 중심은 부활에 있어야 한다. 최근에 이르러 한국교회가 부활절의 의미를 새롭게 이해하려는 움직임은 매우 바람직한 일이다. 부활절 카드를 사용하는 이들이 증가하고 있으며, 부활절 계란을 나누는 모습이 어느덧 한국교회의 부활절 문화의 일부로 자리잡아가는 것은 바람직한 방향일 것이다. 그러나 여기에 머물 것이 아니라 좀더 생동감 있는 부활절의 의미를 나눌 수 있도록 교회의 적극적 자세가 필요할 것이다.

이 부활절 기간 중 한국교회가 쉽게 잊고 지나치는 것 중 하나가 "주님의 승천 기념일"인 것 같다. 성경적으로도 분명하게 주님께서 부활하신 후 40일 만에 부활 승천하신 사건을 전하고 있고, 지나온 교회의 전통이 이를 지켜왔음에도 한국교회는 이 주님의 승천기념일을 간과하여 왔다. 더욱이 주님의 승천 기념일 10일 후에는 성령강림절이 온다는 것을 생각하면 초대교회의 모습과 같이 이 주님의 승천기념일 이후의 10일간을 교회는 적절히 활용할 필요가 있다고 본다.

최근 한국교회는 특별기도회가 많이 있다. 40일 특별새벽기도회, 혹은 세이레 특별기도회 등이 많이 행하여지고 있는데 가능한 주님의 승천기념일부터 10일간을 "성령대망 특별기도회"로 선포하고 온 교회가 함께 성령의 강림하심을 대망하며 기도할 수 있다면 의미 있는 훈련의 기회가 될 수 있을 것이다. 이 "주님의 승천기념일"은 부활절부터 40일째 되는 목요일이다. 다시 말하면 성령강림절 10일 전인 목요일이다.

6 성령강림절(오순절, Pentecost)

1) 성령강림절의 내용과 의미

성령강림절은 부활절 이후 50일째 되는 날부터 시작이 된다. 이 날을 성령강림일로 정하고 이 날부터 긴(거의 반년) 성령강림절이 시작되는 것이다. 교회력에 있어 초기 몇 세기 동안은 두 번째로 중요한 절기가 오순절이었다. 이것 역시 부활절처럼 유대인의 축제일에서 유래된 것이다. 그리스도인의 오순절은 유대인의 오순절과 관계가 있다. 유대인들은 오순절에 시내산에서 받은 십계명을 회상한다. 유대인에게는 유월절로부터 7주 후에 오는 칠칠절이 있었다. 이것은 율법의 선포와 이스라엘의 건국을 기념하는 것이었다. 마찬가지로 그리스도인들은 성령을 받고 새 이스라엘을 세운 날로써 오순절을 축하한다. 그리스도인들에게 있어서 오순절은 마치 교회의 생일을 기념하는 것과 같다. 강한 바람과 함께 불의 혀 같은 것이 제자들에게 임하여 각기 다른 방언으로 말하기 시작하였을 때를 기념하는 것이다.

2) 성령강림절의 색깔과 예배와 목회 힌트

성령강림절기의 색깔은 뜨거운 사랑과 피를 상징하는 홍색 혹은 생명과 성장을 상징하는 녹색이 함께 사용되어왔다. 이는 오늘날 정립된 교회력에 있어 가장 긴 절기가 성령강림절기이므로 보통 이 긴 절기를 반으로 나누어 홍색과 녹색을 겸하여 사용한다. 그리고 성령강림주일 다음 주일인 삼위일체주일은 흰색을 사용했다.

전통적으로 유대사회에서는 오순절에 소년들이 성인식을 갖고 어른이 되어 율법을 준수해야 하는 의무를 갖는다. 한국교회도 이 절기 중 입교식을 갖는다든지 아니면 한국사회가 5월에 성인식을 갖기도 하지만 교회의 성인식을 이 절기 중에 마련한다면 보다 더 의미 있는 기회가 될 것이다.

이 절기 중 특히 기억해야 하는 것은 성령강림일과 삼위일체주일이다. 성령강림일은 부활절로부터 50일째 되는 날로 부활 후 승천하시신 주님께서 말씀하신 대로 마가의 다락방에 모였던 무리들에게 임하신 성령의 강림 사건을 기념하는 날이다. 이 날에 교회와 성도들은 오순절 마가의 다락방에 모였던 성도들이 누렸던 성령강림의 감격을 나누는 노력이 필요하며, 여기에 초점을 맞춘 예배의 준비가 필요하다.

삼위일체주일은 성령강림주일 다음 주일로 기독교의 가장 심오한 교리 중 하나인 삼위일체 교리의 중요한 의미를 다시 한 번 깊이 상고하는 기회로 삼는 주일이다. 전통적으로 교회는 성령강림주일 다음 주일을 삼위일체 주일로 지켜 삼위일체 교리를 다시 한 번 교육하는 기회로 삼아왔다. 오늘날에도 교회는 이 절기를 성도들에게 이 중요한 원리에 대해 다시금 교육하는 기회로 삼아야 할 것이다.

7 왕국절

1) 왕국절의 내용과 의미

왕국절은 8월 마지막 주일부터 시작하여 대강절 전주까지다. 이 왕국절은 그리스도인의 사회적인 책임을 강조하는 절기다. 이는 미국 감리교회에서 시작된 절기로서 모든 교단들이 지키는 절기는 아니다. 한국의 감리교회도 이 절기를 지키고 있는데 성령강림절기가 긴 단점을 보완하기 위하여 긴 성령강림절기의 중간이 되는 8월 마지막 주일부터 시작하는 것이다.

2) 왕국절의 색깔과 예배와 목회 힌트
왕국절의 색깔은 녹색이다. 생명의 희열과 희망을 드러내는 성장을 상징하는 색으로 사용된다. 이 절기에는 그리스도인들이 사회적 책임을 다하려는 노력이 필요하며, 예배의 중심도 사회적 책임을 다하기 위한 결단에 초점을 맞추는 것이 필요하다.

4. 그 외의 절기

한국교회의 상황에서 교회력의 절기 외에 고려해야 할 절기들이 있다. 그것은 국가기념주일과 특별주일 그리고 맥추감사절과 추수감사절이다.

먼저 국가기념주일로는 한국교회가 전통적으로 지켜와 이제는 정례화된 삼일절 기념주일, 6·25 상기주일, 광복절기념주일 등이며. 특별주일로는 어린이주일, 어버이주일, 남북 평화통일 공동기도 주일. 교회연합주일, 종교개혁기념주일, 성경주일 등이 있고, 맥추감사절과 추수감사절이 한국교회의 전통 속에서 지켜져 오고 있다. 그 외에 교단마다 특색에 따라 지켜오는 절기들이 있어 사실 한국교회력은 1년 52주 모두 기념주일과 절기들로 가득 차 있다고 해도 과언은 아닐 것이다. 그러므로 이들에 대한 교회의 통일된 입장을 정립하는 일이 필요하다.

국가기념주일에 대한 대체적인 입장은 국가에 대한 교회의 의무라는 면에서 정리할 수 있을 것이며, 각종 특별주일은 어쩌면 이미 한국교회의 예배에 정착되어 기독교 문화의 일부로 자리잡았다고 볼 수 있을 것이다. 그러나 이러한 것들을 교회력의 일부로 수용하는 데는 많은 무리가 따른다. 그럼에도 불구하고 이미 한국교회에 정착된 부분에 대한 고찰이 앞으로의 과제라 할 수 있다.

더욱이 맥추감사절과 추수감사절은 구약성경의 전통과 청교도들의 전통이 연결되어 지켜져오고 있는 것이므로 심도 있게 고려하여야 할 것이며, 최근에 추석과 추수감사절을 연결하여 지키고 있는 교회들의 모습도 긍정적으로 고찰하여야 할 것이다.

5. 교회력 도표

앞에서 살펴본 교회력의 일반적인 내용을 한눈에 보기 위한 도표를 만든다면 다음과 같이 표현할 수 있다. 이제 한국교회는 교회력의 보다 적극적인 활용이 필요하다. 예수님의 생애에 중심을 둔 교회력을 교회가 지킬 때 예배는 더욱 생동감을 얻을 수 있기 때문이다.

교회력	색깔	절기계산법	절기 중 특별히 고려할 점
대강절	보라색	성 안드레 날인 11월 30일에서 가장 가까운 주일 대강절 첫째 주일로 시작하여 4주간 계속됨(12월 25일 전 4주간).	대강절 셋째 주일에는 핑크색(장미색)을 사용하여 기다림의 긴 기간 중 잠시 쉬어 가는 기쁨을 표현하는 경우도 있음.
성탄절	흰색	12월 25일 성탄일로부터 주현일인 1월 6일 전날인 1월 5일까지가 성탄절기임.	성탄장식은 대강절에 시작하여 주현일인 1월 6일 이전까지 하는 것이 좋음.
주현절	녹색	주현일인 1월 6일부터 사순절의 시작인 재의 수요일 전날 화요일까지 임.	1월 6일이 지난 후 첫 번째 주일은 **주님의 수세주일**로 예수님께서 세례 받으신 것을 기념하는 날임. 주현절이 마지막 주일은 **주님의 산상변모 기념주일**로 주님께서 변화산에서 변모하신 것을 기념하는 주일임.
사순절	보라색	재의 수요일부터 시작하여 부활절 전날까지임(재의 수요일부터 부활절 전까지는 46일이 되나 이를 사순절이라고 칭하는 것은 46 중에 속한 주일 6번을 제외하기 때문임).	부활절 전주를 보통은 **종려주일**이라하여 주님께서 마지막 예루살렘 성에 입성하신 것을 기념하는 주일로 지킴. 사순절 기간 중 넷째 주일에는 핑크색(장미색)을 사용하여 긴 고난의 기간 중 잠시 쉬어 가는 기쁨을 표현하는 경우도 있음. 최근 세족목요일 행사가 교회마다 많이 시행되는데 이는 종려주일(고난주일)이 지난 목요일에 실시함(오순절교단에서는 세족례를 성례로 인정함).
부활절	흰색	매년 춘분 후 만월 후 첫째 주일을 부활절로 정함.	부활절로부터 40일째 되는 목요일은 **주님의 승천기념일**로 부활하신 주님께서 40일만에 부활하신 것을 기념하는 날임.
성령강림절	적색 혹은 녹색	부활절로부터 50일째 되는 날이 성령강림일로 이날부터 또다시 대강절이 시작되기 직전까지가 성령강림절임.	성령강림일 다음 주일은 **삼위일체주일**임. 일부교단에서는 8월 마지막 주일부터는 왕국절이라고하여 긴 오순절에 활력을 넣으려 하는 교단도 있음.

예배와 교회력

8
예배와 음악

서울신학대학교 김한옥 교수

찬송은 객관적으로 존재하시는 삼위일체 하나님을 높이는 노래이며, 우리의 삶 속에서 주관적으로 체험하게 되는 하나님을 고백하는 노래다. 구약시대부터 오늘에 이르기까지 찬송은 구원받은 백성들의 입을 통해서 나오는 자연스러운 노래가 되어왔다.

찬송은 음악이라는 옷을 입기 때문에 시대적인 변화를 수용한다. 그것은 예술이라는 차원에서 당대의 그리스도인들이 경험하는 신앙과 삶을 반영한다. 그러나 하나님께 드리는 노래는 내용에서나 형식에 있어서 신앙고백적인 면과 경건의 형태를 고려하지 않을 수 없다. 예배를 위한 음악이든 성도들의 친교를 위한 음악이든, 모든 형태의 기독교 음악은 하나님께 영광돌리는 것이 궁극적인 목적이다. 여기에 기독교 음악의 존재의미가 있다. 따라서 찬송은 전문적인 지식과 헌신적인 신앙에 바탕을 두고 연구되어야 한다.

예배와 음악에 관한 문제를 다루는 이 장에서는 먼저, 예배 음악의 성경적인 근거를 살펴보고, 그것이 기독교 역사를 타고 어떻게 발전되어 왔는지 각 시대별로 중요한 사안들을 짚어볼 것이다. 그리고 무엇보다도 기독교 음악은 예배에서의 사용이 그 일차적인 목적이라고 생각하기에, 예배에서 음악의 역할 및 그것을 담당하는 사람들에 대한 중요한 지침들을 제시하고자 한다.

1. 예배 음악의 성경적 근거

1 구약

루틀리(Erik Routley)에 의하면 구약성경의 음악은 세 가지 특징을 가지고 있다. 첫째, 자연적이며 마음의 황홀경을 체험하는 데 적합한 것이었다. 시편기자들은 산과 골짜기가 노래하는 것을 느낄 수 있었고, 욥기의 기자는 새벽별들이 노래하는 것을 즐길 수 있었다. 둘째, 의식적(儀式的)이었다. 구약의 음악은 주로 예배의 상황에서 하나님을 높이고 찬양하는 것이었다. 셋째, 음악 자체에 능력이 있었다. 다윗이 수금을 연주할 때 사울의 광기가 치유되었다. 이러한 특징들은 구약성경 전반에 걸쳐서 나타난다.

이스라엘은 범사에 찬송을 즐겨 불렀다. 출애굽한 모세와 이스라엘 백성이 하나님의 위대하심을 찬양한 것을 비롯하여(출 15장), 드보라의 승리의 노래(삿 5장), 한나의 찬송(삼상 2장), 그리고 다윗과 여러 시편기자들의 찬송들은 다양한 내용과 주제들로 구성되었다. 또한 우물물이 솟아나게 해주신 데 대한 감사찬송(민 21:17-18)과 모세가 하나님의 자비를 찬송한 것(신 32장) 등이 있다. 그 외에도 예언자들의 선포에서 나타나는 찬송들은 대개 상황이나 감정을 초월한 것들이다. 그런가 하면 다윗은 레위 사람들을 임명하여 제사의식에 쓸 음악을 특별히 만들도록 하였다(대상 16:4-7). 이처럼 구약성경에서 찬송은 누구나 또 어떤 여건 가운데서도 부를 수 있는 것이었다.

　구약성경에는 음악을 전문으로 하는 이들도 거론되고 있다. 창세기에서 유발은 "수금과 통소를 잡는 모든 자의 조상"(창 4:21)으로 소개되고 있다. 아삽, 여두둔, 고라 자손과 같은 이름들은 시편에서 자주 볼 수 있는 음악인들의 이름이다.

　구약성경 39권 중에서 한 권 이상이 완전한 형태의 찬송이라는 것만으로도 구약성경에서 찬송이 차지하는 비중이 얼마나 되는지 알 수 있다. 그 중에서도 시편은 책이름 자체가 "찬양들의 책"(Sepher Tehillim), 혹은 유대인 전통을 따라 "찬양들"이라고 한다. 70인역(LXX)에서도 시편을 "현악에 맞춘 노래들"(Psalmoi)이라고 한 것으로 보면 이 책의 내용을 충분히 짐작할 수 있다. 시의 성격으로 볼 때 "찬송시"에 해당되는 것만도 145편이나 된다. 또한 시편은 구약시대의 찬송에 대하여 보다 상세한 지식을 얻는 데 큰 도움을 준다. 먼저, 음악적 지시를 나타내는 용어가 둘(영장으로, 셀라) 나온다. 다음, 악기 이름으로는 여러 현악기와 관악기가 나타난다. 셋째, 곡조명(뭇랍벤에 맞춘 노래, 스미닛에 맞춘 노래, 깃딧에 맞춘 노래)도 기재되어 있다. 마지막으로, 유명한 노래 구절(여두둔의 법칙을 의지하여 한 노래, 아앨렛샤할 노래에 맞춘 노래, 수산에둣에 맞춘 노래, 요낫 엘렘 르호김에 맞춘 노래, 알 타쉬레트에 맞춘 노래)에 따라 부르는 곡조도 있다. 그런가 하면 찬송이 어떤 예배 의식에 사용되었는가를 보여주는 제목들도 있다. 예를 들면 안식일의 찬송시, 기념하게 하는 시, 감사시, 성전 낙성가, 성전에 올라가는 노래 등이다.

　다윗은 직접 많은 찬송시를 지었을 뿐만 아니라 예배 음악의 보전과 발전에도 많은 관심을 기울였다. 그는 음악을 하는 자 288명을 선정하여 훈련시켰고, 4000명의 레위인들을 선별하여 성가대와 같은 역할을 하도록 하였으며, 나팔을 부는 자도 120명을 뽑았다. 이들은 모두 예배 음악을 위해서 일하는 사람들이었다.

찬송을 부르는 형태도 다양하게 나타난다. 하나님께 드리는 찬송은 독창을 비롯하여 합창, 교창, 응창 등 여러 가지 방식이 모두 동원되었다. 특히 시편의 영창법은 오늘날도 일부 교파에서 그대로 사용하고 있다. 솔로몬 성전봉헌식에서는 이러한 형태의 찬송에다 악기연주까지 장엄하게 어우러져 예배자들로 하여금 하나님의 임재하심을 느낄 수 있도록 하였다.

구약예배에 사용된 찬송은 주로 하나님을 높이는 데 그 목적이 있었다. 구약성경의 찬송은 하나님의 창조와 다스리심, 자비와 긍휼을 베푸심, 은혜를 내리시고 때를 따라 도와주심 등, 하나님이 그의 백성과 함께 하신다는 신앙고백을 통하여 그분께 영광을 돌리려는 데 목적이 있었다.

2 신약

신약시대의 찬송은 구약의 전승을 이어받고 있다. 그러한 것들 중에는 박자를 넣어서 영창하는 독창곡의 형식을 갖춘 것, 교창이나 응답송에서처럼 반복적으로 부르는 회중찬송, 그리고 할렐루야송과 같이 단일한 모음에 기초한 정교한 멜로디 등이 있다.

누가는 신약성경의 독창적인 찬송을 서너 개 전해주고 있다. 세 개라고 하는 이들은 마리아가 엘리사벳을 방문했을 때 지은 "마리아의 찬가"(magnificat, 눅 1:46-55), 세(침)례 요한의 아버지 사가랴가 지은 "사가랴의 축복송"(benedictus, 눅 1:68-79), 그리고 시므온이 성전에 나타난 아기 예수님의 모습을 보고 지은 "시므온의 고별송"(nunc dimittis, 눅 2:29-32)을 들고, 네 개로 보는 이는 예수님의 탄생과 관련해서 천군 천사들이 부른 "영광송"(gloria in exelsis, 눅 2:14)을 포함시킨다. 이러한 찬송들은 구약성경에는 나타나지 않는 것으로서 신약시대의 성도들이 즐겨 불렀을 것이다. 왜냐하면 가사의 초점이 고대하던 메시야 예수의 인격에 맞추어져 있기 때문이다.

예수님의 공생애 기간에 찬송에 대한 기록을 찾아보기란 쉬운 일이 아니다. 예수님께서 찬송을 하셨다는 기록은 주님의 만찬이 제정되고 난 후에야 발견된다(마 26:26-30). 그러나 사도 바울은 직접 찬송을 불렀을 뿐만 아니라 성도들에게 시와 찬미와 신령한 노래로 하나님을 찬송하라고 권면한다(엡 5:19, 골 3:16). 초대교회 그리스도인들은 박해 가운데서도 찬송을 불렀다는 기록이 있다(행 16:25).

이 시기의 찬송은 예수님을 찬양하는 것이 대부분이다. 예를 들면, 에베소서 5장 14절의(그러므로 이르시기를 잠자는 자여 깨어서 죽은 자들 가운데서 일어나라 그리스도께서 네게 비춰시리라 하셨느니라) 말씀은 초대교회에서 세(침)례받을 때에 불렀던 찬송인데, 이 찬송을 통하여 모든 것을 드러내시며 그리스도인들을 비추는 빛이 누구인지를 상기시키고자 하였던 것이다. 그 외에 대표적인 구절 몇 군데를 들면, 빌립보서 2장 6~11절(원시교회의 찬가), 골로새서 1장 15~20절(천지만물의 창조와 구원에 대한 그리스도의 의미를 노래), 에베소서 2장 14~17절, 디모데전서 3장 16절과 디모데후서 2장 11절 등이 있다.

고린도전서는 찬송이 은사 중에 하나라고 말한다. 이것은 우리가 찬송을 무의미하게 불러서는 안 되고 성령의 영감을 가지고 마음을 다하여 불러야 한다(고전 14:15)는 의미다. 바울은 이에 대하여 두 번씩이나 강조한다. 에베소서 5장 19절에서 "시와 찬미와 신령한 노래들로 서로 화답하며 너희 마음으로 주께 노래하며 찬송하며"라고 하였고, 골로새서 3장 16절에서도 "시와 찬미와 신령한 노래를 부르며 마음에 감사함으로 하나님을 찬양하고"라고 하였다. 시와 찬미와 신령한 노래는 세 가지 각각 다른 형태의 찬송을 말한다는 주장도 있지만, 하나님께 드리는 찬송의 중요성을 강조하는 것으로 보는 것이 더 타당하다고 생각된다.

요한계시록에서도 천군과 천사들이 찬송으로 예배드리는 모습을 볼 수 있다(계 7:11-12). 요한은 계시록 여러 곳에서 하나님 아버지와 그의 어린양을 찬양하는 노래를 소개한다(4:8, 11, 5:9-10, 15:3-4, 19:1-3, 19:6-8). 천상의 예배에 해당하는 계시록의 예배는 성도들의 노래와 천군 천사들의 합창과 다양한 악기 소리가 조화를 이룬 장엄한 예배다.

신약성경의 예배 음악에서 특이한 것은 악기사용에 관한 문제다. 선지자들과 시편기자들의 입을 통해서 온갖 악기를 동원하라고 하신 구약의 하나님은 신약에서는 악기에 대해서 전혀 언급하지 않으신다. 요한계시록을 제외하고 신약성경 어디서도 예배나 찬송시에 악기를 사용했다는 증거를 찾아볼 수 없다. 이를 두고 어떤 이들은 예배에서 악기를 사용하지 않고 "시와 찬미와 신령한 노래"만으로 하나님을 찬송해야 한다고 주장한다. 그러나 이러한 주장은 두 가지 면에서 재고되어야 할 것이다. 우선, 악기 연주가 신령과 진리로 드리는 예배에 도움이 되지 못하는 이유를 분명하게 설명해야 한다. 오히려 성가대 찬양이나 회중 찬송을 부를 때 악기가 음을 이끌어 주지 않는다면 찬송의 질은 오히려 떨어질 수도 있다. 반주 없이 찬송을 부르자면 먼저 회중의 음악수준이 크게 향상되어야 할 것이다. 다음으로, 구약의 예배와 천상의 예배(계시록)에서 악기와 함께 드리는 찬송과 예배를 받으시는 하나님이 신약시대에만 악기를 사용하지 못하게 하시는 이유가 무엇인가 하는 문제다.

2. 예배 음악의 역사

1 초기 교회시대

이 기간 중에는 상당수의 찬송 본문뿐만 아니라 예배 음악에 대한 언급이 자주 나타난다. 이 시기에 예배 음악은 몇 가지 특징적인 발전이 있었다.

첫째, 음절을 가지고 있는 찬송가의 출현이다. 이것은 음악을 대중적인 것으로 만들기 위한 시도였으며 음정보다는 본문에 더 비중을 두었다. 결과적으로 기독교의 교리를 전파하기 위한 목적으로 찬송들이 만들어지는 계기가 되었다. 특히 아리안주의자들은 찬송을 부르며 길거리를 행진하면서 자신들의 교리를 전파하려고 하였다.

둘째, 응답송 형식의 시편이 널리 보급되었다. 이는 4세기와 5세기에 걸쳐서 정교한 비잔틴 양식의 예전이 발전해가면서 함께 영향력을 넓혀간 것이다. 응답송 형식의 시편이란, 한 독창자가 시편을 부르면 회중이 각 절의 마지막에 가서 시편에서 따온 후렴귀로 응답하는 것이다. 이러한 형태의 시편찬송은 교회에서 점점 확대되어 대중들에게 좋은 호응을 받았다. 그러한 형태의 시편들은 예배의 다양한 부분에서 사용되었고, 성만찬, 축일전야의 기도, 아침과 저녁기도, 가정이나 야외에서도 불리어졌다.

셋째, 암브로시우스(Ambrosius)의 찬송가가 등장하였다. 그는 유대교와 동방교회에서 오래 동안 사용해 오던 교송(antiphonal singing)과 응답송(responsorial singing)을 교회에 도입하였다. 그는 시편이나 찬송가를 두 개로 나누어서 합창으로 부르게 하고, 또 고전적인 장단의 음률에 따라 찬송가를 창작하였다. 또한 그는 암브로시우스 성가(Hymni Ambrosiani)라고 불리는 단선율 성가의 발전에 기여하였으며, 찬가와 교창 형식을 로마 전례에 도입하였다는 설도 있다.

넷째, 그레고리안 성가(Gregorian Chant)의 출현이다. 대 그레고리(Gregory the Great)는 540년경에 로마에서 출생하여 604년 로마에서 사망한 교황이며 신학자다. 그는 암브로시우스의 음악에다 4음계를 추가하여 성가집을 만들었다. 그레고리 성가는 전례용 음악으로 선율이 부드럽고 엄숙하며 고요하고 섬세한데다 조화와 균형이 갖추어진 음악이다. 이 음악은 남성들만 부르는 무반주 음악이며, 회중이 함께 부를 수 있도록 음역이 한 옥타브 안에 한정되어 있는 것이 특징이다. 그레고리안 성가는 엄숙하고 부드러우며 아름답고 호소력이 강하다. 특히 신앙적인 색채가 두드러진다는 점에서 예배 의식에 사용되는 음악으로 매우 적절하다고 하겠다. 그러나 그의 성가는 박자, 리듬, 마침법이 일정하지 않으며, 감정표현과 생동감이 부족하다는 단점이 있다.

다섯째, 회중이 예배 음악을 함께 부르는 기회를 상실하게 되었다. 시편의 응답송은 여전히 예배에서 사용되고 있었으나 성가대와 성직자가 번갈아가면서 불렀으므로 회중은 듣기만 하였던 것이다.

고대교회는 기독교가 오랜 세월을 두고 사용할 예배 음악의 풍부한 자원을 비축하였다는 점에서 교회 음악사적으로 매우 중요한 의미가 있다. 특히 그레고리안 성가는 대대에 길이 빛날 업적이라 해도 과언이 아니다. 반면에 지나친 교권주의로 인하여 회중들이 예배의 뒷전으로 물러나면서 예배에서 찬송 부르는 기회를 박탈당하는 역사적인 오류를 범하기도 하였다.

2 중세시대

중세시대는 교회음악의 시대라고 할 만큼 성가와 찬송가에 큰 발전이 있었다. 무엇보다도 8세기의 성가대원들이 만든 그레고리안 성가는 기독교 찬송의 역사에서 괄목할 만한 혁명이었다. 그것은 순식간에 서방 교회 전체로 보급되었으며 교회의 예전에 아름다움과 위엄과 엄숙함을 더해 주었다.

이 무렵에 만들어졌던 찬송가들 중에 오늘날까지도 사용되고 있는 것들이 있다. 예를 들면, 그레고리(540-604)의 "하나님 아버지 어둔 밤 지나"(통일찬송가 68장), 오를레앙의 테오둘프(Theodulph, 750-821)의 "왕되신 우리 주께"(130장), 베르나르드의 클레르보(Clairvaux, 1090-1153)의 "구주를 생각만 해도"(85장)와 "오 거룩하신 주님, 그 상하신 머리"(145장) 및 12세기경의 것으로 추정되는 저자불명의 "곧 오소서 임마누엘"(104장) 등이 있다.

그러나 이미 고대교회 후기부터 조짐을 보이기 시작한 성가의 차별화는 이 시기에 이르러 더욱 구체화되어, 교회음악은 더 이상 회중들이 부를 수 있는 노래가 아니었다. 그것은 예배에서 성직자와 성가대의 전유물처럼 인식되어 있었다. 교회에서 평신도는 찬송을 부를 수 없도록 되어 있었다. 중세의 음악은 그 전문성에 있어서 높이 평가되어야 하지만, 평신도들에게 있어서 그것은 듣기에만 아름답고 감동적이었지 함께 불러서 하나님께 영광을 돌릴 수 있는 것은 아니었다. 찬송이 이렇게 회중들로부터 멀어져가면서 예배의 전반적인 요소들마저 성직자를 비롯하여 일부의 사람들만 관계할 수 있는 것이 되어 버리고 말았다. 예배와 음악은 특권층에 속하는 소수의 사람들에게 속한 것이 되고 만 것이다.

3 종교개혁 이후

종교개혁자들이 교회음악에 끼친 가장 큰 영향은 회중음악을 회복한 것이었다. 가장 초기의 개신교 찬송가는 보헤미아 형제회에서 만든 두 개의 찬송가인데, 하나는 1501년에 다른 하나는 1505년에 출판되었다. 후에 이들은 루터와 연결되었고 루터는 그들의 찬송들 중 일부를 자신의 찬송가에서 사용하였다.

루터의 종교개혁은 예배 음악에도 개혁을 가져왔다. 루터의 반대파 중 한 사람은 후에 고백하기를 "루터의 찬송들은 그의 모든 책들과 강연들보다 더 많은 영혼을 구원하였다"고 하였다. 루터는 무엇보다도 회중의 노래를 회복시키려고 하였다. 그는 이것을 기쁨의 원천과 교회개혁의 한 방법으로 보았다. 루터는 다음과 같이 고백한다.

"음악은 하나님의 은사다. 음악은 마귀를 몰아내고 회중을 즐겁게 한다. 그것으로 말미암아 그들은 모든 진노, 음란, 오만 및 그와 같은 것들을 잊어버린다. 나는 신학 다음으로 가장 높은 자리를 음악에 부여하고 가장 위대한 존경을 음악에 바친다. 나는 음악을 별로 알지 못하지만 다른 어떤 위대한 것과 바꾸기를 원치 않는다. 하나님의 말씀 다음으로 음악만이 사람 마음의 감정의 여왕 및 여교사로 격찬받을 가치가 있음을 경험이 입증한다. 음악은 마귀에게 맛없는 것이고 또한 마귀를 견딜 수 없게 한다는 것을 우리는 안다. 나의 마음은 음악에 반응하여 끓어오르고 충만하게 되며 음악은 흔히 나를 새롭게 하고 무시무시한 재난에서 구출한다."

이와 같은 정신으로 루터는 교회음악을 각 영역에서 두루 펼쳐나갔다. 그는 자국어로 찬송을 만들었고, 자작 찬송을 활성화하였으며, 성가대 음악을 보급하고자 노력하였다. 그는 개신교 합창(choral)의 기초를 열었으며, 많은 찬송과 노래들을 만들었고, 다른 음악가들에게 의뢰하여 노래들을 번역하기도 하였다. 그는 또한 이러한 일들을 통해서 예배음악을 발전시켰으며, 찬송을 학교음악 교과과정에 넣음으로써 교회음악이 학교에서 가르쳐질 수 있는 교두보를 마련하였다. 루터는 교회음악에 대해서 다음과 같이 나름대로의 기준을 가지고 있었다.

1) 찬송은 오로지 하나님께만 드려져야 한다. 하나님 이외의 다른 어떤 것도 찬송해선 안 된다.
2) 찬송은 하나님의 것으로서 하나님이 인간에게 주신 놀라운 선물이므로 제사로 드려야 한다.
3) 찬송은 기쁨으로 불러야 한다.
4) 젊은이들을 위한 찬송은 합창으로 불러야 좋다.
5) 오르간이나 기악음악도 교회에서 반주로 사용할 수 있다.

찬송의 대상과 방법에서 그는 교회음악이 지켜야 할 기준을 분명하게 설정해 놓고 있다. 예배자들에 따라서 사용하는 찬송가를 고려한다든지, 악기사용의 범위를 확대한 것 등을 미루어서 루터의 개혁자로서의 정신을 엿볼 수 있다.

루터의 찬송은 소박한 멜로디와 강한 화성 및 장중한 리듬 등의 특징을 가지고 있는데, 이러한 유형의 음악은 후에 바흐(Johan Sebastian Bach, 1685-1750)에 의해서 완성되었다.

칼빈은 시편의 노래를 회복하는 데 기여하였다. 그는 찬송은 인간이 만든 것이어서 세속적이지만, 시편은 하나님의 영감을 받아서 지은 것이기에 거룩한 것이라고 간주하였다. 그는 처음에 예배에서 악기사용을 금하였으나 후에는 자신의 견해를 수정하였다. 칼빈주의자들이 만들어 낸 「제네바 시편」(*The Genevan Psalter*, 1562)은 적어도 1000여 번 정도 재판될 정도로 유명한 책이었다. 그 외에 유명한 찬송가들로는 미국에서 나온 「베이 찬송가책」(*Bay Psalm Book*, Boston, 1640)과, 스코틀랜드 장로교회가 사용하던 「스코틀랜드 성가집」(*Scottish Psalter*, 1650) 등이 있다.

4 현대

현대에 들어와서 찬송가 작사와 보급에 공헌한 사람들로는 와츠(Isaac Watts, 1674-1748), 웨슬리(Charles Wesley, 1708-1788), 뉴우튼(John Newton, 1725-1807) 그리고 닐(John Neal, 1818-1866)이 있다.

와츠는 전해오던 시편 찬송에다 신약성경의 의미를 반영하여 찬송들을 쓰기 시작하였다. 그는 시편노래를 그대로 사용하는 것은 독창성과 생명력이 없으며, 복음의 정신을 수용하지 못한다고 믿었다. 즉 구약성경의 말씀을 신약성경의 관점에서 조명하려고 하였던 것이다. 그의 이러한 노력은 기독교의 동질성을 분명하게 하는 데 매우 중요한 역할을 했다고 생각한다. 다음의 글은 와츠의 찬송신학을 이해하는 데 중요한 길잡이가 된다.

"다윗과 아삽 등에서 시인과 성도 이외의 다른 모든 성격들을 제거할 필요가 있으며 그들로 하여금 그리스도인의 상식을 항상 말하게 할 필요가 있다. 시편 기자가 하나님을 경외하는 것이 곧 종교라고 말할 때

나는 종종 거기에 믿음과 사랑을 추가한다. 그가 염소와 수소를 제물로 드리는 것에 대해 이야기할 때 나는 오히려 하나님의 어린양이신 그리스도의 희생제사를 언급한다. 그가 시온의 기쁨으로 법궤를 모실 때 나는 나의 구세주의 승천이나 그의 지상 교회에의 임재를 노래한다."

이런 의미에서 와츠는 그리스도인이 노래해야 할 주제와 대상을 분명하게 이해한 음악가다. 그는 시편이라는 찬송의 보고(寶庫)를 신약성경이라는 열쇠로 열었던 것이다. 이러한 정신으로 그는 600개 이상의 찬송들을 작사하여 18세기 찬송의 문을 활짝 열어 놓았다.

그가 지은 찬송가들 중에 오늘 우리가 사용하는 통일 찬송가에 수록된 것만도 15곡에 이르고, 찬송가의 내용도 "송영"에서부터 "인도와 보호"에 이르기까지 매우 다양하다. 그 중에 대표적인 것을 몇 개만 살펴보면 "구주와 왕이신 우리의 하나님"(7장), "큰 영광 중에 계신 주"(41장), "기쁘다 구주 오셨네"(115장), "웬 말인가 날 위하여"(141장), "나는 예수 따라가는"(387장), "예부터 도움되시고"(438장) 등이 있다. 그의 찬송들은 웨슬리 형제들을 통해서 대중화되었다.

와츠의 뒤를 이어 웨슬리 형제들이 크게 활약하였다. 웨슬리 형제의 찬송은 주관적인 것을 강조하는 성향이 있다. 과거의 찬송이 하나님과 예수의 완전하심과 영광, 은총, 구속 사역 등을 강조하였다면, 웨슬리형제의 찬송들은 그러한 기반 위에다 인간의 경험을 강조하기 시작하였다. 이러한 경향은 하나님의 구원사역에서 인간의 책임을 강조하는 웨슬리의 신학과도 관계가 있지만, 무엇보다도 주관적인 경험을 중시하는 당시 부흥운동의 영향이 컸던 것으로 보인다. 웨슬리는 「감리교 신자들을 위한 찬송가 모음」(*Collection of Hymns for the Use of the People Called Methodists*, 1780) 제2서문에서 "찬송가는 사실상 경험적이고 실제적인 신학의 작은 결정체라고 할 수 있다"고 주장하였다.

그러나 그들의 찬송이 완전히 경험적인 방향으로만 나간 것은 아니다. 그들의 찬송에서 우리는 객관적인 강조점들을 쉽게 발견할 수 있다. 예를 들면 "만유의 주 앞에"(26장), "참 놀랍도다 주 크신 이름"(45장), "천사 찬송하기를"(126장)과 같은 찬송들은 전적으로 하나님 중심적이다. 웨슬리(Charles Wesley)의 찬송은 통일찬송가에 15곡 정도 수록되었다. 그 중에는 우리가 비교적 자주 부르는 "내 주는 살아 계시고"(16장), "만 입이 내게 있으면"(23장), "하나님의 크신 사랑"(55장), "웬 일인가 내 형제여"(269장), "천부여 의지 없어서"(338장) 등이 있다. 비록 18세기의 부흥송(rivival song)들이 개인적인 경험과 관련되어 있었다 할지라도 이들은 여전히 하나님에 대한 건전하고 객관적인 강조점을 잃지 않고 적절한 균형을 유지하고 있었다.

찬송이 주관적인 경험에 치우치는 경향은 19세기 말엽에 나타난 복음송들에서 자주 보게 된다. 부흥송은 대중적인 취향을 추구하면서 부흥회에서 주로 사용되었는데, 가사 중에 자주 노래하는 자가 주체가 되는 "내가"와 "나를"과 같은 표현들이 등장한다. 개인적인 감정을 고조하는 것도 복음송의 특징이라고 할 수 있다. 당시 유명한 작사자로는 크로스비(Fanny Crosby)를 들 수 있다. 통일찬송가에 포함된 복음성가들 중에는 "저 죽어가는 자"(275장), "큰 죄에 빠진 날 위해"(339장), "나의 생명 드리니"(348장), "예수 사랑하심은"(411장) 등이 있다.

20세기 들어서 각 교파에서는 찬송가책을 발간하기 시작하였다. 이미 1850년에 맨리(Basil Manly)와 그의 아들이 1295곡을 실어 「침례교 찬양집」(*Baptist Psalmody*)을 편찬한 바 있었다. 남침례회 연맹은 1923년과 1956년 사이에 8권의 찬송가책을 출판하였다. 1940년에 맥키니(Mckinney)가 편집한 「브로드맨 찬송가」(*Broadman Hymnal*)는 남침례교가 연합 발간한 회중 찬송가다. 그러나 10년이 조금 지나서 교역자, 음악가 및 타 교파의 지도자들을 포함한 37명으로 구성된 위원회의 협동사업으로 1956년에 「침례교 찬송가」(*Baptist Hymnal*)가 출판되었다.

우리나라에는 1894년 「찬양가」가 처음으로 나온 후 각 교단별로 찬송가를 출판하여 사용하다가 해방과 함께 「신정 찬송가」, 「신편 찬송가」, 「부흥성가」를 하나로 묶어 1949년 「합동 찬송가」를 발행하였다. 그 후 1962년에 「새찬송가」가 나왔고, 1967년에는 「개편 찬송가」가 출판되어 기존의 「합동 찬송가」와 함께 세 권의 찬송을 가지고 있었다. 그러다가 1981년 한국찬송가공회가 조직되어 찬송가의 통일을 위해 노력하던 중 1983년에 오늘날 사용하는 「통일찬송가」를 발간하여 몇몇 전례중심의 교단을 제외한 모든 교회가 사용하고 있다. 그러나 절대 다수의 곡들이 외국에서 들어온 것이고 한국에서 만들어진 곡이 거의 없다는 것이 단점이다. 앞으로 한국 그리스도인들에 의해 좋은 찬송가들이 많이 만들어져야 할 것이다.

3. 예배와 음악

1 예배와 회중찬송

1) 찬송의 정의

「민중 엣센스 국어사전」은 "찬송"의 의미를 "찬성하여 칭송함", "미덕을 칭찬함", "감사하여 칭찬함"으로 정리하였다. 광의적인 의미에서 보면 피조물의 존재 자체가 찬송이 될 수 있다. 예를 들면 새들이 노래하며 날아다니는 것, 나무가 꽃을 피우고 열매를 맺는 것, 시냇물이 소리를 내며 흐르는 것, 짐승이 뛰노는 것을 비롯하여 인간이 말과 행동 또는 악기 등을 통해 하나님께 영광을 돌리려는 목적으로 행하는 모든 것들은 찬송이라 할 수 있다. 왜냐하면 만물 창조의 목적이 바로 하나님께 영광을 돌리기 위한 것이기 때문이다. 그러나 전문적인 의미에서 찬송은 노래로 하나님을 높이는 것이다. 임영만은 이것을 다음과 같이 몇 가지로 정의하였다.

(1) 찬송은 예배행위 중 하나님을 찬양하는 수단이요, 감사를 표현하는 방법이며, 우리의 간구를 기도에 담아 하나님께 드리는 것이다.
(2) 찬송은 우리의 신앙고백이며, 아울러 하나님의 영광과 이름을 높이면서 주님의 나라가 이 땅 위에 임하기를 간구하는 기도다.
(3) 찬송은 하나님의 은혜를 입은 신자들이 드리는 찬양과 감사의 기도로 엮어진 응답이며, 하나님과의 대화다.
(4) 찬송은 예배이며, 곡조 있는 기도요 증언이다.
(5) 찬송은 지으심을 입은 피조물들이 조물주의 위대하심을 노래하는 것이다.

그러므로 찬송은 그리스도인이 신앙의 기초 위에서 하나님께 영광을 돌리려는 목적으로 예배에서나 일상생활에서 부르는 노래를 의미한다. 찬송은 예배의 일부분이면서 그 자체가 또한 예배이고, 감사의 행위이면서 곡조를 가진 기도다.

2) 회중 찬송의 특징

예배에서 드리는 찬송은 말씀선포, 기도, 헌신의 순서와 마찬가지로 예배의 중요한 요소다. 예배의 모든 순서가 그러하듯이 예배중에 회중이 함께 부르는 찬송들도 다양한 특징들을 가지고 있다. 이러한 특징들은 직접, 간접적으로 하나님께 영광을 돌리는 데 기여한다. 김남수는 「교회와 음악 그리고 목회」라는 책에서 회중 찬송의 특징을 여섯 가지로 정리하였다.

(1) 회중 찬송은 예배자들의 마음을 하나로 만든다. 회중이 동일한 가사와 곡조로 찬송할 때 마음이 하나로 모아질 수 있다.

(2) 회중 찬송은 교육적인 도구다. 찬송가의 가사는 기독교의 교리나 성경말씀을 근거로 하고 있기 때문에 찬송을 부르는 중에 자연스럽게 기독교의 진리에 익숙해질 수 있다.

(3) 회중 찬송은 말씀을 선포하는 도구다. 찬송가 가사의 내용은 하나님의 말씀을 기초로 하고 있다.

(4) 회중 찬송은 예배자를 능동적으로 예배에 참여하게 한다. 찬송을 부르는 모든 행위는 예배자를 수동적인 자리에 두지 않고 능동적인 자리로 나오게 한다.

(5) 회중 찬송은 개인의 신앙적 감정을 표현하게 한다. 회중은 찬송가사와 함께 기도, 간구, 고백을 할 수도 있고, 마음에 위로와 소망을 가질 수도 있다.

(6) 회중찬송은 예배자의 마음을 하나님께로 향하게 한다. 모든 찬송은 하나님께 드리는 것이기 때문에 찬송을 부름으로써 닫혀 있던 마음의 문이 열리고 하나님을 향한 예배의 열정이 우러나게 된다.

위의 내용으로 보면 회중 찬송은 크게 두 가지 면에서 긍정적인 기능을 가지고 있다. 하나는 그것을 통해서 하나님의 뜻을 전달하게 된다는 것이며, 다른 하나는 예배자의 예배자세에 좋은 영향을 미친다는 것이다.

3) 회중 찬송이 갖추어야 할 조건들

회중 찬송은 문학적인 면, 음악적인 면, 신학적 혹은 신앙적인 면, 그리고 일반적인 면에서 갖추어야 할 조건들을 필요로 한다. 임영만의 "교회음악개론"을 참고하여 다음과 같이 정리해 본다.

(1) 문학적인 면
- 문학적으로 아름다우면서도 짜임새가 잘 이루어져야 한다.
- 주제의 통일성이 있어야 한다.

- 신앙적이며 경건한 표현이어야 한다.
- 뜻이 완전하고 분명하게 전달되어야 한다.
- 새롭고 창조적이며, 부르기 쉬운 언어를 사용해야 한다.
- 상상과 상징적인 표현이 적절하고 품위가 있어야 한다.
- 단어 사용에 변화를 주어야 한다.
- 표현의 일관성을 유지하여야 한다.
- 운율적이어야 한다.
- 절로 구성되어야 한다.
- 경배와 찬양의 찬송은 명령형보다는 서술형을, 간접화법보다는 직접화법을 사용해야 한다.

(2) 음악적인 면
- 음악형식이 간단하고 부르기 쉬워야 한다. 그러나 적절한 음악적 기교가 있어야 한다.
- 음역이 너무 넓지 않아야 한다.
- 곡이 선율적이어야 하며, 선율진행에 도약이 심하지 않아야 한다.
- 화음이 잘 이루어져 사람의 정서를 신앙적 분위기로 이끌 수 있어야 한다.
- 감정과 표현이 성경적이고 경건해야 한다.
- 한 음표에 한 음질의 원칙으로 음절이 맞아야 한다.
- 박절을 구성할 수 있어야 한다.
- 찬송시의 내용과 곡이 잘 맞아야 한다. 즉 가사의 의미를 살릴 수 있어야 한다.

(3) 신학적, 신앙적인 면
- 삼위일체 하나님을 찬미하는 내용이어야 한다.
- 하나님의 창조, 섭리, 구속의 은총을 노래한 것이어야 한다.
- 그리스도인의 교제와 헌신과 봉사에 관한 내용이어야 한다.

- 성경말씀에 충실해야 한다
- 세파에 대한 도전과 영감, 그리고 위로가 있어야 한다.
- 영적 성장과 발전을 노래한 것이어야 한다.

(4) 일반적인 면
- 대중이 이해하기 쉽고 간단하며 단순해야 한다.
- 교훈적이어야 한다.
- 목적을 표현하는 것이어야 한다
- 감동을 줄 수 있어야 한다.

예배에서 회중이 함께 부르는 찬송가는 이와 같은 면이 갖추어진 것들이면 좋다. 회중 찬송은 하나님께 영광이 되어야 하는 것은 물론 노래하는 이들의 신앙과 인격의 성장에도 기여해야 하기 때문에 가사의 구성과 음악적 표현 속에 삼위일체 하나님에 대한 올바른 신앙을 고백하는 내용이 들어 있어야 할 것이다. 그것은 또한 찬송가가 갖추어야 할 일반적인 요구조건도 충족시킬 수 있어야 한다.

4) 회중 찬송가 선택의 원리

아무리 작사 작곡이 잘된 찬송가라 해도 예배에 적절하게 활용되지 못한다면 무용지물이 될 수밖에 없다. 찬송가는 대개 분명한 주제를 가지고 만들어졌기 때문에 예배의 특징에 맞는 것들을 선별하여 사용하면 예배자들에게 은혜가 되고 예배의 목적을 성취하는 데도 보다 크게 기여할 수 있으며, 무엇보다도 하나님께 영광이 된다. 예배 찬송가를 선택하는데 있어서 고려해야 할 사항들을 정리해 보기로 한다.

첫째, 예배인도자가 찬송가에 대한 지식이 있어서 예배에 적합한 찬송가를 택해야 한다. 회중의 음악수준과 찬송가의 음역(音域)이나 내용이 조화를 이루는지 미리 생각해 보아야 한다.

둘째, 비록 음악목사가 있다 해도 담임 교역자는 찬송가 선택에 무관심해서는 안 된다. 담임목사는 찬송가 선택에 궁극적인 책임이 있다.

셋째, 모든 찬송가는 뚜렷한 목적을 가지고 선택되어야 한다. 가사는 물론 음악적인 분위기가 예배의 상황에 적절한지 살펴볼 필요가 있다. 즉 찬송가는 찬송가가 가지고 있는 일반적인 목적(하나님께 영광)을 이루는 데 기여해야 하고, 예배가 추구하는 바 특별한 목적들(주제별, 절기별로 이루고자 하는 목적들)에 부합되어야 한다.

넷째, 회중이 예배의 경험을 조성하는 데 도움이 되어야 한다. 어떤 주제로 드리든지 하나의 예배 속에는 하나님과 인간 사이에서 일어나는 여러 가지 섬김과 봉사의 과정이 포함된다. 그러한 일련의 순서들 중에는 찬양과 경배, 헌신과 기도, 확신과 교훈, 봉헌과 서약 등이 있는데, 회중 찬송은 이러한 부분 주제들과 부합되어야 한다. 그런 의미에서 하나의 예배에서 한 가지 주제의 찬송을 택하는 것은 배제되어야 한다.

다섯째, 객관적인 찬송가와 주관적인 찬송가 사이에 균형을 유지하는 것이 좋다. 객관적인 찬송가란 예배자의 경험과 감정을 최대한 자제하고 오직 하나님의 영광만 드러내기를 갈구하는 것이며, 주관적 찬송이란 이와 반대로 하나님을 높이고 찬양하되 인간의 경험과 감정을 중요시하는 것이다. 따라서 객관적인 찬송가만 사용하면 예배자의 경험이나 감정적 표현이 약화될 우려가 있고, 주관적인 복음성가만 사용하면 신앙의 핵심이 불확실해질 수도 있다. 그러므로 회중 찬송가를 선택함에 있어서 가사의 내용과 신학적인 의미를 살펴보는 것은 필수적이라 하겠다.

4 복음성가와 CCM

1 복음성가(Gospel)

우리가 "복음송"이라고 하는 찬송의 형태는 본래 "복음성가"에서부터 시작되었다. 복음성가는 가사의 내용이 주로 개인의 감정과 신앙적인 경험으로 되어 있다. 주관적인 찬송이 대중들에 의해서 활발하게 불려진 것이 웨슬리의 부흥운동에서부터라고 본다면 복음송의 기원은 오랜 역사를 가지고 있다. 그 후 미국에서 무디(Dwight L. Moody)를 중심으로 일어난 부흥운동에서 불려졌던 찬송들 역시 그러한 내용들이 주를 이룬다. 그런데 무디의 부흥집회에서 복음성가를 불렀던 생키(Ira D. Sankey)나 블리스(Philip P. Bliss)는 당시의 복음성가 곡들을 모아 출판하면서 「복음찬송과 성가」(*Gospel Hymns and Sacred Songs*, 1875) 혹은 「복음찬송」(*Gospel Hymns*, 1876)이라는 이름을 붙였다. 이들에 의해서 빛을 보게 된 복음성가는 오늘날에 이르기까지 그리스도인들 사이에 전해지고 있고, 세월이 흐름에 따라 다양한 복음성가들이 계속해서 쏟아져 나오고 있다.

1) 복음성가의 특징

일반적으로 복음성가는 다음과 같은 특징을 갖는다.

(1) 가사의 특징
- 매우 단순하다.
- 주제가 경험적이며 주관적이다.
- 증거, 선포, 신앙강화, 교육적인 내용이 많다.
- 예수님을 주로 고백하거나 구원받은 기쁨을 노래한다.

(2) 음악적인 특징
- 부점음표(附點音標)나 8분 음표, 16분 음표를 많이 사용하여 즐겁다.
- 동기(motive)와 구(phrase)의 반복이 많고 후렴구가 있다.
- 음역이 좁고 단순하다.
- 유행성을 탄다.

(3) 장점
- 가사와 음악적인 표현이 단순해서 대중에게 쉽게 복음을 전파할 수

있다.
- 신앙생활에서 접하는 다양한 주제들에 대하여 체험적인 고백을 나눌 수 있다.
- 리듬과 화성이 현대인들에게 잘 맞기 때문에 쉽게 접근하여 배울 수 있다.

(4) 단점
- 가사나 리듬이 너무 단순하여 빨리 좋아졌다가 쉽게 싫증날 수 있다.
- 신학적, 신앙적인 표현을 조직적으로 할 수 없다.
- 개인적이며 감상적이므로 대중이 공감하지 못할 수도 있다.

복음성가에 이러한 장단점이 공존하고 있음에도 불구하고 오늘날 기독 청소년들에게 복음성가가 절대적인 호응을 얻고 있음을 부인할 수는 없다. 한 때 웨슬리나 무디의 부흥운동 시절 유행했던 복음성가가 오늘날 찬송가에 수록되어 예배 음악으로 사용되고 있는 것을 볼 때, 우리는 복음성가를 무조건 배척하거나 수준이 낮은 음악이라고 말하기 전에 복음성가에 대한 인식을 새롭게 할 필요가 있다. 물론 현재 우리가 사용하는 찬송가에 있는 곡들이 모두 신학적으로 아무런 문제가 없다는 말은 아니다. 복음주의자는 복음성가를 아무런 비평도 없이 적극적으로 활용하거나 무조건 배척할 것이 아니라, 가사의 내용과 음악의 형태를 분별하여 비판적으로 수용해 나가야 할 것이다.

2) 복음성가의 활용

과거에는 복음성가가 인간을 향한 노래라고 하여 예배에서 부르는 것을 자제하거나 금지하였다. 그러나 오늘날 복음성가 중에는 객관적인 내용을 담은 것들도 많이 있어서 그렇게 구분하는 것은 더 이상 의미가 없게 되어버렸다. 찬송가는 예배에서 불러도 되지만 복음성가는 안 된다거나, 어린이나 청소년들에게 복음성가보다 찬송가를 더 많이 부르게 해야 한다는 것은 너무나도 편협된 생각이다. 찬양과 경배의 예배에서 몇 시간씩 복음성가를 부르면서 눈물을 흘리며 회개하는 청소년들을 볼 때 복음성가의 가치는 결코 낮게 평가될 수 없다. 우리의 과제는 청소년들이 찬송가보다 복음성가를 적게 부르도록 통제하는 것이 아니라, 신학적으로나 음악적으로 잘못된 노래들을 분별해 내는 것이다. 더 나아가서 청소년들뿐 아니라 모든 그리스도인들이 좋은 복음성가를 마음껏 부를 수 있는 여건을 마련해 주는 것이다.

물론 복음성가가 유행에 따르는 특성을 지니고 있기 때문에 시대적인 사조를 쉽게 흡수해 버릴 위험성도 있다. 또한 복음성가를 부르는 자세와 악기연주하는 모습이 세속적으로 보일 수도 있다. 그러나 이러한 것들은 신앙을 지도하는 사람들이 해결해야 할 문제이지 복음성가 전부를 과소평가하거나 배제해야 할 이유나 조건들은 아니다. 하나님께 영광이 되고 부르는 이와 듣는 이에게 은혜가 되는 복음성가라면 찬송으로서의 자질은 갖추었다고 보아야 할 것이다.

2 동시대 기독교 음악(CCM, Contemporary Christian Music)

교회음악의 새로운 형태인 CCM(원칙상 시시엠이라고 표기하는 것이 옳다고 여겨지나 관행상 이미 CCM이란 용어에 익숙해져 있으므로 편의상 영어표기를 그대로 사용하기로 한다 - 편집자 주)은 충격과 탄성을 동시에 불러일으키고 있다. 전문 교회음악인들은 이것을 교회음악의 한 형태라고 말하기조차 꺼리지만, 젊은 층의 그리스도인들은 기독교 음악문화의 탈출구라도 찾은 듯이 좋아하고 있다. 그러므로 여기서 간단하게나마 이 음악을 소개하고 평가할 필요가 있다고 생각한다.

1) 정의

CCM(Contemporary Christian Music)은 오늘날 음악장르를 모두 수용하되 기독교적 가치관과 메시지 전달에 중점을 두려는 모든 음악이다. 그 중에는 복음성가처럼 찬양과 경배의 내용을 가진 것에서부터 사회문제 전반에 걸쳐 하나님의 진리를 선포하거나 기독교적인 가치관을 전하려는 것까지 매우 다양하다.

이 새로운 음악은 1970년대 말부터 사용되었다. 그 이전까지는 예수음악(Jesus Music), 예수 록(Jesus-Rock)이란 이름으로 불렸다. 기독교 음악계가 자리를 잡아가고 또 현대음악이 일반화되어가면서 CCM이란 용어가 정착된 것이다. 그래서 일반 팝계에서도 이 용어를 그대로 받아들여 하나의 음악장르로 인정하게 되었다. 그러나 이것은 음악의 형식에 따라 구분한 것이 아니고 내용으로 구분한 것이다. 기독교 음악 안에서는 음악의 스타일에 의해 CCM과 일반 기독교 음악으로 나눈다.

2) 역사

전통적인 교회음악을 현대적인 음악으로 변화시킨 첫 번째 시도는 1964년 미국의 렙(Ray Repp)이라는 사람이 로마 카톨릭교회에 포크미사를 선보임으로써 시작되었다. 장엄하고 웅장한 미사곡만을 연상하던 사람들에게 포크미사는 혁신적인 것이었다. 1965년 카마이클(Ralph Carmichael)은 그레이엄(Billy Graham) 목사의 선교영화 음악을 만들면서 전통 교회음악에서는 쓰지 않던 당김음(싱코페이션)을 사용하였다. 이렇게 해서 CCM이 싹트기 시작했다.

1969년 노먼(Larry Norman)이 록 음악 형식의 CCM 앨범을 내면서 다른 가수들도 같은 형태의 음반들을 내놓았다. 교회 차원에서는 갈보리교회가 선구자적인 역할을 하였다. 스미스(Chuck Smith) 목사는 음악인들에게 형식에 구애받지 말고 주님을 위한 음악을 만들도록 격려하였고, 여러 가수들의 노래를 모아서 음반도 만들었다.

이 새로운 물결은 남부에서 미국 전역으로 확산되어 갔고, 1970년대 초반에는 록 오페라 "슈퍼스타 예수 그리스도", "가스펠"이 대성공을 거두었다. 그러나 CCM이 대중적으로 확산되는 데는 더 많은 과정이 필요했다. 1972년 미국에서 "엑스폴로 72" 대회가 열렸을 때 많은 CCM 가수들이 매일 새로운 노래를 불러 상당한 호응을 얻었다. 아직 음악적으로 그리 수준이 높지 못했던 CCM을 라디오 방송을 탈 만큼의 수준으로 발전시킨 것은 그룹 "사도행전 2장"(The 2nd Chapter of Acts)의 공로였다. 그들이 1974년에 음악적으로 수준 높은 음반을 내면서 라디오에서도 CCM이 흘러나왔다. 1976년 맥과이어(Barry McGuire)를 비롯하여 수많은 팝 스타들이 기독교음악으로 전향하였다. 여기에 발맞추어 1976년에는 CCM 보급에 크게 기여한 스패로우(Sparrow) 레코드사가 설립되었고, 1978년에는 CCM을 전문적으로 다루는 잡지 "컨템퍼러리 크리스천 뮤직 CCM"이 창간되었다. 유명한 에이미 그랜트(Amy Grant)도 이 무렵 CCM계에 등장하였다.

1980년대에 들어와서 CCM은 더욱 활발하게 전개되어 나갔다. 록음악은 물론 랩과 묵상음악에 이르기까지 다양한 음악장르로 그 영역이 확산되었고, 기술적으로도 시디(CD, Compact Disk)의 수준을 넘어 뮤직 비디오까지 등장하였다. 미국에서는 24시간 CCM만 내보내는 음악채널 "지"(Z)가 등장하였다. 또한 1988년에는 세인트 루이스 근처의 그린빌 칼리지(Greenville College)는 CCM학과를 설립하여 전문성을 높이는 데 기여하고 있다. 1990년대에 이르러서는 CCM이 일반 팝 뮤직계로 들어가기 시작하여 기독교 음악이 일반시장으로 진출하는 계기를 마련하였다.

3) 내용

CCM은 음악적으로 다양한 장르를 가지고 있고 내용에서도 경배와 찬양을 비롯하여 일상생활의 모든 문제들을 다루기 때문에 그 내용이 매우 광범위하다. 일반적으로 CCM이 다루고 있는 내용들을 주제별로 나누면 첫째, 선교와 신앙에 대한 내용, 둘째, 도덕과 사회문제에 대한 내용, 셋째, 기독교적인 관점에서 본 삶과 문화에 대한 내용으로 나눌 수 있다.

선교와 신앙에 대한 내용을 담고 있는 것은 경배와 찬양을 비롯하여 성구를 외우게 하거나 성경말씀을 노래로 만든 것, 그리스도인의 참된 생활을 노래한 것, 교회절기 음악, 묵상과 큐티를 위한 음악 등이 있다.

도덕과 사회문제를 담고 있는 것은 정치, 경제, 사회를 기독교적인 가치관으로 보고 그러한 세계를 실현하려는 주제를 담고 있다. 그래서 하나님의 정의와 평화가 이 땅에서 이루어지기를 노래하는 것들이 많다. 또한 청소년을 선도하는 내용, 환경, 기아와 난민문제, 인종차별, 낙태, 마약, 폭력, 빈부격차 등에 대한 것들을 노래한다.

기독교적 관점에서 본 생활과 문화에 관계된 것들은 주로 건전한 가사를 통해서 듣는 이들에게 바른 가치관을 심어주려고 한다. 이러한 노래는 주로 대중음악계로 뛰어든 CCM 가수들에게서 자주 발견된다. 이와 같이 CCM은 신앙과 삶의 모든 분야를 기독교적 관점에서 다룰 수 있는 음악이다.

4) 평가와 전망

일반적으로 기독교 음악은 예수님을 나타내거나 그와 관계된 것들을 나타내는 것을 궁극적인 목적으로 하는 음악으로 이해되어 왔다. 좀더 포괄적으로 말하면, 기독교적인 내용을 담은 음악은 기독교 음악이라는 것이다. 이런 의미에서 CCM도 가사의 내용으로만 본다면 크게 문제될 것은 없다. 오히려 기존의 기독교 음악이 교회 안에 갇혀서 사회의 구석구석에까지 빛을 비추지 못하는 것을 CCM이 해결해 왔다고 할 수도 있다. 또한 교회 안에서도 젊은 세대들이 경배와 찬양을 비롯하여 기독교적 가치관을 심어주는 노래를 즐거이 부를 수 있게 되었다는 것은 복음성가와 CCM의 공로라고 보아야 할 것이다.

그러나 앞으로 이 새로운 형태의 기독교 음악이 진정한 가치를 나타내기 위해서는 여러 가지 면에서 보완되어야 하겠지만, 필자는 다음과 같은 두 가지 문제점들에 대하여 생각해 보고자 한다. 먼저, CCM은 모든 음악형식을 무비판적으로 수용해서는 안 될 것이다. 음악은 문자적 메시지만 전하는 것이 아니라 음악적 메시지도 함께 전하는 것이다. 동일한 가사라도 그것을 실어 나르는 음악에 따라서 문자가 지닌 내용까지 달라질 수 있다는 것을 무시해서는 안 된다. 이런 면에서 CCM을 하는 음악인들의 문화 비평 수용의 능력과 책임의식이 요구된다. 둘째, 음악인들의 신학과 신앙이 건전하고 확실해야 한다. CCM이 기독교 정신을 담은 노래라면, 그것이 비록 오락의 한 방편으로 사용된다고 할지라도, 신학적으로 건전한 사상을 표현하는 것이어야 한다. 노래 가사는 은연중에 가수와 듣는 사람의 정신을 포맷한다. 그런 의미에서 작사자, 작곡자, 가수의 신앙은 노래보다도 더 중요하다. 미국의 경우를 보면 기독교음악 가수들이 기독교 신앙을 떠나버리기도 했다. 물론 일반 음악계에 기독교적인 정신을 심어주기 위해 크로스 오버로 활동하는 것을 지적하는 것이 아니다. 문제는 확실한 신앙경험도 없이 인기몰이에 편중하다가 그것에 실패했을 때 세속적인 가수로 전향하는 이들에게 있다. CCM가수는 자신이 부르는 노래에 자신의 신앙고백을 담아야 한다. 즉 CCM은 음악인들의 기술과 재능도 필요하지만 무엇보다도 올바른 신학과 신앙이 전제되어야 한다는 것이다. 왜냐하면 세속적인 문화를 표방하여 진리를 증거하는 일이란 하나의 이상이나 낭만이 아니라 영적인 전쟁을 의미하기 때문이다.

앞으로 기독교 음악이 갖추어야 할 조건들이 충족된다면 CCM은 기독교 문화를 창조해 나가는 데 선구자적인 역할을 하게 될 것이다. 또한 젊은 세대들이 교회 안에서와 삶의 현장에서 기독교 정신을 확립하는 데도 기여할 것으로 본다. 가장 노래를 많이 부르는 공동체인 교회 안에서 부를 노래를 잃어버린 세대들이 교회 젊은이들이다. CCM은 이들이 즐거이 입을 열어 자신의 주님을 높일 수 있는 도구가 될 것이다. 어쨌든 앞으로 교회의 예배 형식은 점차 변화될 것이다. 이미 젊은이들이 모여 서드리는 예배나, 경배와 찬양을 중심으로 하는 예배에서 전통적인 찬송가는 점점 소외당하고 있다. 그러므로 음악가와 신학자 그리고 모든 그리스도인들의 건전한 비판의식과 수용정신이 필요하다.

3 예배와 음악 지도자

1) 음악(책임자)목사

오늘날 음악목사 제도를 활용하고 있는 대형교회들도 있지만 아직도 이것은 정착되어가고 있는 제도라고 보아야 할 것이다. 대다수의 교회에서는 성가대 지휘자가 성가대 음악 정도만 관장하는 것이 오늘날 한국교회의 현실이다. 이런 현실에서 음악목사의 사명과 사역에 대하여 말하는 것은 시기상조일지 모르지만 앞으로 이 제도가 정착되기를 기대하면서 몇 가지 중요한 요인들을 기술하고자 한다.

(1) 신앙과 인격

"음악목사"라는 말의 강조점은 아무래도 "목사"에 있다고 보아야 한다. 그는 음악이라는 전문성을 가지고 목사로 부름을 받은 사람이다. 이것은 마치 "교육목사"가 선생이기 전에 목사라고 생각하는 것과 같다. 그러므로 음악목사는 무엇보다도 목사로서의 신앙과 인격을 갖춘 사람이어야 한다. 즉 그는 음악을 가르치는 교사가 아니라 "음악"을 매개로 목회하는 사람이라는 데서 자신의 동질성을 찾아야 할 것이다.

그러므로 신앙적으로 그는 건전해야 하고 체험적인 신앙을 가지고 있어야 한다. 인본적인 사상에 지배를 받고 있는 사람은 하나님께 영광을 돌리기보다 사람을 기쁘게 하는 노래를 더 선호하고, 하나님의 영광보다 사람의 영광을 더 추구할 것이다. 그는 인격적으로 책임감이 있고 성실해야 하며 진실하고 온화하고 명랑해야 한다. 또한 인내심이 있어야 하며 겸손하고 협동적이어야 한다. 그 외에도 음악목사는 목사로서 필요한 인격과 소양을 갖추어야 할 것이다.

(2) 사역의 기술

음악목사는 음악으로 하나님께 영광을 돌리고 교회에 덕을 세우는 전문인이다. 그는 신학교육을 통해서 목회의 기술도 연마해야 하지만 자기 전문분야에 대한 기술이 탁월해야 할 것이다. 음악이론을 비롯하여 문화전반에 대한 지식과 독보력, 음향학, 예배학, 교회력 이해, 교회음악 행정, 악기취급 능력 그리고 지휘법에 대한 지식도 갖추어야 한다.

(3) 사역의 자세

음악목사는 교회의 전반적인 목회의 한 부분을 담당할 뿐만 아니라, 성가대를 비롯하여 찬송을 부르는 모든 성도들의 영혼을 돌보는 목자이다. 그런 점에서 그는 목사다운 모습을 보여주어야 한다. 그는 예술가이기 전에 목사다.

먼저, 음악목사는 교회의 전체 프로그램과의 관계에서 자기에게 맡겨진 일을 해야지 부서 이기주의에 집착해서는 안 된다. 협동목회의 차원에서 하는 목회는 교회 전체를 이끌어 가는 담임목사의 목회방침과 보조를 맞추는 것이 중요하다. 또한 다른 부서와 충돌하지 않고 조화를 이루도록 노력해야 한다. 부서 담당자들이 자기 부서를 부흥시키려는 열정이 지나쳐서 타부서와 협력하지 않고 독단적으로 일해나가는 경우가 있는데 이는 그릇된 생각이다. 교회는 그 지체 가운데 어느 한 부분이 정체되거나 고통을 당하면 그 영향이 전체에 미친다. 그러므로 음악목사는 교회전체의 목회 상황을 고려하면서 자신의 전문분야를 발전시키기 위해 노력하는 자세를 보여주어야 한다.

음악목사는 신앙 공동체의 공인으로서 신앙적으로 편협한 자세를 취하지 말아야 한다. 음악지도자가 객관적인 찬송을 선호하면 회중은 객관적인 것을 자주 부르게 되고, 주관적인 것을 좋아하면 주관적인 것을 따라가게 될 것이다. 노래 가사나 곡의 형태는 회중들의 영성생활에 큰 영향을 미친다. 따라서 음악목회자는 이러한 면들을 적절하게 잘 조절해 나가야 한다.

2) 지휘자

음악목사가 있는 교회에서 지휘자는 행정적으로 음악목사의 목회에 보조를 맞추어야 한다. 지휘자는 음악목사와 상의하여 자신이 지휘하는 성가대와 회중의 음악수준에 맞는 찬송을 선택하고, 그들에게 음악을 지도할 책임이 있다. 음악목사 제도가 없는 교회에서 지휘자는 음악목회자로서의 역할까지 해야 한다. 개교회에서 지휘자의 영향력이 미치는 범위는 담임목사의 재량에 달려 있는 것이 우리의 현실이지만 어떤 경우에도 지휘자는 음악을 통한 목회와 교회의 음악발전에 책임이 있다는 사실을 알아야 한다.

지휘자는 교회 전반에 걸쳐 음악목회자로서의 역할을 하는 것 외에도 특별히 자신이 맡은 성가대의 신앙적, 음악적, 영적인 수준을 향상시켜야 할 책임이 있다. 그러한 것들을 몇 가지로 정리해 본다.

첫째, 지휘자는 건전한 신앙을 가지고 있어야 한다. 지휘자의 신앙은 알게 모르게 대원들에게 드러나게 되고 또한 영향을 미치게 된다. 무엇보다도 그의 신앙은 찬양에 직접적인 영향을 준다. 신앙고백이 없는 찬양은 음악은 될 수 있지만 하나님께 영광을 돌리고 듣는 이들에게 은혜를 끼칠 수는 없다.

둘째, 지휘자는 음악적인 자질을 갖추어야 한다. 성가대는 지휘자의 음악수준을 능가하는 찬양을 할 수 없다. 지휘자는 교회음악을 전공한 사람이면 좋으나, 그렇지 못할 경우 교회음악을 배울 수 있는 기회를 만들어야 할 것이다.

셋째, 지휘자는 좋은 성품의 소유자이어야 한다. 지휘자는 단지 찬양만 지도하는 것이 아니고 적게는 성가대라는 한 그룹의 목회자이고 크게는 교회의 전체 성도를 목회하는 지도자 중에 한 사람이다. 그는 자신이 맡은 부서는 물론 전체 성도들과의 인간관계도 원만히 이끌어나가야 한다.

넷째, 담임목회자의 목회방침을 알고 적극적으로 협력하는 사람이어야 한다. 지휘자는 담임목사를 도와 음악을 통해서 하나님께 영광을 돌리고 그리스도의 몸인 교회를 세우는 일을 해야 한다.

이런 의미에서 지휘자는 음악적인 기술과 신앙적인 자질을 겸비한 사람이어야 할 것이다. 그의 음악적 재능이 교회음악의 질적 향상을 결정한다면, 그의 신앙은 교회음악의 내용과 의미를 결정한다. 그러므로 지휘자의 음악 실력과 신앙은 그의 사역을 지탱하는 두 기둥과 같은 것이다.

3) 반주자

예배 음악 반주자도 교회음악 지도자에 속한다. 반주에 따라서 찬양이 달라질 수 있다는 것은 두말할 필요도 없다. 좋은 반주자가 되기 위해서 반주자에게 요구되는 것은 역시 좋은 성품과 인격 그리고 음악적인 실력이다. 반주자는 지휘자 및 성가대원들과 원만한 인간관계를 맺을 수 있는 성품을 가지고 있어야 한다. 이문승은 반주자는 "지휘자와 호흡을 잘 맞출 수 있는 능력과 성품을 소유"해야 하고 "책임감이 있어야" 한다고 말한다. 라블레이스(Lovelace)와 라이스(Rice)는 반주자의 기술적인 면을 강조한다. 그들은 반주자(오르간 반주자를 예로 들면)는 "이론, 듣는 훈련, 화음, 대위법, 형태, 전칙곡(典則曲), 둔주곡(遁走曲), 이조(移調, 조옮김), 악보 읽기, 작곡, 즉흥연주, 음악학"에 대한 기본적인 지식이 필요하다고 주장한다. 지글러(Franklin M. Segler)에 의하면 반주자는 (1) 자신의 기능과 예배 의식 전체 사이의 상호관계를 알아야 하고, (2) 교회 예배의 다른 인도자들을 따르고 도와야 하며, (3) 때를 잘 맞추는 판단력이 있어야 한다. 임영만은 반주자의 구비조건을 22가지로 제시하는데 그것을 요약하면, 반주자는 음악적 소명과 신앙이 있어야 하고, 반주자의 자리에 합당한 성품의 소유자여야 하며, 주어지는 과제들을 소화해낼 수 있는 음악적 실력이 있어야 한다는 것이다.

이들이 반주자에 대하여 공통적으로 주장하는 것은 여러 사람들과 협동하고 어울릴 줄 아는 성품과 연주에 필요한 음악적인 실력이다.

4 성가대

성가대가 예배에서 차지하는 위치는 매우 중요하다. 그들이 서는 자리는 한편으로는 하나님을 향하고 다른 한편으로는 예배자들을 향한 곳이다. 말하자면, 성가대는 찬양을 통해서 하나님께 영광을 돌리고, 사람에게는 마음의 문을 열어 하나님께로 향하도록 하는 데 결정적인 기여를 한다. 그러므로 성가대는 이미 구약성경에서부터 그 유래를 찾을 수 있고, 기독교 역사를 통해서 지속적으로 유지, 발전되어 오늘에 이르렀다.

1) 기원

성경적으로 성가대는 다윗이 레위인들을 세워 성전에서 찬양하는 임무를 맡기면서부터 시작되었다(대상 6:31-48). 그의 아들 솔로몬도 성전을 봉헌하면서 성가대와 악사들을 동원하였다는 기록이 있다(대하 5:12-14). 예루살렘 성전이 재건되고 나서 봉헌식을 거행할 때도 성가대가 등장하는데, 특별히 여기서는 두 성가대가 교송을 부르는 장면이 나온다(느 12:40-43). 이처럼 성가대는 소중한 역할을 담당하고 있었다. 그러나 구약에서 성가대는 레위 족속들만이 할 수 있는 사역이었다. 신약시대에 와서는 구약에서와 같은 형태의 성가대를 찾아볼 수 없다. 그 이유는 신약성경이 기록될 당시의 기독교회가 아직 큰 조직이나 독자적인 예배 처소를 가지고 있지 않았다는 점과, 기독교 내에서는 레위인이라는 특정 계층의 사람이 존재하지 않았다는 점이다.

그러나 교회가 정착되어가면서 성가대는 다시 예배에서 제기능을 감당하기 시작하였다. 900~500년 (B. C.) 사이에 로마 예배 의식과 프랑스 지역 갈리안 예배 의식이 놀랍도록 발전하면서 예배에서 성가대가 다시 자신의 자리를 찾아갔다. 당시 성가대원은 남성만으로 구성되었는데, 이는 예배에서 여성들의 역할을 축소하는 로마 카톨릭교회의 전통과 맥을 같이 한다. 대 그레고리는 "스콜라 칸토룸"(Schola Cantorum, 음악학교)을 세워 고아들을 모아 성가대원으로 양성하였다.

중세시대 형식의 성가대는 18세기까지 계속되었다. 이 때에 유럽에서 남녀 혼성 성가대가 처음으로 탄생되었다. 그리고 성가대는 더 이상 직업이 아니라 봉사의 형태를 취하였다. 그 이후로 성가대는 구성과 찬양의 형식면에서 각 나라별로 거의 비슷한 형태로 발전되어 왔다.

2) 성가대원의 조건

김남수는 성가대원이 갖추어야 할 조건을 크게 세 가지로 나누어 설명한다. 그 내용을 다시 요약하면 아래와 같다.

(1) 신앙적 요소
- 성가대원은 찬양의 소명을 받은 그리스도인이어야 한다.
- 성가대원은 하나님의 말씀에 순종하는 믿음의 사람이어야 한다.
- 성가대원은 신앙적 성숙을 위하여 노력하는 그리스도인이어야 한다.

(2) 음악적 요소

- 성가대원은 교회음악의 전문가여야 한다.
- 성가대원은 음악적 자질이 있어야 한다.
- 성가대원은 음악적 성숙을 위하여 항상 노력해야 한다.

(3) 일반적 요소
- 성가대원은 협동정신이 강해야 한다.
- 성가대원은 예배에서 모범이 되어야 한다.
- 성가대원은 섬기고 봉사하는 일에 헌신적이어야 한다.

오늘날 성가대가 구약에서처럼 어느 특별한 족속이 하는 사역은 아니지만, 그러한 정신은 아직도 계승되고 있다고 본다. 말하자면, 오늘날도 성가대원은 노래만 잘 부른다고 감당할 수 있는 것이 아니라 기독교 신앙이 있어야 하고, 찬양에 소명을 받은 사람이어야 한다는 것이다.

3) 역할

지글러는 교회 성가대가 예배에서 해야 하는 역할을 세 가지로 말한다. 첫째, 회중이 찬송가를 부르는 가운데서 진지하게 예배드리도록 해야 한다. 둘째, 회중 전체를 감화하여 예배의 경험을 풍성케 하는 특별한 음악을 마련해야 한다. 셋째, 교회 전체가 더 훌륭한 음악을 감상하고 더 풍성한 예배 경험을 갖도록 해야 한다. 임영만은 이에 대하여 여덟 가지를 말하는데 의미가 중복되는 것을 종합하면 크게 두 가지로 요약할 수 있다.

첫째로, 성가대는 회중을 인도한다. 성가대는 예배의 분위기를 조성하여 회중이 은혜의 자리로 나가도록 도우며, 그들에게 찬송을 가르치고, 찬송을 통하여 복음을 선포하는 역할을 한다. 나아가서 회중이 하나님과 만날 수 있도록 돕는다.

둘째로, 성가대는 예배 사회자와 함께 예배의 순서를 담당하며, 회중을 대신하여 찬송한다. 예배의 시작과 예배 순서가 이어지는 부분 그리고 예배를 마칠 때까지 성가대는 사회자와 함께 예배 순서를 담당해 나간다.

김남수는 성가대의 역할을 인도자의 기능, 제사장적 기능, 선지자적 기능으로 구분한다. 성가대는 스스로 예배자이면서 음악과 행동으로 회중을 인도하는 역할을 가지고 있다. 성가대는 음악을 수단으로 하여 하나님께 제사를 드리는 제사장들이다. 또한 성가대는 음악을 통하여 성도들이나 세상 사람들에게 하나님의 말씀을 선포하고, 권면하며, 강화하는 것이다.

성가대의 역할은 크게 보면 하나님께 영광을 돌리는 것과 성도들에게 은혜를 끼쳐서 하나님께 향하도록 하는 것으로 정리된다. 이런 의미에서 성가대는 하나님 앞에서는 예배자이면서 동시에 하나님과 사람 사이의 중재자가 되는 것이다.

5. 맺는 말

지금까지 논의된 것을 간단히 정리하면 다음과 같은 몇 가지 결론에 도달한다.

첫째, 예배와 음악은 불가분의 관계를 가지고 있다. 회중 찬송과 성가대의 찬양은 예배의 부수적인 요소가 아니라 그 자체로 충분한 의미를 가지고 있으면서 예배의 다른 순서들과 조화를 이룬다. 그러므로 예배 찬송은 전체 예배의 맥락 속에서 미리 계획되고 준비되어야 한다.

둘째, 음악은 하나님의 백성들의 신앙고백이며 삶의 표현이다. 그러므로 가사의 내용이 기독교적인 가치관을 담고 있어야 한다.

셋째, 찬송은 시대적인 옷을 입는다. 진리는 불변하지만 그것을 수용하는 사람들은 시대의 영향을 받는다. 찬송도 그러한 영향을 받을 수밖에 없다. 그러나 기독교 음악은 새로운 음악의 장르를 무비평적으로 용납해서는 안되고 기독교적인 관점에서 비판적으로 수용해야 한다.

넷째, 모든 찬송 또는 기독교 음악은 하나님께 영광 돌리는 데 궁극적인 목적이 있다. 객관적인 내용과 주관적인 내용의 찬송가, 시대적인 경향을 고려한 다양한 형태의 기독교 음악, 하나님을 위한 찬송과 인간을 위한 기독교 음악 등은 각각 독자적인 특징을 지니고 있으나 결국 "하나님께 영광"이라는 한 가지 목적을 추구해야 한다.

다섯째, 여건이 되는 교회는 교회음악을 전공한 전문인을 전임 사역자로 세워야 한다. 이것은 음악목회자를 세우면 교회사역의 균형적인 발전을 가져올 수 있다든가 또는 성도들의 음악수준을 향상시킬 수 있다는 성장논리를 넘어서, 교회의 음악적 사명 그 자체가 말씀 선포나 교육과 같은 사역들처럼 비중 있게 다루어져야 할 교회의 근본적인 과제이기에 그러하다.

9
예배와 언어

성결대학교 이성민 교수

1. 기독교와 언어

예배는 인간의 삶에 있어서 최고의 경험이다. 예배를 통해서 하나님의 나라와 그 의가 표현되며, 하나님께 대한 인간의 경외심과 바람도 예배 가운데 표현된다. 예배를 통해서 인간은 하나님을 경험할 수 있으며, 인간의 존재가 이 땅에만 속한 것이 아니고 우주 너머에 있는 영적 세계에도 열려져 있음을 경험하게 된다. 예배를 통해서 인간이 영적인 존재인 하나님과 대화할 수 있다는 것은 인간이 경험할 수 있는 가장 고귀한 것 중에 하나임에 틀림이 없다.

이러한 의미에서 기독교의 예배는 하나님과 인간의 만남이라 할 수 있다. 예배를 통해서 인간은 우주를 창조하신 하나님을 만나게 된다. 무엇보다도 "나"를 이 땅에 지어내신 그분을 경험하게 된다. 그분께서 나의 삶에 복 주심을 감사드리며, 나의 삶에 부족하고 필요한 부분에 대한 도움을 청하게 된다.

언어는 예배를 통하여 하나님과 인간이 만남을 경험할 때, 그 만남을 가능하게 하는 가장 중요한 매개체다. 예배를 통하여 인간이 하나님을 체험한다고 할 때, 그 체험은 언어를 기반으로 이루어지는 사건이다. 예배 가운데 우리는 두 가지 의사소통을 경험한다. 하나는 하나님이 인간을 향한 의사소통이고, 또 다른 하나는 인간이 하나님을 향한 것이다. 그리고 이 두 가지 대화는 모두 언어를 기반으로 이루어진다.

기독교 신학에서 언어는 창조적 능력을 가지고 있는 것으로 이해된다. 하나님은 말씀으로 세상을 창조하셨고, 말씀으로 기적을 베푸시며, 말씀으로 인간의 고통을 치유하신다.

> 태초에 하나님이 천지를 창조하시니라. 땅이 혼돈하고 공허하며 흑암이 깊음 위에 있고 하나님의 신은 수면에 운행하시니라. 하나님이 가라사대 빛이 있으라 하시매 빛이 있었고 그 빛이 하나님의 보시기에 좋았더라. 하나님이 빛과 어두움을 나누사 빛을 낮이라 칭하시고 어두움을 밤이라 칭하시니라. 저녁이 되며 아침이 되니 이는 첫째 날이니라(창 1:1-5).

> 하나님의 말씀은 살았고 운동력이 있어 좌우에 날선 어떤 검보다도 예리하여 혼과 영과 및 관절과 골수를 찔러 쪼개기까지 하며 또 마음의 생각과 뜻을 감찰하나니(히 4:12).

> 태초에 말씀이 계시니라. 이 말씀이 하나님과 함께 계셨으니 이 말씀은 곧 하나님이시니라. 그가 태초에 하나님과 함께 계셨고 만물이 그로 말미암아 지은바 되었으니 지은 것이 하나도 그가 없이는 된 것이 없느니라(요 1:1-3).

요한복음에서 "말씀"은 하나님과 함께 이 세상을 창조하셨던 예수님을 지칭한다. 레이몬드 브라운은 요한 기자의 "말씀" 이해는 헬레니즘적 영향을 받았다기보다는 구약적 배경으로부터 나타난 것이라고 믿는다.

창조적인 하나님의 말씀, 예언자들에게 임했던 주님의 말씀은 하나님의 계시의 실현이 되신 예수님 안에서 인격화되었다. 예수님은 신적 지혜요, 선존재(pre-existent)이시지만, 이제 그는 사람들에게 오셔서 가르치시며 그들에게 생명을 주신다.

세상을 창조하셨고 예언자들에게 약속을 주셨던 이 "말씀"은 이제 육신의 형태로 성취된 것이다. "말씀"으로서 예수님께서는 인간의 육신을 입고 하나님의 궁극적인 계시가 되신 것이다.

언어가 예배에서 차지하는 비중을 볼 때에 예배와 언어의 관계에 대한 탐구는 언어학적인 관점에서 뿐만 아니라 예배학적인 관점에서도 중요하다. 본 연구는 예배를 언어적 사건으로 설정하면서, 예배와 언어의 관계를 심도 있게 설명하려고 한다. 즉 예배에서의 언어의 기능에 대하여 기술함과 동시에 예배 언어의 신학적 의미를 정리해 보고자 한다.

기독교의 언어 문화는 예배의 언어를 통하여 발전한다. 따라서 예배의 언어에 대한 바른 이해 없이는 기독교 언어 문화의 발전을 꾀하기 힘들다는 점을 인식할 필요가 있다. 오늘의 한국 문화는 가치관의 혼란으로 그 방향성을 잡지 못하고 있다. 기독교가 한국 문화를 새롭게 창출하는 데 지도적 역할을 하려면 예배의 언어를 통하여 새로운 가치관과 세계관을 체계 있고 정확하게 제시하여야 한다.

2. 기독교 문화와 언어

1 언어와 문화

인간은 언어 가운데 살며 언어를 통해서 행동한다. 인간은 언어 없이 집을 건축하거나 사업을 하거나 정부의 행정을 집행할 수 없다. 언어의 직설적 성격과 상징적 성격을 통하여 인간은 인식의 능력과 창조적 능력을 배양한다. 이것을 통하여 인간의 삶의 폭은 넓어진다. 지식이 발전하고 과학이 발전하며 문명이 발전한다. 삶의 아름다움과 절망스러움, 환희와 고통이 상징적 언어를 통하여 표현된다. 언어는 인간의 삶의 시작이며, 삶의 종말은 언어의 종말이기도 한 것이다.

언어는 문화를 만들어 낸다. 언어는 보편적이면서도 가장 본질적인 인간의 의사소통 수단이다. 언어의 발전 없이 의사소통의 진보가 없으며, 의사소통의 진보가 없이는 문화의 발전을 기대하기 힘들다. 다시 말해서 문화의 발전은 의사소통의 발전으로부터 오는 것이며, 의사소통 발전의 기초와 과정과 결과에 있어서 언어는 중추적인 기능을 담당하고 있다.

인간 사유의 과정은 언어의 힘에 기초하고 있다. 따라서 언어는 문화 발전의 수단이며, 모든 예술적 표현의 기초요, 핵이다. 인간 삶의 모든 분야에서 언어는 의사소통 수단으로 사용된다. 학문, 예술, 무역, 행정의 영역에서 의사소통의 수단이 되는 언어는 그 영역의 존재와 역동적 생명력을 지탱해 주는 역할을 한다.

기독교 문화 창달에 있어서 언어는 중심적 역할을 한다. 삶의 여러 분야와 마찬가지로, 언어는 기독교 문화에서 중심적인 의사소통의 수단으로 자리하고 있다. 더 나아가서 언어를 통해서 교회는 자기의 정체성을 확보하며, 교리를 전수하고, 더 나아가 기독교 문화를 확산시킨다. 기독교 정신은 언어를 통하여 기독교 문화로 발전된다. 따라서 언어를 매개체로 하지 아니하고서는 기독교 정신이 문화로 승화될 수가 없는 것이다. 고유한 언어가 없는 민족이 자기 민족문화를 발전시키기 어렵다는 사실은, 기독교 정신이 특정한 언어를 통하여 새로운 문화 현상으로 표출될 수 있다고 하는 점을 반증해 준다. 한국에 복음이 들어와서 짧은 시간 동안에 나름대로의 한국 기독교 문화를 형성할 수 있었던 배경에는 기독교가 들어올 때부터 "한글"을 중요한 의사소통 수단으로 인식했던 선교사들과 초기 그리스도인들의 노력이 있음을 기억하여야 할 것이다.

2. 기독교 문화와 성경

성경은 기독교 문화의 뿌리이며, 성경의 정경화(canonization) 작업은 기독교 역사에 있어서 가장 위대한 언어 사건이다.

신구약성경은 기독교의 "정경"(正經: canon)이다. 정경은 히브리어로 막대라는 뜻의 "카네"(qaneh)가 헬라어의 "카논"(kanon)으로 바뀌면서 무엇을 재고 측량하는 자, 기준, 표준의 뜻으로 그 의미가 변화했다. 어떤 한 신앙 공동체에서 정경은 신앙과 행위에 있어서 최고의 규범이요, 절대적인 권위를 가진 책으로 인식된다.

유대교로부터 분리되는 과정 속에서 그리고 새로운 헬레니즘의 문화 환경에 적응하는 과정 속에서, 기독교는 간단하지 않은 과정을 거쳐, 유대교로부터 히브리성경(구약성경)을 전수받았다. 또한 1~2세기 동안에 쓰여졌던 기독교 문학 작품들 가운데 권위가 인정되는 27개의 책들이 3~4세기 말까지의 복잡한 과정을 통해 경전으로 결정되고, 신약성경으로 명명되었다.

이러한 성경의 정경화 작업을 통해 기독교는 유대 문화와 헬라 문화의 사이에서 기독교의 정체성을 확보했다. 정경화된 성경은 단지 초기의 기독교에만 정체성을 확보해주는 것이 아니라 오늘의 교회에도 변함없는 하나님의 말씀을 전달할 수 있는 근거를 제공하고 있다.

성경은 새로운 시대와 문화 속에서 번역 과정(translation process)을 통하여 살아계신 하나님의 계시로 등장한다. 초기 그리스도인들은 구약성경은 헬라어로 번역(septuagint, 70인역)하였고, 제롬은 성경 전체를 라틴어(the Vulgate, 불가타 역본)로 번역하였으며, 종교 개혁자들은 독일어, 불어, 영어 등으로 성경을 번역하였다. 기독교는 성경의 정경화 이후에 이러한 성경 번역(translation) 작업을 통해서 비기독교 문화에 기독교 신앙과 교리를 전파하는 선교 사업을 지난 2천 년 동안 수행해 왔다.

하나님의 말씀은 반드시 히브리어나 헬라어를 하는 사람에게만 주어진 것은 아니다. 적절한 때가 되고 필요한 환경이 될 때는 필연적으로 다른 언어로 번역되어야 하는 것이다.

이러한 의미에서 한 민족 혹은 종족을 위한 성경의 번역과 보급은 기독교 문화의 창출을 위한 가장 중요한 작업이라고 할 수 있다. 성경의 정경화(canonization)와 아울러 번역(translation) 과정은 중대한 언어 사건이다.

성경이 한 언어로 번역된다는 사실은 이제 그 언어가 사용되는 문화에서 기독교의 문화가 뿌리를 내릴 수 있는 기본적인 준비가 되었다는 의미를 가지기 때문이다. 특정한 언어로 번역된 성경은 그 언어 문화 안에서는 "번역된 성경"으로 인식되기보다는 "성경"으로서 인정되며, 이 성경을 통하여 기독교 문화는 그 언어권 안에서 발전된다. 한글 성경의 출간은 우리 민족문화의 발전에 있어서 위대한 언어 사건으로 기억될 것이다.

3. 예배의 내용

기독교의 예배는 구체적인 목적과 구체적인 내용을 가지고 있다. 예배의 목적은 십자가와 부활 사건을 중심으로 한 인간과 삼위일체 하나님의 만남이다. 이러한 목적을 위하여 예배는 먼저 하나님의 구원의 역사를 인간에게 제시한다. 그리고 이러한 하나님이 보여주신 구원의 역사에 대한 그리스도인들의 응답적 행위가 뒤따른다.

1 하나님의 계시(God's revelation)

기독교 예배의 가장 큰 특징은 그리스도 사건의 선포를 통한 하나님의 자기 계시다. 기독교 예배에서 가장 중요한 것은 우리 인간이 하나님을 만나러 나아왔다는 것이 아니라, 예배 가운데 하나님이 먼저 자기 아들을 통하여 인간에 대한 자기 사랑을 표현하신다는 것이다.

이러한 의미에서 예수님의 사건(그의 생애, 십자가와 부활)은 그 자체가 넓은 의미에서 "성례적 행위"였던 것이다. 예배가 하나님과 인간의 만남이라면, 십자가 사건은 하나님께서 인간을 만나시려고 준비해 놓으신 "원초적 예배"인 것이다. 십자가의 사건이 없이 그리스도인들의 예배는 무의미하다. 십자가에서의 하나님의 봉사와 희생이 전제되지 않고서는 교회가 드리는 예배가 하나님께 응답될 수 없으며 그리스도인들은 하나님을 만날 수 없다.

따라서 교회는 무엇보다 먼저 예배를 통해 그리스도 사건에 나타난 하나님의 구원의 역사를 선포한다. 보다 구체적으로는 십자가에서 나타난 하나님의 구원의 역사의 과거, 현재 그리고 미래적 의미를 선포한다. 예배의 집례자 혹은 설교자는 예배 가운데 하나님을 대신하여, 2천 년 전에 십자가를 지신 그리스도의 사건을 재차 보여주고, 그 십자가의 능력이 오늘 우리의 삶 속에서도 나타나고 있음을 증거하며 십자가에서 죽으시고 부활하신 예수님께서 하나님의 영광으로 다시 오셔서 인간의 모든 생사화복을 주관하실 것을 선언한다.

교회의 예배 집례자는 이러한 하나님의 구원의 역사를 성만찬과 세(침)례와 설교를 통해서 보다 구체적으로 선포한다. 그리하여 교회의 구원의 선포는 그리스도인들의 마음과 믿음 속에 살아 있는 실체로 경험되는 것이다.

2 그리스도인의 응답(Christians' response to God)

예배가 하나님의 계시의 사건인 한편, 인간의 측면에서 보면 기독교 예배는 하나님의 계시에 대한 그리스도인들의 응답(response)이다. 인간은 예배에서 이미 십자가에서 자기 자신을 우리에게 모두 주셨고 이제 예배의 자리로 우리를 초청하시는 하나님께 대하여 응답하여야 한다.

예배에 있어서 하나님의 구원의 역사에 대한 그리스도인들의 응답은 구체적으로 회개, 찬양, 감사, 간구 등으로 이루어진다. 다시 말해서 인간의 응답으로 예배에는 위의 네 가지 내용이 포함되어야 한다는 것이다. 주일예배에서부터 간단한 아침 기도에 이르기까지 예배의 형식과 절차는 다양하게 나타난다. 하지만 하나님께 대한 인간의 응답은 그 내용에 있어서 먼저 자신과 공동체의 죄를 회개하고, 우주 만물을 창조하신 하나님을 찬양하고, 우리에게 베풀어주신 구원과 일용할 양식에 대해 감사하며, 우리의 일상에 필요한 것을 간구하는 것이 분명하게 나타나야 한다. 예배의 요소인 기도와 찬송과 설교와 성만찬 등의 형식을 통해 그리스도인들은 위의 네 가지 내용으로 하나님의 구원하심에 응답하는 것이다.

4. 예배의 표현 양식: 말씀과 성례전

1 예배에 있어서 언어와 행위

하나님의 계시로써의 복음의 선포와 그에 대한 그리스도인들의 응답은 여러 가지 표현 양식을 통하여 이루어진다. 교회는 말씀과 성례전을 통하여 복음되신 그리스도 사건을 선포하여야 하며, 성도들은 기도와 찬양으로 감사함을 표현한다. 기독교 예배의 표현 양식은 매우 다양하게 나타난다. 음악과 미술을 통하여, 음성과 행위를 통하여, 침묵과 환호를 통하여 그리고 물과 불과 포도주와 떡을 통하여 복음을 선포하며 하나님께 감사의 응답을 한다.

모든 인간의 자기 표현은 두 가지 중요한 형태로 나타난다. 하나는 언어적 표현(expression in words)이며, 또 다른 하나는 행위적 표현(expression in actions)이다. 인간은 자신이 경험하는 희로애락을 때로는 언어를 통해서, 때로는 동작을 통해서 그리고 때로는 언어와 행동을 함께 동반하여 표현하기도 한다. 그리고 언어와 행위가 함께 동반될 때, 인간은 자기의 사상과 감정을 극대화하여 표현할 수 있게 된다.

    기독교 예배에서도 하나님의 백성들의 표현 양식은 바로 이 "언어"와 "행위"에 깊이 뿌리를 두고 있다. 교회 공동체가 예배를 통하여 하나님께 대한 경외심과 간구를 표현할 때 가장 중요한 표현 방식은 "언어"와 "행위"다. 기독교의 예배는 "언어"와 "행위"로 하나님을 찬양하며 경배 드리는 것이라고 정의해도 마땅한 것이다.

    예배에서 일반적으로 언어로 표현되는 양식은 기도, 성시교독, 찬송시, 설교, 위임과 축도 등이다. 이러한 언어로 표현되는 예배의 양식들은 행위적 표현과 비교해 볼 때 보다 직설적인 성격을 지니고 있다.

    행위로 표현되는 예배의 양식은 예배를 위한 입장과 퇴장, 찬양을 위한 기립, 세(침)례, 성만찬, 봉헌 등이다. 행위로 표현되는 이러한 양식들은 언어적 표현 양식과 비교할 때 일반적으로 보다 상징적인 성격을 내포하고 있다.

2 예배의 두 기둥: 말씀과 성만찬

예배의 표현 양식에 있어서 언어적 표현 양식의 절정은 설교며, 행위적 표현 양식의 절정은 성만찬이다. 예배의 틀 속에서 설교는 교회의 말씀 사역(the ministry of the Word)의 핵심이며, 성만찬은 교회의 성례전 사역(the ministry of the Sacrament)의 대표적 양식이다. 일반적으로 말씀 사역은 사역에 있어서 설교를 비롯하여 성경 봉독, 성경 석의, 성경 일과, 공중 기도 등을 포함한다. 성례전의 사역은 세(침)례나 감사제와 같은 기독교 전통 예전과, 결혼식과 장례식 같은 통과의례(rituals for Christian life passage) 의식들을 통해 이루어진다.

    기독교 역사 속에서 예배의 본질적인 요소로 인식되어 오는 두 가지 기둥은 설교와 성만찬이다. 신약성경의 여러 자료들과 고대 교회의 많은 자료들은 설교와 성만찬이 예배 안에서 유기적인 관계를 가지고 있음을 보여주고 있다. 또한 중세 교회와 종교개혁 시대와 오늘에 이르기까지, 그리고 로마 교회와 동방 교회, 개신교회의 다양한 여러 교파들에게 이르기까지, 이 두 기둥은 유기적 연대를 통해 예배의 기본 구조와 예배 신학의 틀을 형성해 주고 있다.

물론 시대와 교파에 따라 이 두 기둥의 불균형이 감지되는 경우도 있기는 하지만, 교회사와 예배 신학의 전체적인 맥락 속에서 설교와 성만찬은 예배 안에서 어느 하나 없어서는 안 될 관계를 형성한다. 따라서, 예배 학자들은 "설교가 없는 예배"와 "성만찬이 없는 예배"는 불완전한 것으로 인식하고 있다. 알멘(J. J. von Almen)은 "성만찬은 구원의 과정에서 교회의 참여를 증거하는 반면 설교는 이 과정을 통해 교회를 세상과의 밀접한 관계 속으로 끌어넣는다"며 설교와 성만찬의 이중적 필요성을 주장한다. 이처럼 설교와 성만찬은 기독교 예배의 핵심을 구성하는 두 기둥으로, 이 두 기둥이 교회의 예전적 권위와 정당성을 부여해 준다. 다른 말로 하면, 설교나 성만찬 없는 기독교 예배는 그것의 합법성을 잃어버리게 된다.

5. 하나님의 계시로서의 예배 언어의 성격

이제 예배에서의 표현 양식 중에서, 언어적 표현 양식에 보다 집중하여 그 성격을 논의하려고 한다. 예배가 하나님과 인간의 만남이고 대화라면, 우리는 두 가지 차원에서 예배 언어의 성격을 살펴보아야 할 것이다. 예배에서 우리는 하나님의 말씀을 듣게 되며, 또한 하나님의 말씀에 대한 인간의 응답을 언어로 표현한다. 따라서, 먼저 하나님의 계시로서의 예배 언어의 특징을 기술해 보고, 인간의 응답으로서의 예배 언어의 특징을 살펴보고자 한다.

성경에서 하나님은 인간의 언어로 자기를 계시하시는 분으로 나타난다. 예언자들의 예언을 통하여 하나님은 인간에게 자기의 뜻을 표현하셨고, 성경의 기록을 통하여 그리스도 사건을 예언하셨으며, 결국 "말씀"(Logos)으로 오신 예수 그리스도 사건을 통하여 하나님의 뜻을 이 세상에 보이시며 구원의 역사를 이루셨다.

하나님의 계시는 과거적 사건으로만 존재하지 않고, 교회의 말씀 사역을 통하여 오늘을 사는 하나님의 백성들에게 전달된다. 교회의 말씀 사역은 "설교"와 "예전"으로 구성된다. 설교는 교회의 주된 말씀 사역이다. 모든 예배 - 특별히 개신교회의 예배 - 는 하나님의 말씀을 전달하는 설교를 그 중심으로 삼는다. 물론 설교가 예배의 모든 것은 아니지만, 하나님이 인간을 향한 계시의 차원에서 설교는 중심적 역할을 감당한다.

성만찬과 세(침)례 같은 성례전과 결혼식, 추도식 같은 여러 목회적 예전 가운데서도 하나님의 계시는 언어적 사건으로 전달된다. 기독교 예전은 "행위"와 "언어"의 이중적 특징을 갖는다. 예전에서 "상징적 행위"가 차지하는 비중이 중대한 것은 사실이지만, "언어"의 역할 또한 명백하다. 왜냐하면 언어를 통해서 그 상징적 행위들이 명료하게 설명되어 전달되기 때문이다.

하나님의 계시로서 나타나는 예배 언어의 성격은 다음과 같은 네 가지로 설명할 수 있다. 1) 계약의 언어, 2) 교훈적 언어, 3) 예언의 언어: 책망과 심판, 4) 예언의 언어: 위로와 구원. 예언의 언어는 심판과 구원이라는 이중 구조로 나타난다. 구약성경의 예레미야서를 중심으로 이러한 네 가지 성격들을 구체적으로 살펴보기로 한다.

1 계약의 언어

하나님의 계시로서 나타나는 언어 사건의 가장 중요한 특징 가운데 하나는 그 언어가 "계약적 성격"을 띤다는 점이다. 하나님은 하나님의 백성과 계약을 맺으신다. 하나님은 이스라엘의 하나님이 되고, 이스라엘은 하나님의 백성이 되어, 하나님은 이스라엘을 축복하시며, 이스라엘은 하나님의 율법을 지킨다. 따라서 하나님은 이스라엘에게 계약을 상기시키며 계약을 준수할 것을 요청하신다.

여호와께로부터 예레미야에게 임한 말씀이라. 너희는 이 언약의 말을 듣고 유대인과 예루살렘 거민에게 고하라. 그들에게 이르기를 이스라엘의 하나님 여호와께서 이같이 말씀하시되 이 언약의 말을 좇지 않는 자는 저주를 받을 것이니라. 이 언약은 내가 너희 열조를 쇠풀무 애굽 땅에서 이끌어 내던 날에 그들에게 명한 것이라. 곧 내가 이르기를 너희는 나의 목소리를 청종하고 나의 모든 명령을 좇아 행하라. 그리하면 너희는 내 백성이 되겠고 나는 너희 하나님이 되리라. 내가 또 너희 열조에게 한 맹세 곧 그들에게 젖과 꿀이 흐르는 땅을 주리라 한 언약을 이루리라 한 것인데 오늘날이 그것을 증거하느니라 하라 하시기로 내가 대답하여 가로되 아멘 여호와여 하였노라(렘 11:1-5).

하나님의 계시로서 나타나는 계약적 언어는 과거의 계약에 머물러 있지 않다. 인간은 계약을 파기하더라도, 하나님은 인간을 용서하시고 새로운 계약의 언어로 인간에게 다가오신다.

나 여호와가 말하노라. 보라 날이 이르리니 내가 이스라엘 집과 유다 집에 새 언약을 세우리라. 나 여호와가 말하노라. 이 언약은 내가 그들의 열조의 손을 잡고 애굽 땅에서 인도하여 내던 날에 세운 것과 같지 아니할 것은 내가 그들의 남편이 되었어도 그들이 내 언약을 파하였음이니라. 나 여호와가 말하노라. 그러나 그날 후에 내가 이스라엘 집에 세울 언약은 이러하니 곧 내가 나의 법을 그들의 속에 두며 그 마음에 기록하여 나는 그들의 하나님이 되고 그들은 내 백성이 될 것이라. 그들이 다시는 각기 이웃과 형제를 가리켜 이르기를 너는 여호와를 알라 하지 아니하리니 이는 작은 자로부터 큰 자까지 다 나를 앎이니라. 내가 그들의 죄악을 사하고 다시는 그 죄를 기억치 아니하리라. 여호와의 말이니라(렘 31:31-34).

2 교훈적 언어

언어가 하나님의 계시로써 나타날 때 그 첫 번째 특징은 교훈적 성격을 가지고 있다는 점이다. 하나님의 말씀은 그의 백성들에게 "발의 등이요, 길에 빛"(시 119:105)으로서 삶의 지혜와 철학을 가져다준다. 무엇보다도 하나님의 백성은 이방 백성의 우상 숭배의 길을 배우지 말 것을 교훈한다.

> 이스라엘 집이여, 여호와께서 너희에게 이르시는 말씀을 들을지어다. 여호와께서 이같이 말씀하시되 열방의 길을 배우지 말라. 열방인은 하늘의 징조를 두려워하거니와 너희는 그것을 두려워 말라. 열방의 규례는 헛된 것이라. 그 위하는 것은 삼림에서 벤 나무요 공장의 손이 도끼로 만든 것이라. 그들이 은과 금으로 그것에 꾸미고 못과 장도리로 그것을 든든히 하여 요동치 않게 하나니 그것이 갈린 기둥 같아서 말도 못하며 걸어다니지도 못하므로 사람에게 메임을 입느니라. 그것이 화를 주거나 복을 주지 못하나니 너희는 두려워 말라 하셨느니라(렘 10:1-5).

우상을 버리고 하나님의 백성이 된 사람들은 이제 하나님의 법을 따르며 하나님을 의지할 것을 교훈한다.

> 나 여호와가 이같이 말하노라. 무릇 사람을 믿으며 혈육으로 그 권력을 삼고 마음이 여호와에게서 떠난 그 사람은 저주를 받을 것이라. 그는 사막의 떨기나무 같아서 좋은 일의 오는 것을 보지 못하고 광야 건조한 곳, 건건한 땅, 사람이 거하지 않는 땅에 거하리라. 그러나 무릇 여호와를 의지하며 여호와를 의뢰하는 그 사람은 복을 받을 것이라. 그는 물가에 심기운 나무가 그 뿌리를 강변에 뻗치고 더위가 올지라도 두려워 아니하며 그 잎이 청청하며 가무는 해에도 걱정이 없고 결실이 그치지 아니함 같으리라(렘 17:5-8).

때로 하나님의 계시의 언어는 안식일 성수와 같은 보다 구체적인 교리의 준수 요구로 나타나기도 한다.

> 여호와께서 이같이 말씀하시되 너희는 스스로 삼가서 안식일에 짐을 지고 예루살렘 문으로 들어오지 말며 안식일에 너희 집에서 짐을 내지 말며 아무 일이든지 하지 말아서 내가 너희 열조에게 명함같이 안식일을 거룩히 할지어다. 그들은 청종치 아니하며 귀를 기울이지 아니하며 그 목을 곧게 하여 듣지 아니하며 교훈을 받지 아니하였느니라(렘 17:21-23).

3 예언의 언어: 책망과 심판

하나님의 언어적 계시는 예언적 성격이 강하다. 하나님은 예언자들을 통해 자신이 역사의 주관자이심을 밝히신다. 때로 예언의 언어는 책망과 심판의 메시지를 전하며, 때로는 위로와 구원의 언어로 말씀하신다. 예언의 언어는 계약의 언어와 깊은 관련이 있다. 인간이 하나님의 언약을 준수하지 못할 때 하나님은 책망과 심판의 언어로 말씀하신다. 그러나 인간이 고난 가운데 회개하며 하나님과의 계약을 다시 실행하면 하나님은 위로와 구원의 메시지로 다가오신다.

역사적으로 인간은 하나님의 말씀에 순종하고 공의와 정의를 실현하기보다는 하나님의 법을 어기고 거짓과 우상 숭배를 일삼는 죄악을 보여 왔다. 이러한 때에 하나님의 계시는 책망과 심판의 언어로 그의 백성에게 나타난다.

> 부녀들이여, 여호와의 말씀을 들으라. 너희 귀에 그 입의 말씀을 받으라. 너희 딸들에게 애곡을 가르치며 각기 이웃에게 애가를 가르치라. 대저 사망이 우리 창문에 올라오며 우리 궁실에 들어오며 밖에서는 자녀와 거리에서는 청년들을 멸절하려 하느니라. 너는 이같이 이르라. 여호와의 말씀에 사람의 시체가 분토같이 들에 떨어질 것이며 추수하는 자의 뒤에 떨어지고 거두지 못한 뭇 같이 되리라 하셨느니라(렘 9:20-22).

하나님의 자기 백성을 향한 책망과 심판의 메시지는 그의 백성을 절망의 벼랑으로 몰고 간다. 그들이 고난당하는 것은 자기들의 죄에 대한 결과이며, 그들의 부르짖음을 하나님은 듣지 아니하시고, 그들이 섬겨왔던 우상들은 더우욱 그들을 이 심판에서 건지지 못한다. 왜냐하면 이 재난은 하나님으로부터 왔기 때문이다.

> 그러므로 나 여호와가 이같이 말하노라. 보라 내가 재앙을 그들에게 내리리니 그들이 피할 수 없을 것이라. 그들이 내게 부르짖을지라도 내가 듣지 아니할 것인즉, 유다 성읍들과 예루살렘 거민이 그분향하는 신들에게 가서 부르짖을지라도 그 신들이 그 곤액 중에서 절대로 그들을 구원치 못하리라(렘 11:11-12).

그러나, 이 심판의 메시지는 절망으로만 끝나는 것은 아니다. 심판의 언어 이면에는 하나님의 백성에게 주는 정결의 도전이 있다. 그의 백성이 정결함으로 하나님께 돌아올 때는 하나님께서 반드시 회복하신다는 복선을 이 심판의 언어는 포함하고 있는 것이다.

> 내가 내 백성 이스라엘에게 산업으로 준 산업을 다치는 나의 모든 악한 이웃에게 대하여 나 여호와가 이같이 말하노라. 보라 내가 그들을 그 땅에서 뽑아 버리겠고 유다 집은 그들 중에서 뽑아 내리라. 내가 그들을 뽑아 낸 후에 내가 돌이켜 그들을 긍휼히 여겨서 각 사람을 그 산업으로, 각 사람을 그 땅으로 다시 인도하리니, 그들이 내 백성의 도를 부지런히 배우며 사는 여호와 내 이름으로 맹세하기를 자기들이 내 백성을 가리켜 바알로 맹세하게 한 것같이 하면 그들이 내 백성 중에 세움을 입으려니와 그들이 그리하지 아니하면 내가 반드시 그 나라를 뽑으리라 뽑아 멸하리라. 여호와의 말이니라(렘 12:14-17).

4 예언의 언어: 위로와 구원

하나님의 계시는 책망과 심판으로만 끝나지 않는다. 하나님은 하나님의 심판으로 고난을 당하며 하나님께 부르짖는 자기 백성들에게 다시 찾아가시며 위로와 구원의 언어로 그들의 심령을 치료하신다.

> 나 여호와가 이같이 말하노라. 바벨론에서 칠십 년이 차면 내가 너희를 권고하고 나의 선한 말을 너희에게 실행하여 너희를 이곳으로 돌아오게 하리라. 나 여호와가 말하노라. 너희를 향한 나의 생각은 내가 아나니 재앙이 아니라 곧 평안이요 너희 장래에 소망을 주려 하는 생각이라. 너희는 내게 부르짖으며 와서 내게 기도하면 내가 너희를 들을 것이요, 너희가 전심으로 나를 찾고 찾으면 나를 만나리라. 나 여호와가 말하노라. 내가 너희에게 만나지겠고 너희를 포로된 중에서 다시 돌아오게 하되 내가 쫓아 보내었던 열방과 모든 곳에서 모아 사로잡혀 떠나게 하던 본 곳으로 돌아오게 하리라. 여호와의 말이니라 하셨느니라(렘 29:10-14).

하나님의 위로와 구원의 언어는 치유와 용서로 이어진다. 하나님의 치유하심 없이는 참된 위로가 없으며, 하나님의 용서하심 없이는 구원이 성취될 수 없기 때문이다.

> 너는 내게 부르짖으라. 내가 네게 응답하겠고 네가 알지 못하는 크고 비밀한 일을 네게 보이리라… 내가 이 성을 치료하며 낫게 하고 평강과 성실함에 풍성함을 그들에게 나타낼 것이며… 내가 그들을 내게 범한 그 모든 죄악에서 정하게 하며 그들의 내게 범하며 행한 모든 죄악을 사할 것이라(렘 33:3, 6, 8).

치유와 용서와 아울러 하나님의 풍성한 축복이 다시 약속되어진다. 이러한 축복의 약속, 계약의 회복을 통해서 하나님의 계시는 절정에 달하게 되는 것이다.

> 나 여호와가 이같이 말하노라. 너희가 가리켜 말하기를 황폐하여 사람도 없고 짐승도 없다 하던 여기 곧 황폐하여 사람도 없고 주민도 없고 짐승도 없던 유다 성읍들과 예루살렘 거리에서 즐거워하는 소리, 기뻐하는 소리, 신

랑의 소리, 신부의 소리와 및 만군의 여호와께 감사하라, 여호와는 선하시니 그 인자하심이 영원하다 하는 소리와 여호와의 집에 감사제를 드리는 자들의 소리가 다시 들리리니, 이는 내가 이 땅의 포로로 돌아와서 처음과 같이 되게 할 것이니라. 여호와의 말이니라(렘 33:10-11).

4. 인간의 응답으로서의 예배 언어의 성격

예배 언어의 또 다른 축은 인간이 하나님의 계시에 응답하는 일이다. 하나님의 계시의 언어가 특별한 성격을 지니고 있는 것처럼, 인간의 응답으로서 예배에 나타나는 인간의 언어도 다음과 같은 구체적인 성격을 가지고 있다. 1) 회개의 언어, 2) 찬양의 언어, 3) 감사의 언어, 4) 간구의 언어.

1 회개(repentance)의 언어

인간은 죄로 인해서 하나님께 나아갈 수 없는 존재임을 기억하고, 하나님께 대한, 이웃에 대한 잘못을 고백하고, 죄악된 모습에서 떠날 것을 하나님께 약속하는 것이다. 하나님은 죄인을 부르러 오셨고 죄인의 회개를 기뻐 받으신다고 성경은 말하고 있다.

> 만일 우리가 우리 죄를 자백하면 저는 미쁘시고 의로우사 우리 죄를 사하시며 모든 불의에서 우리를 깨끗케 하실 것이요(요일 1:9).

> 예수께서 들으시고 저희에게 이르시되, 건강한 자에게는 의원이 쓸데없고 병든 자에게라야 쓸 데 있느니라. 내가 의인을 부르러 온 것이 아니요, 죄인을 부르러 왔노라 하시니라(막 2:17).

이러한 의미에서 예배에서의 인간의 언어는 죄의 고백의 성격을 지닌다. 죄인을 부르시는 하나님의 요청에 응답하는 인간은 먼저 자기의 죄를 회개함으로 하나님 앞에 설 수 있는 것이다.

2 찬양(praise)의 언어

인간의 하나님께 대한 응답은 찬양의 언어로 이어진다. 찬양은 하나님을 높이며 하나님께 모든 영광을 돌리는 것이다. 하나님은 유일한 신이시며, 천지 만물을 창조한 분이시며, 이 세상의 모든 권세가 하나님께 속한 것임을 밝히는 것이다. 찬양을 통해 그리스도인들은 하나님 외에는 우리의 구원과 기쁨이 없음을 고백한다. 이사야 선지자는 하나님이 사람을 창조하신 목적이 바로 하나님을 찬양하게 하려는 것이었다고 말한다. "이 백성은 내가 나를 위하여 지었나니 나의 찬송을 부르게 하려 함이니라"(사 43:21). 시편은 하나님을 찬양하는 대표적인 책이며, 다음과 같은 찬양의 언어를 통해 하나님을 경배한다.

> 새 노래로 여호와께 노래하라. 온 땅이여 여호와께 노래할지어다. 여호와께 노래하여 그 이름을 송축하며 그 구원을 날마다 선파할지어다. 그 영광을 열방 중에, 그 기이한 행적을 만민 중에 선포할지어다. 여호와는 광대하시니 극진히 찬양할 것이요, 모든 신보다 경외할 것임이여, 만방의 모든 신은 헛 것이요, 여호와께서는 하늘을 지으셨음이로다. 존귀와 위엄이 그 앞에 있으며 능력과 아름다움이 그 성소에 있도다. 만방의 족속들아 영광과 권능을 여호와께 돌릴지어다. 여호와께 돌릴지어다(시 96:1-7).

3 감사(thanksgiving)의 언어

그리스도인들의 하나님께 대한 응답은 감사의 언어로 그 절정에 이르게 된다. 감사의 내용은 크게 둘로 정리할 수 있다. 먼저는 예수님을 통한 구원에 대한 감사다. 예수님의 피와 살을 상징적으로 먹고 마시는 성만찬의 중요한 주제 중의 하나가 바로 "감사함"이다. 성만찬을 영어로는 "유카리스트"(Eucharist)라고 표기하는데 이 말은 "감사를 드린다"(giving thanks)라는 헬라어에서 유래된 것이다. 예수님께서도 그의 사역 가운데 식탁을 대하실 때마다, 특별히 제자들과의 최후의 만찬을 나누실 때 감사의 언어를 통해 "떡과 음료"를 주신 하나님께 감사를 드리셨다.

떡 일곱 개와 그 생선을 가지사 축사(祝謝, gave thanks)하시고 떼어 제자들에게 주시니 제자들이 무리에게 주매(마 15:36).

또 잔을 가지사 사례(謝禮, gave thanks)하시고 저희에게 주시며 가라사대 너희가 다 이것을 마시라(마 26:27).

예수님의 가르침에 따라 그리스도인들은 성만찬에서 떡을 떼며 포도 음료를 마시며 "그리스도의 몸과 피"를 인간의 영원한 생명을 위해 주신 하나님께 감사하게 되었다. 그리스도인들은 예배에서 우리의 삶을 축복하시는 하나님의 은혜를 감사의 언어로 표현한다. 해와 달과 별과 공기와 꽃과 풀을 주신 하나님, 가정과 교회와 학교와 국가를 주신 하나님, 사랑과 평화와 정의를 가르쳐 주시는 하나님 그리고 일용할 양식을 주시는 하나님께 감사를 드리는 것이다. 성경에 나오는 대표적인 감사의 시는 시편 136편이다.

여호와께 감사하라.
    그는 선하시며 그 인자하심이 영원함이로다.
모든 신에 뛰어나신 하나님께 감사하라.
    그 인자하심이 영원함이로다.
모든 주에 뛰어나신 주께 감사하라.
    그 인자하심이 영원함이로다.
홀로 큰 기사를 행하시는 이에게 감사하라.
    그 인자하심이 영원함이로다.
지혜로 하늘을 지으신 이에게 감사하라.
    그 인자하심이 영원함이로다.
땅을 물 위에 펴신 이에게 감사하라.
    그 인자하심이 영원함이로다.
큰 빛들을 지으신 이에게 감사하라.

그 인자하심이 영원함이로다.
해로 낮을 주관케 하신 이에게 감사하라.
그 인자하심이 영원함이로다.
달과 별들로 밤을 주관케 하신 이에게 감사하라.
그 인자하심이 영원함이로다(시 136:1-9).

때로는 감사할 수 없는 상황에서 감사의 언어로 하나님을 예배하기도 한다. 모든 것을 선하게 인도하실 하나님의 자비하심을 의지하기 때문이며 이것 또한 그리스도인들의 예배의 태도다.

4 간구(supplication)의 언어
시편은 우리가 하나님께 간구해야 하는 이유와 내용을 다음과 같이 설명해 준다.

저가 네 모든 죄악을 사하시며 네 모든 병을 고치시며, 네 생명을 파멸에서 구속하시고 인자와 긍휼로 관을 씌우시며, 좋은 것으로 네 소원을 만족케 하사 네 청춘으로 독수리 같이 새롭게 하시는도다. 여호와께서 의로운 일을 행하시며 압박당하는 모든 자를 위하여 판단하시는도다(시 103:3-6).

저희가 광야 사막 길에서 방황하며 거할 성을 찾지 못하고, 주리고 목마름으로 그 영혼이 속에서 피곤하였도다. 이에 저희가 그 근심 중에 여호와께 부르짖으매 그 고통에서 건지시고, 또 바른 길로 인도하사 거할 성에 이르게 하셨도다. 여호와의 인자하심과 인생에게 행하신 기이한 일을 인하여 그를 찬송할지로다. 저가 사모하는 영혼을 만족케 하시며 주린 영혼에게 좋은 것으로 채워 주심이로다(시 107:4-9).

예배를 통해 그리스도인들은 간구의 언어를 통해 하나님께 자신과 세상을 위해 필요한 것들을 부탁드리게 된다. 하나님은 오늘 우리의 삶에 필요한 것들, 곧 물과 양식과 적당한 물질과, 특별히 평화와 사랑을 주시기를 원하신다.

예수님께서 가르쳐 주신 주기도문의 후반부는 바로 간구의 언어다.

> 오늘날 우리에게 일용할 양식을 주시고, 우리가 우리에게 죄지은 자를 사하여 준 것같이 우리 죄를 사하여 주옵시고, 우리를 시험에 들게 하지 마옵시고 다만 악에서 구하옵소서(마 6:11-13).

예수님은 그리스도인들에게 자신에게 필요한 일용한 양식뿐만 아니라, "우리"에게 필요한 것을 구하라고 지적하신다. 곧, 교회와 국가와 어려운 이웃의 필요를 위해서 하나님께 간구하라는 것이다. 이러한 간구의 언어는 교회를 하나되게 하며, 이 세상을 하나님의 나라로 만들어 가는 데 필수적인 것이다.

7. 맺는 글: 거룩과 순결의 언어

지금까지 우리는 예배 언어의 특징을 살펴보았다. 언어는 예배의 본질적 구성 요소다. 또한 예배는 언어 사건이다. 예배에서 하나님의 언어적 계시와 인간의 언어적 응답은 각각 특별한 성격을 지니고 있다. 그리고 이러한 특징들은 예배의 언어를 풍성하게 한다.

예배의 언어는 거룩한 언어가 되어야 한다. 그리고 거룩한 언어란 구별된 언어를 의미한다. 예배의 언어는 하나님과 그의 백성과의 대화이기에 세상의 욕망적 언어와는 구별되어야 한다. 무분별한 세속적 언어의 사용은 절제되어야 마땅하며, 거룩한 하나님이 열납하시기에 합당한 언어가 사용되도록 예배자들의 노력이 요구된다.

그러나, 거룩한 언어로서 예배의 언어는 형식적 언어가 아니다. 거룩한 언어는 살아 있는 언어가 전제될 때에 가능한 것이다. 전통적인 교회들의 예배 언어는 문화적으로 축적된 전통적 언어로 구성되어 있는 경우가 많다. 주의할 것은 전통이 형식으로만 남아 있고 "오늘"의 사람들에게 살아 있는 언어 사건으로 다가가지 못한다면, 그것은 전통의 언어일는지는 몰라도 거룩한 언어는 아닌 것이다. 거룩한 언어는 하나님과 인간의 영적 대화가 오고 가는 살아있는 언어여야 한다.

거룩한 언어는 순결한 언어여야 한다. 그리고 순결한 언어는 순결한 삶을 통하여 이루어진다. 예배의 언어는 입술로만 드려지는 고백으로 머물러서는 거룩한 언어가 되지 못한다. 하나님의 뜻이 삶을 통해서 온전하게 이루어졌을 때, 예배의 언어가 진정 거룩한 언어로 인정된다. 왜냐하면 예수님께서는 그의 제자들에게 온전함을 요구하셨기 때문이다.

> 그러므로 하늘에 계신 너희 아버지의 온전하심과 같이 너희도 온전하라(마 5:48).

그리스도인들의 온전함을 향한 분투는 자기 부정과 하나님의 은총의 갈망으로 이어진다. 인간은 온전함으로 나아가지만, 스스로는 온전함에 이를 수 없다. 따라서, 인간의 겸손이 하나님의 은총과 만남으로 인간은 온전한 삶의 여정을 계속하게 된다. 그리고 이러한 삶이 바로 예배적 삶인 것이다.

> 그러므로 형제들아 내가 하나님의 모든 자비하심으로 너희를 권하노니 너희 몸을 하나님이 기뻐하시는 거룩한 산 제사로 드리라. 이는 너희의 드릴 영적 예배니라. 너희는 이 세대를 본받지 말고 오직 마음을 새롭게 함으로 변화를 받아 하나님의 선하시고 기뻐하시고 온전하신 뜻이 무엇인가를 분별하도록 하라(롬 12:1-2).

자기의 삶을 하나님께 산 제사로 드린 그리스도인들은, 예배를 통해 자기의 부족을 고백하고 감사의 언어로 하나님을 만나게 된다. 이것이 바로 거룩하고 순결한 언어로 드리는 영적 예배의 완성이다.

10
예배와 생활

한국성서대학교 김순환 교수

예배에 대한 다양한 정의가 있을 것이지만 그 가운데 예배의 형식적 측면에 대한 정의를 들자면, "그리스도 안에서 이루어지는 하나님의 계시에 대해 성령의 도움으로 인간이 응답하는 것"이라고 말할 수 있을 것이다. 즉, 하나님께서 예수 그리스도를 통해서 보여주신 계시가 예배라는 사건을 통해서 사람들에게 전해지고 이에 대해 예배자는 성령의 도우심으로 하나님께 그에 상응하는 반응을 나타내는 것이라는 뜻이다. 이 때에 응답이라는 표현 속에는 인간이 하나님을 향해 수직적으로 드리는 회개, 감사, 찬미, 영광 등이 포함되지만 거기에는 반드시 온전한 응답의 전제로서 인간 상호간의 화해와 사랑이 있어야 함을 의미하고 있다. 우리는 그러한 예를 마태복음 5장 23~24절 예수님의 말씀에서도 확인한다. 곧 삶 속에서 형제, 자매, 더 나아가서 이웃과 평화, 화해의 관계를 갖지 않으면 예배는 의미를 잃기 쉽다는 것이다.

오늘날 그리스도인들의 삶 가운데서 종종 발견되는 문제의 하나는 예배와 생활이 서로 이원화되어 있다는 것이다. 예배 속에서 하나님과의 만남을 통해 새로운 관점과 가치관을 경험하고 삶 속에 들어가서는 그 역동적 경험을 실천에 옮기는 삶을 살아야 할 텐데 그렇지 못하고 이중적 삶을 보이고 있다는 것이다. 거기에는 여러 가지 복합적인 원인들이 있겠지만 신앙생활의 중심으로서의 예배와 관련시켜 볼 때, 예배 속에서 "여기에, 지금" 실제적으로 임재하시는 하나님과의 만남에 사실상 실패하고 있거나 설사 만남을 통해 갱신을 경험한다 할지라도 막상 예배를 마치고 삶의 현장으로 나아가게 되면 깨달음과 각오를 결행에 옮기지 못하는 나름대로의 원인들이 있기 때문일 것이다. 결과적으로 그리스도인으로서 구별된 삶의 선명성을 크게 드러내지 못하는 경우가 적지 않다.

생활은 곧 예배에서 경험된 만남을 구체적으로 나타내 보이는 곳이다. 또 예배는 삶의 문제를 안고 나아온 그리스도인들이 전능자 하나님을 만남으로써 그 방향을 제시받는 곳이기도 하다. 예배와 생활, 이 둘 사이는 서로 더 나은 성숙과 발전을 위해 상호 작용하는 두 축이라고 볼 수 있다. 현실 세계와 그 속에서의 생활은 예배가 비로소 통전적으로 완성되는 현장인 것이다. 이러한 이해를 가지고 그리스도인의 예배와 그것의 생활 속에서의 이원화되는 원인은 무엇이고 이들의 통전적 일치를 위해 예배는 어떠한 모습이 되어야 하는지를 구체적으로 살펴보고자 한다.

1. 예배와 생활의 이원화에 대한 반성적 고찰

그리스도인들은 대체로 예배를 통해서 신앙적 삶을 형성하고 성장한다. 또한 예배를 통해 그리스도인은 신앙적 삶을 갱신하고 재정립한다. 그러므로 생활의 문제는 곧 예배의 문제와 직결되어 있다. 이러한 관점에서 오늘날 그리스도인들의 삶 속에서 나타나는 여러 가지 부정적 현상들은 예배와 생활이 분리된 결과임을 단적으로 보여주는 것이기도 하다. 예배와 생활의 이원화로 인해 발생하는 여러 가지 역기능적 현실들을 살펴보면 다음과 같다.

1 가치전도적 신앙

오늘날 기독교 신자의 수가 한국인 전체로 볼 때 1/4에 가까운 숫자라고 주장되고 있지만 실제로 국가와 사회의 정치, 경제, 문화, 및 사회 현상은 기독교적 가치와는 매우 동떨어진 채 전개되어 나아가고 있는 현실을 우리는 보고 있다. 이것의 원인은 크게는 신앙적 가치관이 올바로 정립되지 못한 데 있다.

우선 이런 원인의 하나로는 그리스도인들이 이런 저런 이유로 해서 실제의 삶 속에서 교회의 가르침에 따라 살아가지 못하거나 이를 오해하고 있기 때문으로 보인다. 그리스도인에게 있어서 물리적인 축복과 평안이란 결코 배척될 가치는 아니지만 때로는 전체의 행복을 위해서 개인의 이익을 희생하고 십자가의 삶을 추구해야 하는 경우가 있다. 그러나 오늘날 적지 않은 그리스도인들이 십자가 신앙의 의미를 진지하게 이해하고 부여된 십자가의 무게를 지고 실천하려고 하기보다는 가시적인 축복과 안일의 추구만을 신앙의 전부로 여기고 살아가는 풍조가 만연하고 있다. 세속사회의 경쟁적 이윤 추구 정신과 자신과 가정 및 소속 집단만의 이익 충족을 우선적으로 생각하는 태도와 풍조에 큰 갈등을 느끼지 않고 동화되고 있다는 것이다.

세속사회의 비그리스도인들의 가치관과 비교해볼 때 추구하는 행태의 외형만 바뀌었을 뿐이지 실상은 기복적 사고의 기초 위에서 외형적 가치로서의 부와 권력 및 힘의 추구를 가장 우선적으로 여기는 경향이 뚜렷하다는 것이다. 바르게 살기보다는 남보다 더 경제적, 사회적으로 앞선 삶을 사는 것이 성공적 신앙의 결과인 양 치부되고 가난과 청빈은 신앙적 사회 안에서도 열등한 것으로 인식되어 모두가 물불을 안 가리고 외형적 성공을 향해 쉼과 여유를 잃은 채 질주하고 있는 것이다. 이것은 결국 교회 안에서 세속적 가치가 신앙적 가치를 압도하는 것으로 교회의 정체를 무색케 할 뿐만 아니라, 그런 경우 신앙도 하나의 수단일 뿐 목적이 되지 못하는 불행한 결과를 가져오고 마는 것이다.

이러한 사회와 교회의 현실이 결코 예배의 책임과 무관치 않음을 지적하지 않을 수 없다. 예배가 바른 신학에 기초해서 바른 삶의 가치를 형성케 하는 장이 되어 주지 못하고 기복주의적 토착종교의식들로부터 다만 옷만 바꿔 입은 듯한 착각을 느끼게 만들 때 예배는 하나님과 인간 사이의 계시요, 응답이 되지 못하고 그리스도인의 진정한 삶과 무관하게 되고 말 것이다.

신앙이 가치전도되는 원인은 또 한편으로 보면, 예배를 통해서 신앙적 깊이를 경험하지 못하는 목마름에 그 원인이 있기도 하다. 많은 그리스도인들이 세상 사람들과 별 구별 없이 물질 만능적, 쾌락주의적 사고, 명예에 대한 맹목적 추구 등으로 정신을 잃어 가는 것은 예배를 통해서 값없이 주시는 은혜의 깊음을 누리지 못하고 있기 때문이다. 이것은 결과적으로 신자들로 하여금 영적 공허를 경험케 하며 비신자들과 마찬가지로 그릇된 대상들로 채우고자 하는 욕구에 집착하게 한다. 그들은 말씀에 대한 율법적 원칙들을 인식하고 있기 때문에 죄의식을 안고 산다. 그러면서도 끝없이 세상적 가치들에 의해서 삶이 지배된다. 이런 가치들에 의해서 지배될 때, 그리스도인들은 명목상의 그리스도인이 될 뿐, 진정한 자아실현을 경험치 못하게 되는 것이다.

물론 그리스도인의 삶을 산다는 것은 힘겹고 어두운 가운데 단순히 십자가만을 지고 살아가는 삶은 아니다. 우리들의 십자가는 주께서 말씀하신 대로 "수고하고 무거운 짐진 자들아 다 내게로 오라" 하시는 작은 멍에로 주님이 이미 지워주신 십자가다. 은혜로 주어지는 이런 삶은 세상의 어떤 것으로도 채울 수 없는 평화와 기쁨, 만족감이 보상으로 주어진다. 그것은 그리스도 없이 겪는 세상의 고통과 성격이 다르다. 넉넉히 이김을 주시는 그런 기쁨이요, 감격이다. 이것이 예배에서 경험되지 못하기 때문에 그들은 에서가 장자권을 팥죽과 바꿔 버리듯 하나님의 은혜를 무가치하게 버리고 마는 것이다.

예배는 바로 이런 전도된 신앙적 이해를 균형 있게 바로 잡아 제시하는 역할을 해내야 할 것이다. 그러기 위해서 예배는 적어도 예배에 참여한 사람들이 하나님과의 만남을 경험하는 장이 되어야 한다. 단순히 정보(information)를 제공하는 장이 아니라 예배자의 삶을 형성하고 갱신하는 자리가 되어야 할 것이다.

2 현실도피적 신앙

그간 한국교회의 신앙적 경향은 지나치게 타계적(他界的)이고 피안적(彼岸的)이었다는 지적을 받아 왔다. 한국교회는 종종 이 땅에서의 현실보다는 가야 할 이후의 세상에 대한 대망을 불균형하게 강조하여 온 것이 사실이다. 한 때, 한국교회의 역사에서도 이러한 타계적 대망(待望)이 극을 이루었던 시절이 있었다. 그것은 일제 36년 동안과 한국전쟁 와중에서 특히 두드러졌는데 당시 지어진 찬송가들 속에는 이런 시류가 잘 반영되어 있다. 다가올 천국에 대한 대망은 성경적 가르침이며 신앙적 교훈의 한 중요한 측면임이 분명하다. 또 시대적으로 암울하고 도저히 극복할 수 없는 현실의 벽에 부딪친 그리스도인들의 삶의 반영이기도 하다. 그러나 문제는 그것이 균형을 잃어버리고 지나치게 타계적이며 피안적 지향으로만 치닫는 데 있다.

이러한 신앙적 성향은 자칫하면 이 세상에서의 삶의 추구는 무가치하며 아무런 의미가 없다는 생각을 강조하여 신자들은 세상과 신앙 사이의 전인적이고 통전적인 이해를 잃고 현실적 삶에 진지하게 관여하기를 꺼리게 된다. 그리스도인들의 삶이 현실로부터 격리되면서 신앙과 삶의 이원화라는 결과를 낳게 되는 것이다. 마치 세상에 대해서 무관심하며 세상과 거리를 두고 사는 삶이야말로 신앙적 정절과 순수에 합한 삶이라고 그릇 인식하게 되는 것이다. 적지 않은 교회에서 교회 중심적 삶에 대한 강조를 통해서 심지어 가족, 친지, 이웃들과의 관계를 소홀히 하도록 가르치거나 그 안에서의 책임과 의무조차 가볍게 여기도록 하는 경향이 많았다. 이것은 그리스도인의 불완전한 영성추구의 단면을 보여주는 사례다.

이러한 통전적 신앙의 결여는 신자들의 실제 삶 속에서 끊임없이 불필요한 핍박과 소외를 가져오게 하기도 한다. 더 나아가서 이것은 선교적 가능성을 축소시키고 있다. 세상과 함께 나누고 이해하는 삶의 공동적 기반이 없이 이웃을 그리스도께로 인도한다고 하는 것은 그만큼 설득력을 잃어버릴 수 있다. 신앙에 입문하게 되면 그 때는 가족과, 친구와 이웃과는 헤어져 마치 다른 세상으로 들어가 살아가야 하는 분리적인 삶의 양식을 추구해야 된다고 생각할 때 통전적 신앙은 결여되고 만다. 결과적으로 깊이 있는 참여를 통해 주도적으로 현실을 이끌어 가는 주체로서의 마땅한 역할마저도 포기하게 되고 언제나 역사의 뒷전에 밀리게 되는 것이다.

그리스도인들이 세상의 죄악된 풍속에 대해서 단호히 거부하고 대처하는 일은 지극히 당연한 일이다. 그러나 우리가 사는 삶의 터전을 그 자체 악의 전체로 보는 것은 문제다. 물론 우리의 현실적 삶 안에는 인간의 죄로 말미암아 왜곡된 문제들이 산재하고 있다. 그러나 그 안에는 동시에 하나님의 선한 창조의 섭리가 있으며 왜곡된 것을 바로잡으려는 구속의 섭리가 역사하고 있는 것이다. 그런 현실 속에 파고들어서 하나님의 역사에 동참하는 것이 바로 그리스도인들의 몫이다. 현실은 우리가 피하여야 할 대상이 아니라 적극적이고 능동적으로 관여하여 주체적으로 행동해야 하는 장이다.

바로 예배는 이런 피안적이고 타계적인 신앙의 삶을 통전적으로 바로 잡는 장이다. 예배는 곧 그들을 분리된 공동체 속에 묶어 두는 것이 아니라 갱신하여 세상에 다시금 파송(sending forth) - 예배의 끝을 해산(dismissal)이라고 부르던 과거와 달리 요즈음은 파송이라고 지칭하는 추세다 - 하는 자리인 것이다.

3 사회에 대한 봉사와 관심의 필요

오늘날 한국교회들의 양적 성장세가 둔화되었다는 사실에 많은 사람들이 공감하고 있는 듯하다. 양적 증가의 추세가 둔화되었다고 해서 반드시 진정한 의미에서의 교회성장이 둔화되었다는 뜻은 아니지만 교회에 새로운 신자들의 유입이 줄어들고 있는 현실이 그리 바람직한 것은 아닐 것이다. 이러한 결과에 대한 원인을 여러 가지로 추측할 수 있겠으나 그 중의 하나로 지적될 수 있는 것이라면 과거에는 비그리스도인들 혹은 타종교인들이 교회와 기독교에 대해서 잘 알지 못하여 반대하고 핍박하였지만 이제는 기독교에 대해 과거보다 상세하게 알게 되면서 기대에 못 미치는 기독교 신앙에 대한 실망으로 전도가 더욱 어렵게 되었다고 볼 수 있을 것이다. 사실 타 종교에 비해서 기독교회가 훨씬 더 많은 봉사활동을 하고 있음에도 불구하고 일반적으로 비춰지기는 교회가 사회에 대한 봉사보다 교회의 외적 성장과 그를 위한 노력에만 주로 관심을 기울인다고 보는 부정적 인상이 만만치 않은 것 같다. 교회의 양적 성장을 부정적 태도로만 볼 수는 없으나 사회가 교회를 바라보는 시각에 대해서 경각의 눈길을 멈추지 말아야 할 것이다.

영국 옥스퍼드대학교 교회사 교수였던 채드윅(Henry Chadwick)의 연구에 의하면 초대교회에서는 헌금의 1/4 정도를 감독의 생활비로 쓰고,

1/4은 기타 교직자들을 위해서 사용했으며, 1/4은 교회 관리비 그리고 1/4은 구제비로 쓰였다고 한다. 물론 초대교회의 교회 규모는 현대와 비교할 수 없을 정도로 작은 것이었기 때문에 수평 비교하기는 어렵지만 구제비가 전체 헌금의 25%라는 사실은 오늘날 우리에게 많은 것을 시사하고 있다. 실제로 초기 3세기 동안 초대교회에서 형성되어 현재 동방교회에서 계속되고 있는 준비의식(proskomidia, 성만찬 성물을 준비하는 의식이 중심임)에서 드려지는 봉헌물은 세 가지 목적을 포함하고 있었다. 성물(성만찬을 위한), 구제를 위한 헌금, 성직자를 위한 연보 등이 바로 그런 것이었다. 이는 예배가 곧 사회에 대한 봉사 및 삶의 현실에 대한 따뜻한 관심과 배려를 포괄하고 있었다는 것을 보여주고 있다.

또한 기독교의 성장을 철저히 막은 배교자로 널리 알려져 있는 로마 황제 줄리안이 그의 친구에게 보낸 편지에는 간접적으로나마 당시 그리스도인들의 삶을 묘사하는 글이 나온다. 즉, 그는 초대교회 그리스도인들이 "낯선 사람에게 자비를 베풀고 죽은 자를 묻어주고 거룩하게 사는" 모습을 보면서 자신들이 그렇게 하지 못하는 점에 대해서 자조하면서 동시에 그리스도인들에 대한 원망 섞인 질시를 보내고 있다. 이러한 기록은 초대교회와 그리스도인들이 그들의 신앙 속에서 사회에 대한 봉사를 얼마나 활발하게 실천하였는지를 반증하고 있다.

오늘날 교회는 개인들의 구원을 위한 복음주의적 열정을 끊임없이 견지하여야 하겠지만 동시에 사회에 대한 관심과 봉사의 자세를 다시금 강조하고 실천해야 할 것이다. 이것은 세상과 인류를 위해서 대속적 희생이 되신 그리스도의 사랑을 세상에 구체화하는 방법이다. 성경과 기독교 역사에서 드러나듯이 사회를 위한 구체적인 사랑의 실천은 예배의 본질적 강조점이었다. 교회가 세상을 향해서 자비와 사랑을 실천할 때 세상은 비로소 그 사랑의 주체에 대해 관심을 갖게 되고 복음에 관심을 기울이게 될 것이다.

더 나아가서 그리스도인들은 그들이 속한 국가나 사회의 제도에 대해서도 그 권위에 무조건적으로 순종하고 따르는 것만 미덕으로 삼고 부당한 권위나 힘에 대해서 침묵으로만 일관해서는 안 될 것이다. 제도와 정치는 큰 틀 안에서 신자들의 삶에 직간접으로 영향을 주는 것들이기에 이런 것들의 부당함과 그릇됨은 신자들 개개인의 신앙적 순수만으로는 극복해내기 힘든 거대한 것이며 우리 삶의 왜곡을 초래하기 때문이다. 개인적 신앙의 정절과 순수가 중요하고 또 그에 기초한 삶의 자세도 중요하지만 거대한 제도와 사회적 관습들이 신앙의 가르침과 반하는 세력으로 개인들을 압박하거나 오도할 때, 그리스도인들의 삶은 무력하게 그에 순응할 수밖에 없는 것이다. 과격한 수단을 통해서, 폭력에 의한 방식으로가 아닌 비폭력과 무저항의 정신으로 세상에 적극적 사랑의 실천으로 빛을 비추고 소금을 뿌리는 일은 우리 그리스도인들의 몫인 것이다.

2. 예배와 생활과의 관련

앞서 예배와 생활의 이원화가 가져올 수 있는 역현상들을 살펴보고 그 통전적 일치의 필요를 언급하였다. 그렇다면 과연 기독교 신앙의 바탕을 형성하는 성경과 역사 그리고 신학은 이 둘의 관계를 어떻게 제시하고 있는지 살펴볼 필요가 있다.

1 성경적 고찰

1) 구약성경

구약성경에 나오는 첫 예배자들의 모습은 창세기 4장에 기록된 가인과 아벨의 제사에서 나타난다. 가인은 농사하는 자로서 땅의 소산으로 제물을 삼아 하나님께 드렸고(3), 아벨은 양의 첫 새끼와 기름으로 드렸다

(4). 그러나 하나님은 가인의 제사는 받지 않으시고 아벨의 제사만 받으셨다. 가인의 제사가 받아들여지지 않은 점에 대한 나름의 신학적 해석이 있을 것이지만 결과적으로 분명하게 드러나는 한 가지는 제사를 드리기에 앞서서 가인의 삶이 예배를 드리기에는 부적절한 흠이 있었던 것을 보여주고 있다. 제물이 거절된 뒤(예배가 거부된 뒤) 그의 태도는 이 점을 잘 반영하고 있다. 하나님이 가인을 향해 "네가 분하여 함은 어찜이며 안색이 변함은 어찜이뇨. 네가 선을 행하면 어찌 낯을 들지 못하겠느냐? 선을 행치 아니하면 죄가 문에 엎드리느니라. 죄의 소원은 네게 있으나 너는 죄를 다스릴지니라"(6-7)라고 책망하신다. 가인은 제물이 받아들여지지 않게 된 원인으로서의 자신의 삶을 반성하기보다는 "분하여 안색이 변하는" 자요, 선과는 거리가 먼 자였다. 하나님께 항변하다가 결국 그는 자기의 동생을 살해하는 인류 최초의 살인자가 된다. 제사 후 가인이 보여준 일련의 태도에서 드러났듯이 하나님은 그의 삶을 합당하지 않게 보시고 그의 제물을 거절하신 것이다. 그의 그릇된 삶의 행태가 합당치 않은 예배로 이어졌기 때문이다.

노아는 하나님의 명령을 따라 방주를 지어 그의 가족들과 육축 등을 홍수에서 건져내었다. 그가 홍수에서 가족 및 그의 육축들과 더불어 생존하게 된 후, 단을 쌓고 번제를 드릴 때 하나님은 그 향기를 흠향(歆饗)하셨다(창 8장). 그의 제사를 흠향하셨던 것은 바로 노아가 그의 시대의 일반적으로 횡행하였던 패괴와 강포에 물들지 않고 하나님으로부터 "의인이요, 완전한 자"로 인정을 받았기 때문이었다. 그가 받으실 만한 예배를 드렸던 것은 바로 그의 삶의 배경과 깊이 연관되어 있음을 시사하고 있다.

권력을 이용하여 남의 아내를 빼앗고 그 남편마저 죽게 한, 믿을 수 없는 실책을 범한 후 다윗은 철저하게 하나님의 냉대와 외면을 경험하였다. 그가 빼앗은 우리아의 아내 밧세바와의 사이에서 낳은 아이가 이레 동안 병을 앓는 동안 낫기를 위하여 금식하고 울었으나 그의 간구는 하나님께 받아들여지지 않고 결국 아이는 죽고 만다(삼하 12:15-23). 다윗은 시편 51편 16절에서 "주는 제사를 즐겨 아니하시나니 그렇지 않으면 내가 드렸을 것이라. 주는 번제를 기뻐 아니하시나이다. 하나님의 구하시는 제사는 상한 심령이라. 하나님이여 상하고 통회하는 마음을 주께서 멸시치 아니하시리이다"라고 읊고 있다. 하나님께 예배하는 그 행위 자체보다 더 중요한 것은 그 예배에 합당한 삶으로서의 "상한 심령"이었던 것을 다윗은 뼈저리게 느낀 것이다.

말라기 1장 10절은 하나님 앞에 불성실하고 불경한 예배를 드리는 이스라엘 사람들을 향해서 하나님이 발하신 책망의 소리였다. "만군의 여호와가 이르노라. 너희가 내 단 위에 헛되이 불사르지 못하게 하기 위하여 너희 중에 성전 문을 닫을 자가 있었으면 좋겠도다. 내가 너희를 기뻐하지 아니하며 너희 손으로 드리는 것을 받지도 아니하리라"고 기록하고 있다. 이스라엘 사람들이 하나님께 드리는 불성실한 제물들 속에는 그들의 하나님에 대한 불경(不敬)이 깃들어 있었다. 하나님은 바로 그들이 형식적이고 마지못해 드리는 제물과 예배 속에서 하나님을 존중치 않는 평소 삶의 태도들을 발견하시고 못마땅해하신 것이다. 구약시대의 제사들은 곧 그들의 삶의 제사였다. 하나님은 번제의 향을 기뻐하시거나 고기를 즐겨하신 것이 아니라 그것을 드리기에 앞서 존재하는 그들의 진정한 삶과 태도를 받고 싶어하신 것이다.

2) 신약성경

신약에 명시된 예수님의 성육신 사건은 인간의 구원을 위하여 초월적(transcendent) 현실에만 머물지 않고 내재적(immanent) 현실 속에 오신 하나님의 모습을 보여준다(요 1:14). 성육신 사건은 창조와 구원의 섭리를 가장 극명하게 보여주는 사건이었다. 하나님은 영이시지만 하나님으로서의 권위와 능력은 물리적인 창조의 질서 속에서 보다 구체적으로 나타난다. 현실을 배제한 영적이고 비물리적 현실은 결코 통전적 전체일 수 없다. 삶은 바로 예배의 온전성을 위한 통전적 공간인 것이다.

마태복음 5장 23~24절에 보면, 예수님은 "예물을 제단에 드리다가 거기서 네 형제에게 원망들을 만한 일이 있는 줄 생각나거든 예물을 제단 앞에 두고 먼저 가서 형제와 화목하고 그 후에 와서 예물을 드리라"고 명령하신다. 공동체의 지체된 형제 및 자매들과 서로 화해하지 않으면 그 예배는 하나님께 온전히 드려지지 못함을 시사하는 말씀이다.

요한복음 4장 21, 24절에, 예수님께서는 사마리아 여인이 예배할 곳에 대한 질문을 하였을 때 "이 산에서도 말고 예루살렘에서도 말고 너희가 아버지께 예배할 때가 이르리라"고 설명하신다. 진정한 예배의 장소는 사마리아인들이 지은 성전에서도 아니고 이스라엘 사람들이 지은 예루살렘 성전에서도 아니었다. 오로지 신령과 진정으로 드릴 때 어느 곳에서든지 예배는 가능하였다. 이것은 예배 처소의 장소적 제한을 무너뜨린 것이다. 이것은 더 나아가서 예배란 삶의 어느 상황에서나 신령과 진정으로 드려질 때 비로소 하나님께서 받으실 만한 것이 될 수 있다는 점을 보여주고 있다. 넓은 의미로 볼 때 곧 예배가 우리의 삶의 전 영역으로 확대되어지고 있음을 이 말씀은 보여주고 있다.

예수님께서는 서기관들과 바리새인들을 향하여 "화 있을진저 외식하는 서기관들과 바리새인들이여 너희가 박하와 회향과 근채의 십일조를 드리되 율법의 더 중한 바 의와 인과 신은 버렸도다. 그러나 이것도 행하고 저것도 버리지 말아야 할지니라"라고 말씀하신다. 십일조를 드리는 일, 예배라는 배경에서 하나님과 사람들과의 관계에서 일어나는 의로움, 자비를 베푸는 일, 신의를 지키는 일 등이 결여된 이들의 모습을 보고 예수님께서 책망하신 내용이다.

초대교회의 예배 공동체는 그야말로 구원받은 자들의 모임(ecclesia)

이었다. 그 구원의 출발점은 세(침)례식이었고 누구든지 세(침)례 받지 않은 사람들은 설사 세(침)례 예비자 과정(catecumenate)에 가입을 하고 또 거기에서 더 나아가 후보자로 등록이 되어도 예배의 초반부, 즉 말씀 예배에만 참석하고 성만찬 예배에서는 배제되었다. 그러나 시대적 배경에 비추어서 볼 때 이와 같은 엄격한 구분은 핍박의 상황하에서 교회 공동체를 지키고자 한 철저한 배려에서 나온 것이기도 했다. 그러나 오늘날에 와서 예배는 더 이상 이런 유형만을 고집할 수 없게 되었다. 예배는 곧 선교적인 회집으로서의 성격을 동시에 갖게 되었다. 이 말은 구원받은 자들이 하나님을 경배하는 사건으로서의 예배의 성격에 변화가 있다는 말이기보다는 고전적 의미의 예배 개념과 함께 이제는 선교적 집회의 성격도 아울러 지니게 되었다는 것을 뜻한다.

　실제로 세(침)례받은 교회회원은 물론이고 세(침)례를 받지 않거나 단순히 방문자일 경우도 예배에 참석하는 일이 전혀 이상스러운 것이 아니다. 심지어 오늘날 일부 주류교단(한 예로 미국연합감리교회) 가운데에는 누구든 성만찬에 진실한 마음으로 참여하기 원하는 사람에게는(심지어 어린이들까지) 비교적 개방적인 입장을 보여 성만찬을 받도록 허용하기도 한다. 물론 이러한 입장은 교회의 전통에 비추어 조심스러운 부분이기도 하지만 예배가 부름받은 자들의 모임이라는 것을 지나치게 강조하여 세상과 분리된 이미지만을 강화하는 것과는 다른 접근이다. 예배는 세상과 구별되어 있기는 하지만 세상과 분리되어 있는 집단의 모임이 아니다. 세상과 끊임없이 연계되어 있으며 예배와 생활은 연속선 위에 서 있는 것이다.

2 역사적 고찰

유대인들은 음식을 먹는 자리에서 의식적(ritual) 기도를 잊지 않았다. 그들은 음식을 놓고 감사기도를 하면서 하나님의 창조사역을 전반적으로 떠올리며 기념(commemoration)하였다. 창조로부터 계속되어온 그들의 삶 전체가 모두 다 하나님의 통치 영역이라는 점을 인정하는 것이었다. 이것은 곧 우리의 삶의 어떠한 것들도 하나님의 섭리나 통치로부터 벗어난 독립적 사건은 없다는 정신을 반영해 주고 있다.

초대교회의 성만찬 기도도 이런 전통에 영향을 받아 하나님의 섭리를 창조로부터 예수님의 구속사건 그리고 다시 오심에 이르는 전 범위를 기념하는 차원에서 이루어졌다. 초대교회의 예배자들은 성만찬에서 사용할 떡과 포도주를 오늘날 교회에서 준비하는 관례와 달리 집에서 만들어 왔다. 이것을 예배의 집례자에게 넘겨주고 성만찬기도에 의해 성변화(聖變化)한 후 성만찬 성물로 쓰여졌던 것이다. 그러나 이것이 중세 중기에 와서는 거룩한 것을 속세에서 만들 수 없다 하여 수도원에서의 대량생산방식으로 바뀌는 바람에 이런 바람직한 전통들이 사라져가기 시작했다. 사람들이 직접 떡을 만들고 포도주를 빚어 예배에 가져왔다는 것은 중요한 의미가 있다. 곧 그들이 피땀 흘려 노력하여 생산한 산물을 가공하여 하나님께 바친다는 것이다. 그들의 삶의 노력과 결실이 곧 예배의 자료가 된다는 의미다.

예배와 생활의 관계를 이해하기 위해 초대교회에 활발하게 전개되었던 영성운동의 면모들을 들여다볼 필요가 있다. 영성운동을 잘 보여주는 고대의 수도원 운동 등을 보면, 그들은 매일 7, 8회의 예배와 더불어 노동을 중요한 생활로 삼았다. 이들에게 있어서 영성의 추구는 곧 예배와 생활이었다. 완성적인 영성을 향한 이들의 열정은 예배의 삶을 통해서 추구되었으며 동시에 생활을 통해서 구체화되었다.

수도사들은 영성의 근간이 되는 구원의 가르침이 현실적 삶의 현장에서 일어난다고 보았다. 완성을 향한 열정으로 예배 및 기도회를 통한 영성에 몰두하면서 동시에 이것들을 이루는 덕을 생활 속에서 추구하였다. 이 덕이라는 말에 사용되었던 헬라어 아레테(arete)는 특정의 종교적인 덕만을 가리키는 것이 아니라 일반 삶 속의 모든 것을 포함하고 있던 덕이었다. 성(聖)과 속(俗)을 구분하지 않고, 교회 안팎에서 두루 사용하던 말이었다. 또 수도원에서 추구한 덕목들은 수도사들만 할 수 있는 몇 가지의 특수한 덕목을 예외로 하면 대부분은 그리스도인이면 누구나 해야 하는 신앙적 덕목들이었다. 수도사들은 일반인들이 가지고 있지 않은 신비적 신앙체험, 축귀, 신유, 황홀경의 경험, 예언 등의 능력이 두드러졌지만 이런 것들보다도 더 중요한 덕목은 이웃에 대한 사랑이었다. 오히려 이 경험들을 가지고 어떻게 이웃을 도울 수 있는지를 중시하였다.

초기 수도원들에 대해 생각할 때에 쉽게 떠오르는 대로 담장을 친 고립된 곳으로서의 이미지와는 달리 어떤 수도원의 경우에는 상인들도 자주 왕래하였고 수도사들이 노동해서 만든 물건을 팔러 장에 나가기도 하였다. 또한 후기에는 수도사들의 자문을 얻기 위해 멀리 로마에서 황제가 찾아오는 일이 있을 정도였다. 사막의 수도자들에게는 동료들이 누구보다도 가까운 이웃이었을 것이지만 그 외에 시장에 드나들면서 만나게 되는 사람들, 수도사들을 여러 모로 돕던 사람들, 상담을 위해 찾아오던 사람들 모두가 이들 수도사들의 이웃이었고 그들이야말로 실제적이고 구체적으로 사랑을 베푸는 대상이었다.

수도자들은 영성 추구의 중요한 바탕이었던 예배에 몰두하였지만 거기에 머물지 않고 지속적으로 노동하고 또 대중들이 머무는 삶의 현장과도 끊임없이 연계하면서 그들의 덕목을 구체적으로 실현하기 위해 노력하였다. 이와 같이 그리스도인들의 예배는 제한된 예배의 장에서 머물지 않고 예배 외적 생활 속에서 구체화될 때 비로소 통전적 모습을 띠게 되는 것이다.

예배자들이 예배에 참여하기 위한 자격을 엄격히 제한했던 칼빈의 경우에 있어서 예배와 생활은 불가분의 문제였다. 제네바에서 개혁운동을 펼쳤던 칼빈의 경우 그가 시의회 의원들과 갈등을 빚기까지 하였던 한 이유는 예배와 생활을 철저히 연계시킨 점에 있었다. 그는 예배 전에(특히 성만찬에 참여하기 전에) 여러 죄목들을 읽게 한 후 그런 죄목에 해당되는 사람들은 스스로 성만찬을 받지 못하도록 권하였다. 이것은 일종의 공개적인 배찬금지(excommunication)였다. 공중 앞에서 거리낌이 있는 사람들이 성만찬에 참여하지 못하게 되는 일은 곧 공개적으로 자신들이 죄인임을 드러내는 일이었다. 이러한 성격의 성만찬 시행이 매주 실시된다는 것은 시의회의 지도자들에게 매우 부담스러운 것이었다. 결국 칼빈이 주장한 대로 제네바에서의 잦은 성만찬은 관철되지 못하였다. 그는 대신 장로교 전통에 매우 중요한 영향을 미친 행사를 제정하였다. 즉, 분기마다 실시하는 성만찬에 앞서서 준비절기를 마련한 것이다. 즉 일주일 전에 광고를 하여 "각자 자격을 갖추고 성만찬을 받도록 준비케 한 것이었다." 물론 이러한 칼빈의 전통은 이후 성만찬을 너무 경직되고 참회적 분위기로만 몰고 갔을 뿐만 아니라 사람들의 성만찬 참여를 감소시키는 역할을 했던 부정적인 측면이 없지 않다. 그러나 그만큼 삶은 가치 있는 예배를 가능하게 하는 전제조건이었음을 보여준다는 점에서 시사하는 바가 크다고 할 것이다.

역사적으로 예배는 곧 생활과 분리되지 않고 밀접한 관계를 가지고 있었다. 창조의 섭리 안에 있는 현실이 예배의 관심이었을 뿐만 아니라 생활 속에서 예배의 경험을 구체화함으로써 상호 연속적 관계를 지켜갔던 것이다.

3 예배신학적 고찰

예배자들의 예배 외적 삶의 문제를 중시하는 경향은 매우 오랜 역사를 가지고 있다. 초대교회의 예배에서 중요한 부분을 차지하였던 성만찬 신학에 대해서 오늘날 몇 가지 새로운 이해들이 소개되고 있는데 이런 이해들 속에서 예배와 생활의 관계를 살펴볼 수 있다.

크로켓(William R. Crockett)은 루박(H. de Lubac)의 견해를 소개하면서 초대교회를 지나 중세기가 깊어가면서 성만찬 신학에 중대한 변화가 일어났다고 보았다. 즉, 고린도전서 11장 29절에 나온 "주의 몸"이라는 말을 원래는 기독론적이며 교회론적인 복합적 의미로 이해하였는데 이 중에서 기독론적 의미로 편중되기 시작했다는 것이다. 여기서 기독론적으로 편중되었다는 말은 성만찬에 참여하는 사람들에게 "주의 몸을 분변치 못한다"고 지적한 것이 성만찬의 떡과 잔을 받을 때 개인적 죄를 지닌 채 먹고 마시는 일에 대한 경고로 언급된 것이라는 말이다. 그러나 이 말씀은 원래는 교회론적인 이해도 균형적으로 지니고 있었다. 즉, "주의 몸을 분변치 못한다"는 말은 그리스도의 몸인 교회의 지체된 형제와 자매와의 관계에 대한 지적이 중요한 강조점이었다는 말이다. 교회의 지체된 형제와 자매에 대한 관심과 사랑, 화해의 관계 등이 성만찬에 임하는 중요한 자격요건으로 보았다는 것이다. 바울과 어거스틴(Augustine)이 성만찬에서 "그리스도의 몸"에 대해서 말할 때도 이는 그리스도를 지칭하는 것이면서도 동시에 교회, 즉 신자들의 공동체를 의미하였다. 그러므로 성만찬에의 참여는 그리스도 자신에게 참여하는 것이면서 또 그의 몸인 교회에 참여하는 문제와 깊이 관여하고 있었다.

미첼(Nathan Mitchell)은 이러한 관점이 예전적으로 볼 때 얼마나 근본적 변화를 가져오는지를 보여주었다. 성만찬이 성물에만 초점이 맞추어질 때 성만찬은 더 이상 공동체의 경축으로 이해되지 않고 제단에서 사제에 의해 시행되는 모노 드라마에 그치게 된다. 이 경우 회중은 단순히 관객으로 전락되는 것이었다. 그러나 이런 경향과 달리 "주의 몸을 분변치 못하고 먹고 마시는 자"라는 말은 어떤 고린도인들 가운데 공동체 안에서 그리스도의 몸을 제대로 인식치 못함에 대한 언급으로 해석될 수 있다고 헤이(Leo Hay)는 말한다. 헤이는 바울에게 있어서 근본적인 강조는 성만찬 성물에 있는 그리스도의 임재가 아니라 오히려 "그리스도의 몸"인 공동체를 세우는 것에 있었다는 것이다. 그는 말하기를 "성만찬은 단순히 개인적인 헌신이 아닌 그리스도의 몸의 일원으로서 자신의 정체와 신분의 인식이다"라고 말하였다.

이런 사실에서 보듯이 그리스도인들이 예배에 임할 때에 예배 외적인 삶에 대한 결과는 예배에 참여할 수 있는 자격여부에 매우 중요한 관건이었다는 점을 알 수 있다. 그리스도께 대한 허물과 그릇됨에 대해서도 반성하여야 했지만 자신이 속한 공동체 내에서의 다른 지체들과 갖는 생활이 어떠했는가 하는 것은 예배의 자격을 갖추는 데 있어서 중요한 기준이었다. 만일 그리스도 안에 있는 다른 지체들과 올바른 관계를 갖지 않았으면 그는 예배에 참여함에 있어서 큰 허물이 있는 셈이었다. 즉, 그리스도의 몸과 피를 분변치 못하고 먹고 마시는 격이 되는 것이다. 따라서 그리스도의 몸에의 참여는 지속적인 관계의 갱신을 요청하는 것이었다.

3. 예배와 생활의 연계를 위한 방안

예배와 생활 사이의 이원화를 바로잡고 통전적 신앙의 삶으로 나아가기 위해 필요한 방안들은 여러 가지로 논의될 수 있을 것이다. 그러나 그런 방안들을 한정된 지면에서 다 제시할 수는 없다. 여기에서는 다만 그 가운데 몇 가지만 소개하면서 대안적인 모색을 시도해 보고자 한다.

1 문화와의 관련을 지닌 예배

오늘날 세계는 지구촌화가 가속화되면서 각 나라, 각 지역의 문화적 차이들에 대한 이해를 넓혀가고 있는 상황이다. 교회 또한 타문화에 대한 가치와 중요성 및 필요를 인식하고 문화적인 다양성에 대해 열린 자세를 가지고 기독교 신앙을 보다 풍부하게 할 뿐만 아니라 상호 교류의 여지를 확대해 나가고 있다. 이런 상황에서 교회가 복음주의적 신앙의 바탕을 가지고 교회의 일치성을 추구하면서도 예배와 문화와의 관련을 높여가는 노력을 기울인다면 예배자들은 예배를 보다 친숙한 삶의 일부요, 현실을 깊이 반영하는 장으로 인식하게 될 것이다. 문화와 예배와 관련된 노력은 기독교 신앙을 가지고 살아가는 것이 실제의 문화 속에서 낯설게 느껴지는 신자들이나 혹은 역으로 어렵게 입교한 신자들이 다시금 그들이 속했던 문화 속으로 들어가 어설프게 적응하는 일의 반복 속에서 빚어지는 좌절과 그로 인한 예배와 삶의 이원화를 최소화하는 방법이 되기도 한다.

한국 개신교 초기 역사를 보면, 초기 선교사들은 대체로 미신과 우상숭배에 대해 단호한 입장에 서 있었던 것이 사실이다. 그러나 토착 종교를 떠난 순수한 문화적 내용들에 대해서마저 무조건 배타적인 입장에 서 있었던 것은 아니었다. 다만 그들이 한국문화에 대한 충분한 이해가 없었고 또 일부 선교사들 중에는 기독교 신앙의 본질과는 무관한 서구적 문화의 옷을 마치 기독교 신앙의 체계를 가장 잘 반영하는 우월한 문화로 생각하고 한국 토양에 심으려 했던 점이 없지 않았다.

그러나 이제 한국교회는 우리 문화를 무조건적으로 터부로 여기기보다는 미풍양속적 문화의 내용들을 우리 신앙 속에서 적절히 적용하는 태도를 가져야 되리라고 본다. 예배와 관련해서 이런 문화적 적응의 문제가 중요한 의미를 지니는 것은 한국적 문화와 정서를 담은 예배가 예배자들에게 우리의 예배라는 인식을 주어 참여의 깊이를 가져다줄 뿐만 아니라 생활 속에 배어 있는 한국문화와의 불필요한 갈등을 피하고 바람직한 선교의 가능성을 넓혀 주기 때문이다. 이것은 나아가 그리스도인들의 예배와 삶이 서로 더욱 깊이 관련되고 연속성을 갖도록 도와줄 것이다. 예배와 문화의 관련을 도모하고 문화에 친숙한 예배를 위해서 다음과 같은 것들을 생각해 볼 수 있을 것이다.

1) 상징적 매개에 대한 문화적 변용

여기서 상징적 매개라는 것은 복음의 내용을 전달하기 위해서 예배 안에서 사용되는 매개 수단으로서 상징적 형태를 띤 것을 말한다. 예배가 표현하는 구속사건을 상징적으로 가장 잘 표현하는 의식이라면 성만찬을 들 수 있을 것이다. 그간 개신교 예배는 설교중심의 예배에 치중하여 왔기 때문에 성만찬은 주변적 의식이 되어 왔던 것이 사실이다. 오늘날에 와서 초대교회에 대한 연구에 근거하여 성만찬을 중시하는 예배를 드리고자 하는 움직임이 관심을 끌고 있다.

성만찬은 초대교회의 상황에서는 온전한 식사(a full meal)로서의 구조를 가지고 있었으나 이 가운데 식사 부분 - 아가페 식사 - 과 분리되어 간결한 상징의식(a token rite)으로서의 성만찬이 교회의 역사와 더불어 발전되어 왔다. 현대 개신교회들이 성만찬의식의 비중을 강화해 가면서 종종 논의의 대상으로 삼는 문제 중에 횟수가 어느 정도여야 하는가가 관심사이기는 하지만 성만찬의 상징적 특성에 비추어 볼 때, 더욱 중요한 것은 집례자나 참여자의 상징행위, 예식본문, 그리고 사용되는 상징물이 아닐 수 없다.

그간 한국교회에서는 성만찬에 우리에게는 매우 낯선 종류의 떡을 사용하여 왔다. 이것은 성만찬의 의미를 충분히 살리기에는 적절치 못한 관행이었음을 부인할 수 없다. 상징성은 그것을 공유하고 있는 특정 문화 속에서 공동의 합의에 의해서 생겨나는 것이 대부분이기 때문에 그 문화의 산물이 아닐 경우 결과적으로 상징성을 충분히 반영하지 못하기 때문에 예배자들을 예배에서 소외시킬 수 있는 것이다. 실상 예수님의 성만찬 제정시 성물로서 사용되었던 떡은 그가 살아가셨던 유대 사회의 배경에서 나온 문화적 산물이었다. 예수님께서는 식사 중 떡과 잔을 취하여 성만찬을 시행하였는데 이 음식들 속에는 이것이 유대인들의 주식이면서 생명의 음식이라는 상징성이 깊이 배어 있었다. 예수님께서 디베랴 바다 건너편에서 오병이어로 5천명을 먹이실 때에도 그는 곧바로 이 떡을 자신의 생명수여적(生命授與的)인 삶에 비교하였다. 그가 곧 생명의 떡이라는 것이다. 말하자면 백성들이 주로 먹는 주식을 사용하여 생명의 떡이신 예수님 자신을 드러내시고자 하였던 것이다.

그런 면에서 한국어 성경에 이를 떡이라고 번역한 일은 참으로 다행스럽고 지혜로운 선택이었다고 보여진다. 그럼에도 불구하고 한국교회의 예배에서 성만찬 떡은 여전히 국적 불명의 떡이 아무런 고려 없이 오랜 동안 자연스레 사용되어 오고 있다. 한국은 전통적으로 농경사회요, 특히 벼농사 중심의 사회였다. 쌀은 여전히 우리의 주식이며, 그것으로 만든 떡은 우리 전통사회 안에서 통과의례와 주요 축제적 행사에서 빠지지 않는 의식적(ritual) 매개(媒介)였다. 우리 전통 속에서 볼 때 쌀과 떡 안에는 생명, 평화, 감사, 희생, 나눔 등의 의미들이 깊이 각인되어 있다. 사람들은 떡을 먹으면서 더 깊고 친숙한 의미들을 풍부하게 경험하게 되고 성만찬 예식의 본문 속에서 나타나고 있는 그리스도 사건에 대한 계시를 들으면서 구속사건의 현재화에 참여하게 될 것이다. 떡이 토속종교와의 관련성 때문에 기독교 신앙의 혼합성 여지에 대한 우려가 있을 수 있으나 전통적인 예식본문 설교가 동반되는 예배에서 그것은 기우일 뿐이다. 문화적 변용이 된 성만찬 떡이 사용되는 성만찬은 한국의 예배자들로 하여금 기독교 신앙을 주체적이면서 친숙하게 경험하고 삶 속에서 구현하도록 도와줄 것이다.

2) 예배 음악의 한국화

예배에서 음악이 차지하는 비중이 큰 것을 감안할 때, 예배 음악과 문화와의 관계도 심도 있게 논의되어야 할 것이다. 예배의 음악이 문화적인 옷을 입는다는 것은 매우 필요하면서도 중요한 관건이 아닐 수 없다. 예배 속에서 드러나는 하나님의 계시에 대해 예배자가 응답하는 방식은 그들의 배경에 따라서 다양하게 이루어질 수 있을 것이다. 자신들에게 낯선 것보다는 자신들의 문화적 특성과 기질에 맞는 응답을 통해서 신자들은 보다 온전하게 응답할 수 있는 것이다.

근자에 예배 음악도 각기 문화에 따라 자신들의 음악을 사용하여 하나님께 영광 돌려야 한다는 주장이 널리 공감을 얻어가고 있고 실제로 실행되고 있다. 아프리카 등지에서는 외국선교사들에 의해서 시작된 교회의 경우도 아프리카 문화의 특성에 의해서 크게 영향을 받아 토착적인 음악을 예배에 활용하고 있는 예가 많다. 간혹 전통적으로 사냥 때 부르던 곡에 복음의 가사를 붙여 찬송하는 일 등이 구체적으로 시행되고 있다.

그간 한국교회의 일부에서는 한국의 전통음악에 대해 편견을 가지고 보는 사례가 없지 않았다. 그런 이유 때문인지 선교역사가 1세기를 훌쩍 넘은 현재의 시점에도 찬송가의 대다수가 외국 곡조에, 외국가사로 된 것을 번역한 것들이 대부분이다. 세계교회와 동일한 곡조와 내용의 찬송가를 부른다는 것도 나름대로 의미가 있다. 또 그것들의 수용에 대해 결코 배타적 입장에 서서도 안 될 것이다. 그러나 그럼에도 불구하고 우리에게 친숙하고 우리의 정서에 어울리는 곡조들이 우리 찬송가에 너무 희소하다는 것은 예배자들의 삶의 현실과 너무 동떨어진 모습이 아닐 수 없다.

악기의 경우도 마찬가지다. 오르간만이 장엄하고 성스럽다는 인식은 잘못 이해된 것이다. 실상 중세 초기까지만 해도 오르간은 금지되었으며 9세기가 되어서야 서방에 소개되고 사용되어졌다. 종교개혁자들 가운데 일부가 오르간을 사치스런 중세 예배의 상징으로 보고 사용하지 않았을 뿐만 아니라 악기를 부수기까지 했던 역사를 보면 아이러니를 느낀다. 특정 악기에 대한 옳고 그름의 견해는 상대적이며, 문화적 배경에 의해 형성된 편견일 수 있다. 예배의 악기는 예배곡과 마찬가지로 엄밀히 말하면 중립적이어서 그 자체가 성과 속의 구별이 있을 수 없다. 더욱 중요한 것은 어떤 가사를 담느냐에 의해 예배의 중요한 수단이 될 수 있다. 실제로 우리에게 익숙한 찬송가 중에도 외국 곡으로서 대중들이 부르는 노래에 찬송가 가사를 붙인 곡들이 적지 않다. 예를 들면, 찬송가 40장은 스웨덴 민요, 338장과 545장은 스코틀랜드 민요로 알려져 있다.

이런 의미에서 우리의 전통적인 가락이나 악기를 사용한 음악에 찬송가 가사를 덧붙여 사용한다면 서구화된 오늘의 상황이긴 하지만 우리들의 내면 속에 잠재된 친근한 정서로 인해 보다 깊이 공감할 수 있으리라고 본다. 종종 우리는 예배에서 이해할 수 없는 어려운 곡으로 연주하여야만 질 높고 가치 있는 음악이 드려지는 양 생각하는 편견이 있는데 이는 적절치 못한 태도다. 오늘날 서양음악은 이미 우리의 음악의 일부로 익숙한 것이 되어 있어서 배타적인 태도로 구분하는 것은 곤란하지만 우리의 문화와 정서를 잘 반영하고, 또 누구나 쉽게 이해하고 공감할 수 있는 교회음악을 위한 노력은 계속되어야 할 과제다. 누구나 쉽게 이해하고 공감을 끌어내는 음악에 대해서는 보다 열린 자세로 받아들여야 할 것이다. 이러한 노력은 결과적으로 예배가 우리의 삶과 격리되지 않는 채 삶의 중심에 있음을 피부로 느끼도록 도와줄 것이다.

3) 시간성을 지닌 예배

시간성을 지닌 예배라는 말은 구속사건이 무시간적으로(timeless) 일어난 사건이 아니라 실제적 역사의 시공간 안에서 일어난 일들인 것처럼 예배도 우리가 현재 역사적으로, 또는 문화적으로 경험하는 시간대 위에 위치할 때 더욱 현실감 넘치는 의미를 지닐 것이라는 기대를 내포하고 있다. 한국교회가 예배를 현실의 시간 안에 두어 현장감을 불어넣을 수 있는 중요한 방법은 우선 우리의 문화 속에 있는 명절들과 역사적 사건과 관련된 기념일들에 대해서 보다 적극적으로 관여하고 이용하여 교회의 관심영역을 통전적으로 확대하는 것이다.

이렇게 예배에서 우리의 명절과 기념일들에 따른 의미들의 반영은 예배자들로 하여금 예배에서 보다 깊은 현실감을 느끼게 도와줄 것이다. 세속의 절기나 기념일에 대한 배타적 태도나 무관심보다는 예배에 참석한 뒤 세상으로 나아가는 그리스도인들에게 이 세상의 모든 것이 결국은 하나님의 창조와 구원의 섭리 속에 부속되어 있음을 인식케 할 필요가 있다. 다만 기독교적 변혁과 재평가가 항상 선행되어져야 함은 물론이다. 그간 한국교회에서는 역사적인 기념일들 - 예를 들어 삼일절, 육이오 기념주일, 해방기념주일 등등 - 을 예배에 비교적 잘 반영해왔다고 평가된다. 그럼에도 불구하고 그런 절기의 반영이 주로 설교에만 국한되었을 뿐, 예배의 각종 순서 속에서는 잘 반영되지 못하는 감이 없지 않았다.

그밖에도 전통적 민족 명절들에 대해서 무조건 꺼리고 배타적인 태도로 대하기보다는 적극적이고 문화변혁적인 태도로 기독교화하는 노력이 필요하리라고 본다. 우리의 경우 농경사회의 전통과 유교적인 전통이 복합적으로 자리하고 있어서 이들 전통을 잘 변혁하여 기독교적 선포의 효과를 거둘 수 있는지에 대한 깊은 고민이 필요하기 때문이다. 민족명절 등에 대한 변혁적 노력은 일반 사회의 역사에 대해서 예배가 기독교적 답을 제공하고 실제 삶의 현장에서 살아가는 신자들에게 적절한 방향을 제시해 준다는 목적이 들어 있다. 세상은 그리스도인들의 삶의 터전과 거리가 멀고, 전혀 다른 차원의 세계가 아니라 그리스도인들이 끊임없는 변혁을 통해서 하나님 나라를 확장해 가야 하는 터전이기 때문에 더욱 그러한 것이다. 세속사회의 사건은 하나님의 시간과 별개로 일어난 사건이 아니라 그의 섭리 안에서 발생한 사건들이다. 이런 것들과 별개로 예배를 이해하기 시작할 때에 그리스도인들은 삶으로부터 더욱 더 멀어지게 되는 것이다. 이스라엘의 역사를 볼 때 그들의 삶의 현실은 곧 예배의 장이었다. 하나님은 현실적인 감각을 잃지 않기를 원하신다. 삶은 예배의 균형을 위해서 반드시 동반되어져야 하는 사항이다.

4) 기타

그밖에 예배의 환경을 제공하는 교회의 건축 그리고 예배 집례자나 성가대의 복장 등에 대해서도 예배자들이 속한 한국적 문화와 정서를 잘 반영하고자 하는 노력들이 필요하다고 본다. 기독교가 국교화되기 이전의 예배는 주로 비밀리에 가택환경(domestic setting)에서 드려졌다. 이 때의 교회건물은 건축학적 미의 개념보다는 실용성에 바탕을 둔 건축 양식이었음을 몇몇 고고학적 발견들은 보여주고 있다. 그 후 4세기에 로마 정부가 기독교를 공인한 이후 교회가 사용하게 된 바실리카(Basilica)는 장엄함과 화려함을 특징으로 하였다. 우리가 흔히 오랜 교회의 건물을 떠올릴 때마다 연상하는 웅장함이나 화려함도 바로 이 때 이후의 건축물에 대한 지식에 기초하고 있는 것이다. 당시에 법정이나 공회당으로 쓰였던 건물의 사용은 그 시대의 사람들에게 생소함이나 거부감을 주지 않았을 것이 분명하다. 다만 기독교적 특성에 맞게 신학적 의미를 부가하면서 변형시켰을 것이다. 전통적인 건축에 대한 인식은 그 후로 더욱 시대적인 변화를 겪었다. 동방교회의 비잔틴(Byzantine) 양식(4-15세기), 로마네스크(Romanesque) 양식(8-13세기), 고딕(Gothic) 양식(중세 후기 이후), 르네상스(Renaissance), 바로크(Baroque) 양식, 로코코(Rococo) 양식 등은 건축문화의 변화를 보여주고 있다. 제2차 세계대전 이후 유럽에서 전후의 폐허 속에 저비용의 실용적 건축물을 짓게 되면서 건축에 대한 큰 변화를 가져오기도 하였다. 결국 건축물에 대한 발전 과정도 문화적 배경의 영향이 큼을 보여주고 있다. 근자에 한국의 보수교단 가운데 어떤 교회들이 한국식 건축양식을 사용하고 기와로 꾸민 교회건물을 짓는 모습이 사람들의 주목을 받고 있다. 비록 과거의 건축물이 항상 우리에게 친숙하다는 맹신은 곤란하지만 우리의 정서와 심성에 맞는 건축구조와 그 속에서의 예배는 예배와 삶을 연계시키는 중요한 일이라고 여겨진다.

그밖에 예배 집례자나 성가대원들의 복식도 문화적 변용에의 관심이 필요한 영역이다. 예를 들어서 복식의 경우 안수 목회자의 의미를 담은 영대(스톨, stole)와 가운에 들어가는 무늬, 또는 교회력상의 절기에 따른 영대의 색깔 등은 세계교회들이 오늘날 거의 일치된 모습을 보여주고 있다는 점에서 그대로 따르는 것이 필요하다고 할 수 있으나 디자인이나 복장 자체의 색깔은 한국의 복식을 충분히 연구하여 반영하는 노력이 필요하다고 본다. 성탄절이나 추수감사절과 같은 절기 때에 한복을 입고 교회에 나가는 모습들이 이미 널리 보편화된 것을 보면 이러한 문화적 적용의 가능성이 얼마든지 있음을 보여주고 있다. 다만 한국 개신교회들이 그간의 분열의 양상을 벗어버리고 이런 부분에서라도 서로 합의된 결과들을 도출하도록 노력한다면 예배와 삶의 일치는 물론 교회와 교회의 일치도 한층 가속화할 수 있으리라고 본다.

2 삶의 실제 주제들과 관련된 예배

오늘날 예배를 실제적 삶과 관련시키려는 노력은 여러 가지 형식으로 나타나고 있다. 그 가운데 두드러진 한 예배는 최근 한국에도 많이 알려진 구도자 예배(seekers' service, 한국에서는 열린 예배로 더 알려짐)라고 볼 수 있다. 시카고 근교의 일리노이 주, 사우스 배링턴(South Barrington)에 있는 윌로우크릭 교회(Willow Creek Community Church)는 구도자 예배를 처음 실시한 교회로 유명하다. 이 교회가 1975년 처음 교회를 창립하던 당시 설문조사와 분석을 통해서 사람들이 교회를 잘 참석하지 않는 이유에 대해 질문하고 응답을 받은 결과 다섯 가지 중 특히 두 가지가 눈길을 끈다. 그 하나는 "예배가 지루하고 생명력이 없다"는 것이었고 다른 하나는 "설교가 실제 일어나는 매일의 삶과 관련이 없다"는 것이었다. 그래서 이 교회는 이런 신자들에게 흡인력을 제공하는 예배를 고민하다가 소위 구도자 예배를 창안케 되었다. 이 예배 전략의 골자는 "사람들을 지루하게 하지 않기 위해 동시대적이며(contemporary), 창의적인(creative) 예배를 드리자"는 것이며 "기독교와 구도자의 일상적 삶 사이의 상관적 연계를 제공토록 하자"는 것이었다. 이러한 전략의 실행은 성공하여 결과적으로 윌로우크릭(Willow Creek) 교회에 많은 부흥과 성장을 가져오게 되었고 한국의 몇몇 교회들도 이에 대한 관심을 가지고 여러 방면의 검토를 거쳐 시도하고 있는 상황이다.

이 예배는 그 형식적인 면에서 사람들에게 익숙한 예술과 드라마 등의 장르를 사용하고 예배의 주제도 가정과 사회에서 발생하는 실제적인 문제들을 다룬다는 특징을 지니고 있다. 물론 우리는 구도자 예배에 대한 비판적 관찰도 간과할 수는 없다. 참여자들의 흥미를 끄는 공연으로 예배 참여에 대한 관심을 높이는 긍정적인 점이 있는가 하면 회중을 관객의 위치로 전락시킨다는 단점을 지니고 있다. 참여한 사람들에게 자발적으로 교회의 회원이 되기까지 등록이나 결단을 강요하지 않음으로써 불필요한 부담이나 거부감을 주지 않는다는 취지에도 불구하고 전도의 절박성에 대한 안이한 시각이라는 비판도 있을 수 있다.

그러나 우리는 예배와 삶의 문제를 깊이 있게 연관시키고자 하는 노력을 주목할 필요가 있다. 지루하고 무미한 예배에 식상한 현대인들을 다시금 예배 속에 흡수하기 위해 시도하는 전략과 기지를 과소평가하지 말아야 할 것이다. 구도자 예배는 예배와 삶과의 관련성에 관심을 기울이고 예배의 주제가 우선 사람들이 생활 속에서 접하기 쉬운 주제들이 되도록 노력하고 있다. 예배의 교육적 기능도 중요하지만 현실과 유리된 채, 교리교육이나 피부에 와 닿지 않는 예배의 내용들만을 너무 무겁게 담기보다는 생활 속에 일어나는 실존적 현실들을 다룸으로써 예배와 생활과의 연속성을 추구하는 노력이 중요한 것이다. 오늘의 예배가 그 형식이나 틀에서 구태를 보존하는 것을 능사로 알고, 또 과거의 문화나 역사의 배경에만 집착하여 그것의 설명으로 예배나 설교의 내용을 채운다면 고전학 강의와 크게 다를 바 없을 것이다. 오늘의 삶이라는 예배의 방향을 끊임없이 추구할 때, 예배는 비로소 우리를 향한 하나님의 메시지의 도구로 기능할 수 있을 것이다.

이 외에 예전적 교회들 안에서도 비록 방향과 형식은 다르지만 예배를 삶과 연계하려는 노력은 계속되고 있다.

예전적인(liturgical) 교회란 주로 빈번한 성만찬의 실시를 강조하고 예배 안에서 상징적 행위나 사물의 성례전 기능을 증대시키는 일 외에 교회력과 성경일과(lectionary)의 사용을 적극화하는 등의 특징을 지닌 교회들을 일컫는다. 이들은 예배중에 회중들이 소속된 세상의 관심사에 대해서 기도하고 서로 나누는 일을 포함시키고 있다. 무엇보다도, 특히 오늘날 예전적 교회들이 함께 공유하고 있는 예배의 구조로서의 4중 구조(fourfold actions)는 세상에 대한 이런 관심을 반영해 주고 있다.

에큐메니칼 예배 모델의 4중적 구조는 도입(entrance) - "예배에의 부름", "참회예식"과 목회자에 의한 중보 형태의 "모음기도" 등으로 이루어진 예배의 첫 부분, 말씀(Word) - 구약, 서신서, 복음서 봉독과 설교, 신조낭송, 중보기도 등으로 이루어진 부분, 응답예식(sacrament) - 봉헌 및 성만찬 등이 있는 순서 그리고 파송(sending forth)이다. 앞서 말했듯, 마지막 부분은 해산(dismissal)이 아니라 파송(보냄)이다. 곧 예배자는 예배가 끝남으로써 해산하는 것이 아니라 예배의 연장선으로 세상에 파송되는 것이다. 그러고 보면, 생활은 곧 예배의 연장선상에 있는 것이다.

이러한 입장의 예배 경향은 미국의 주류교단이랄 수 있는 감리교회, 루터교회, 장로교회, 성공회 및 기타 교회들 안에서 발견되고 있다.

예배와 삶의 관련성을 높여야 한다는 점은 아무리 강조해도 지나치지 않다. 사람들이 예배에서 경험하는 것들이 매일의 삶 속에서 겪고 부딪치는 것들에 대한 실제적인 답이 되지 못하거나 예배가 교리적인 교육이나 주입에만 치중하게 되면 그것은 결과적으로 마치 회중들의 현실에 눈을 감고 있는 것과 마찬가지일 것이다. 그렇게 될 때 회중은 예배에서 멀어지거나 예배와 현실 사이에서 이중적인 삶을 살아가기 쉽다.

3 계시의 매개수단에 대한 고려

어느 시대고 그 시대의 의사소통(communication) 수단들을 적절히 이용하는 것은 깊이 있는 만남의 전제가 된다. 이 깊이 있는 만남은 예배자들로 하여금 그리스도인으로서의 삶을 살아가도록 하는 데 결정적인 역할을 한다는 점에서 중요한 관심사가 아닐 수 없다.

예배 안에서 하나님의 계시를 접하고 응답하는 데 있어서 매개의 수단은 시대별로 변화가 있었다. 예배의 경험을 초대교회와 중세교회의 예배를 통해서 살펴보면 오늘의 우리 예배와 그 형식에 있어서 큰 차이가 있음을 보여주고 있다. 비록 중세교회의 적지 않은 오류가 있기는 하지만 중세 천년의 역사를 통틀어 부정하는 것은 또 다른 오류가 될 수 있다. 초대교회 및 중세교회의 예배를 오늘의 예배와 비교하여 볼 때 중요한 통찰을 발견한다. 초대교회와 중세교회는 예배 내의 상징성을 매개로 해서 계시를 전달하는 체계였다는 것을 발견하게 된다.

중세교회의 예배와 의식들은 상징성의 묶음이었다. 예를 들어서 6세기 전까지 체계화의 과정을 거친 세(침)례식(예배)의 모습을 보면 이런 특징이 역력하다. 세(침)례식을 넓은 의미에서 예배의 일부라고 볼 때 당시 예배의 관행을 엿볼 수 있다. 세(침)례식의 모든 순서들은 대부분 상징적 행위이며, 또 상징물을 사용하여 수세(침)자와 사람들을 깨우치는 수단으로 삼고 있는 많은 예를 발견한다. 예를 들어 세(침)례를 받기 직전, 서쪽을 바라보며 세상의 악과 결별(renunciation)을 선언하고 동쪽을 바라보며 신앙을 결단하는 순서 - 동쪽은 태양이 떠오르는 곳이며 예수님은 "의의 태양"과 같은 분으로 비유가 되었기 때문에 신성시되었고 그에 반해 서쪽은 악을 상징한다고 보았다 - 를 갖는다거나 기름을 바르는 일(anointment)을 시행하였다. 기름을 바르는 것은 곧 영적 전투에 임하는 준비를 상징했다. 경기자가 몸을 민첩하게 하기 위해 기름을 발랐던 것에서 유래된 것이다. 또 지금과 달리 세(침)례시에도 완전탈의를 하였는데 이는 옛 자아, 부패한 옷을 말끔히 벗어버린다는 뜻이었다. 물에서 나온 후에는 새로운 생명의 상징으로 흰 옷을 입었던 경우와 비교해 보면 의미가 더욱 분명해진다. 또 세(침)례를 마치고 나오는 사람에게 기름을 바르는 의식이 있었는데 이것은 곧 성령이 수여됨을 의미하였다.

예배에서도 마찬가지였다. 중세의 예배는 그야말로 보는 예배였다. 예배 언어가 라틴어였고, 거대한 장방형 바실리카에서의 예배는 지적 깨달음의 방식에 편중된 것으로 일반 회중들이 예배에 참여하기란 거의 불가능하였다. 그들은 교회의 유리에 새겨진 그림, 십자가, 수난역정을 새긴 조각들, 건축의 스타일 등으로 신앙을 배우고 익혔다. 그나마 성만찬도 사제 혼자에 의해 제단에서 드려지고 회중들은 관객이 되어 벨소리를 듣고 무릎을 꿇고 성변화된 예수님의 몸과 피를 바라보는 것으로 만족하여야 했다. 또한 성별된 떡을 교회 안에 두어 경배토록 하고 관람케 한 것은 교회 안에 늘 계시는 예수님을 깨우쳐 주는 것이기도 했다. 물론 중세의 의식이 원래 선한 의도를 지니고 있었음에도 불구하고 교직자들의 무지와 태만함 등으로 인해 교회에서 신자들을 바르게 교육하지 못하고 수많은 오류와 미신을 낳았으며 신자들의 무지를 초래하여 복음의 본질을 비껴나간 오류를 범한 것은 분명하다. 중세예배는 계시의 전달과 깨우침을 시각적(visual)인 수단에 의해서 행하려고 하였다는 특징을 잘 보여주고 있다.

종교개혁기는 초대교회나 중세가 문자적 인지수단 - 지적 교육의 방식 - 이 희소했던 것과 대조적으로 성경과 주석 편찬 등이 인쇄술의 발달과 더불어 활발해지던 시기였기에 중세의 이런 "보는" 예배나 의식은 큰 수정을 거쳐야 했다. 즉, 상징물을 보고 경배하는 차원을 탈피하여 듣고 익히는 예배로 전환된 것이다. 일례로 칼빈은 세(침)례못을 본당과 분리된 곳에 설치하는 것을 반대했다. 항상 설교가 잘 들릴 수 있는 설교단과 가까운 곳에 설치하도록 하여 중세의 미신적 신앙을 극복하고자 하였다.

이런 역사적 과정에서 확인하게 되는 것은 결국 역사적으로 하나님의 계시의 매개수단은 분명 시대와 상황과 문화에 따라서 다른 형식과 수단을 취할 수 있었다는 것이다. 이 점은 오늘날 소위 첨단 기술을 이용한 예배들에 대해서도 적절한 답을 제시해 준다고 볼 수 있다. 최근에 알려진 멀티미디어를 사용한 예배 등도 어떻게 사용되느냐의 적절한 방안에 대한 논의를 거친 후 활용할 수 있을 것이다. 자막으로 찬송가 가사, 성경구절 및 설교의 진행과 더불어 부가되는 각 내용에 대한 강조나 요지 등을 화면을 통해서 보여줄 수도 있을 것이다.

그러나 한 가지 예배와 생활의 관계를 고찰함에 있어서 짚고 넘어가야 할 것은 첨단 정보화 시대의 중요한 수단으로 떠오른 사이버 세계와 그것이 예배에 주는 영향에 대한 고민이다. 사이버 시스템이 분명 현대인들에게 훌륭한 문명의 이기로서 기능하고 있음은 부인할 수 없다. 그러나 사이버를 통한 예배를 생각할 때 매우 조심스러움을 금할 수 없다. 사이버를 통해서 접하는 가상현실 속에서는 타자와의 만남 자체가 왜곡되거나 불완전한 만남이 되기 쉽다. 또한 사이버상의 만남은 실제적인 관계의 역동을 경험케 할 수 없다. 예배는 오히려 이런 불완전한 만남의 현실과는 달리 물리적 현실을 지닌 채 사람과 사람이 만나서 서로 어울리고 서로에 대해 연대와 책임을 느끼는 그런 만남이 되어야 한다. 예배가 하나님과의 수직적 관계도 중요하지만 동시에 인간을 진실로 잇는 이음매가 되어야 하기에 서로 만남으로서 체득되는, 역동성 있는 예배가 결코 사이버 예배로 대치되어서는 안 될 것이다.

4. 맺는 글

예배는 일차적으로 하나님과의 만남의 장이다. 구원받은 하나님의 백성은 그리스도 안에서 이루어지는 하나님의 계시에 대해 성령의 도움으로 응답한다. 그러나 그 응답은 세상에서 사람들과의 화해가 있고, 그리스도인으로서의 진지한 삶의 실천이 있을 때 비로소 온전한 응답이 되는 것이다. 예배를 온전히 드리는 것은 생활과 직결되어 있다. 그리스도인의 생활은 곧 예배의 연장이라고 볼 수 있다. 그리고 예배는 그 생활의 정점과 같은 것이다.

그리스도인들의 삶은 자주 예배의 경험과 일치하지 않는 이원화된 측면을 드러낼 때가 있다. 이에 대한 시정의 노력은 여러 가지로 시도될 수 있으나 본 장에서는 기독교 신앙의 중심적 행위인 예배에 대한 여러 가지 개혁적 노력들을 통해서 어느 정도의 답을 모색해 보았다. 예배자는 먼저 예배에서 관객이나 수동적 청중이 아닌 주체적인 참여자로서 하나님과의 만남을 경험해야 한다. 만일 예배를 통해서 하나님과의 만남을 통해 날마다 새로워지는 경험이 지속되지 않으면 그들의 삶은 그리스도인의 삶과는 분리된 이원적 삶을 살게 될 것이 분명하다. 그러나 신령한 예배의 경험이 있다 하여도 만일 예배가 실제적 삶과 연계되지 않으면 늘 삶과 단절된 예배의 경험으로 인해서 갈등을 겪게 될 것이다. 오늘의 교회는 예배와 생활의 연계를 위한 지속적인 노력을 계속하여야 할 것이다.

11
탈의식적 예배

성결대학교 전요섭 교수

1. 여는 글

한국교회는 처음 미국교회로부터 기독교 신앙과 신학을 전수받아 형성되었다. 한국교회는 최근까지도 그 영향을 받고 있는데, 좋은 영향도 많이 받았지만 부정적인 영향으로 인해서 때로는 신앙적, 신학적인 몸살을 앓아 온 부분들이 적지 않음을 부정할 수 없다.

미국교회는 강력한 기독교적 유산을 가지고 있는 나라임에도 불구하고 지난 10년간 계속하여 교세가 감소되어 왔다는 것은 주목할 만한 일이다. 그리고 그런 가운데서도 일부 교회들은 꾸준히 성장, 급성장을 나타내는 현상을 보여왔다는 것 역시 주목할 만하다. 그러한 교회들의 대부분은 이른바 열린 예배라는 탈의식적 예배를 시도하고 있는 교회들이다. "형식 파괴예배", "탈의식적 예배", "반의식적 예배", "열린 예배", "실험적 예배", "창의적 예배" 또는 "현대 예배"(contemporary worship)라는 용어들은 사실상 모두 열린 예배와 같은 개념이다.

본 장에서는 열린 예배를 "탈의식적 예배"라고 통일하여 사용하였다. 재세례파(ana-baptists)에서 반예전적(anti-liturgical) 개혁을 시도하려고 했던 바 있지만, 특히 "탈의식적(de-liturgical) 예배"라는 용어는 역사적으로 볼 때 영국 성공회의 대주교였던 크랜머(Thomas Cranmer)가 영국교회 예배 의식을 개혁하면서부터 문제가 된 용어다. 즉 성공회의 미사를 아침 기도회와 저녁 기도회로 분리하면서부터 이 용어를 사용하기 시작했다. 하지만 열린 예배라는 용어는 학술적인 용어가 아니며 탈의식적 예배가 이 예배를 잘 설명하는 용어이기 때문에 이 용어를 사용한다.

미국에서 탈의식적 예배는 교회성장의 주요 원인으로 분석되며 이를 실시하는 교회들은 이를 교회성장의 중요한 전략으로 삼고 있다. 미국 교회의 약 90%인 36만 개의 교회는 전통교회이며 전 그리스도인의 50%가 전통교회에 출석하고 있다. 대개 한 교회당에 출석하는 교인의 수는 평균 75명 이하며 약 80%에 해당되는 교회의 교인 수가 평균 50명 이하다. 그렇다면 미국 그리스도인의 50%가 미국 전체 교회의 10% 정도밖에 안 되는, 탈의식적 예배를 시행하는 차세대교회에 출석하고 있는 것이다.

탈의식적 예배를 시도하고 있는 차세대교회의 역사가 약 20년 정도 되었음을 고려할 때, 전통적인 교회의 급작스러운 쇠퇴와 차세대교회의 경이적 성장이 동시에 이루어지고 있다고 볼 수 있다. 따라서 '열린 예배'로 일컬어지는 탈의식적 예배의 유행은 미국 전역에 퍼진 전반적 분위기라고는 할 수 없으나 성장하는 교회에 나타나는 보편적인 추세라고는 볼 수 있을 것이다.

한국교회도 그간 세계적인 성장률을 유지해왔으나 최근 성장률의 감소 추세를 보여 긴장하고 있는 상태에서, 성장하고 있는 미국교회의 전략을 도입, 연구하려는 자체적인 움직임이 발생한 것이다. 한국 기독교회는 선교 100여 년 동안 성장을 거듭해 왔으나 1990년대에 들어 신자수가 감소, 정체되는 현상이 심화되고 있다.

기독신문사가 펴낸 「기독교 대연감」에 따르면 한국교회의 신자수는 1989년에 1,189만 명이었으며, 1990년에 1,257만 명, 1991년에 1,265만 명으로 집계됐다. 1990년에는 증가율이 전년대비 5.7%였으나 1991년에는 1%도 못 미치는 수치를 기록하고 있다. 1990년대에 들어 주요 교단들의 증가율도 1% 안팎인 것으로 파악된다. 신자 증가율이 인구 증가율을 따르지 못하고 있으며 "거품"을 제거하면 실질적으로 마이너스 성장인 셈이다. 이전에 1960년대는 성장률이 10%가 넘었고, 1970~1980년대에는 7~8% 정도였다.

이처럼 한국교회의 신자감소 추세 가운데서 미국교회의 급성장 사례는 당연히 관심의 대상이 되었고 한국교회에 커다란 영향을 미친 것이 사실이다. 따라서 한국의 일부 교회들에서는 성장하고자 하는 강렬한 열망으로 미국교회의 성공 사례들을 접목하려는 움직임이 나타났다.

돌이켜보면 한국교회는 환절기 감기처럼 미국교회의 신앙 형태가 변할 때마다 그 영향으로 인해 커다란 혼란을 겪어왔다. 한때 슐러(Robert Schuller) 목사의 수정성전 교회(Crystal Cathedral Church)에서 대두된 "적극적 사고와 신앙"이 크게 화제가 되었고, 존 윔버(John Wimber)가 세상을 떠나기 전까지 그의 빈야드 크리스천 펠로우십(Vineyard Christian Fellowship)으로부터 유입된 "빈야드 운동"(Vineyard Movement)이 한국교회의 일각에 영향을 끼쳤다가, 근래 빌 하이벨스(Bill Hybels)의 윌로우크릭 커뮤니티 교회(Willow Creek Community Church)와 릭 워렌(Rick Warren)의 새들백 밸리 커뮤니티 교회(Saddleback Valley Community Church)의 영향을 받아 "구도자 예배" 또는 "열린 예배"라는 탈의식적이고 비형식적인 새로운 형태의 예배 의식이 한국교회에 파급된 것이다.

한국에서도 이미 1978년부터 정웅섭 교수에 의해 이런 시도가 있었지만 최근에 와서 이것이 활발하게 전개되고 있는 이유는 미국에서 부흥하는 교회의 대부분이 이 형태의 예배를 시도하고 있다는 데 그 원인이 있다고 볼 수 있다.

윌로우크릭 교회의 경우에는 매년 새신자가 1,000명씩 늘고 있으며 한 해에 장년 687명에게 세(침)례를 준 일도 있고 200개 이상의 그룹이 주중에 모이며 교인 증가에 따라 교통 통제만을 위해서 1년에 7만 5천 달러의 예산을 사용하고 있다. 그러나 이것을 예배학의 입장에서 어떻게 이해해야 할 것인지 명확한 지침을 제시하지 못하고 있는 상태에서, 제2차 바티칸 공의회 이후로 예배갱신의 방향은 성만찬을 포함한 예전의 회복과 예배 갱신운동(liturgical movement)과 탈의식적 예배의 극단적 형태 사이에서 갈등을 겪고 있는 상태다.

카슨(D. A. Carson)의 주장에 따르면 현대 예배 갱신운동의 기원은 19세기 말부터 20세기 초에 화란의 개혁교회(reformed church) 안에서 비롯된 예배갱신운동이 확산된 것이다. 1920년에 독일의 개혁신학자 그룹에 의해서 "예전계"(liturgical circle)라는 것을 세운 것이 점차로 운동성격을 띠어 제2차 세계대전 후 독일의 개혁신학계에서 예전의 갱신을 위해 활발하게 움직였던 것으로 보인다.

그러나, 한국에서는 이에 대해 각 교단적으로 뚜렷한 입장도 밝히고 있지 못한 형편이다. 대한예수교장로회 총회(합동)의 경우는 1998년 4월 9일 "21세기 교단 부흥발전 기획단 분과회의"에서 최근 교계 일각에 등장하고 있는 "열린 예배"에 대해서 "예배의 본질을 무너뜨리는 예배 형식의 변화는 있을 수 없다"는 입장을 밝히고 신학분과에서 1998년 총회에 상정한 바 있다.

따라서 본 연구에서는 최근 유행하고 있는 풍조인 탈의식적 예배의 한 형태인 "열린 예배"를 중심으로 그 실태를 분석하고 이를 어떻게 이해할 것이며 이것의 실천신학적인 입장에서 볼 때 긍정, 부정적인 요소는 무엇인가에 대해서 고찰함으로써 그 수용 가능성까지 모색하고자 한다.

2. 펴는 글

1 열린 예배의 어의와 개념

열린 예배는 미국에서 1975년에 빌 하이벨스 목사가 개척한 윌로우크릭 교회에서 처음으로 구상하고 시도한 새로운 예배 형태다. 하이벨스는 영적인 갈급함을 가지고 있는 사람을 일컬어 "구도자"(求道者, seeker)라고 칭하고 이들을 위한 예배를 "구도자 예배"라고 부르게 되었다. 이 형태는 "구도자에게 민감하게 반응을 하는 예배"(seeker sensitivity service)를 말하는 것으로서 한국에서는 미국에서 일컫는 "구도자 예배"를 한국에서는 상황에 맞게 "열린 예배"(open worship)라는 용어로 바꾸어 부르게 된 것이다.

한국에 이것이 처음 도입될 때 구도자 예배라는 용어를 그대로 사용하려고 했지만 어감의 문제로 인해 열린 예배라는 명칭을 붙였다고 한다. 따라서 구도자 예배와 열린 예배는 내용에 있어서 동일한 개념이며 그 용어에서 의미하는 바와 같이 모두 예배의 개방성에 의미의 초점을 맞추고 있다. 여기서 말하는 개방은 불신자를 포함하여 누구에게나 예배의 기회가 열려 있다는 뜻이므로 불신자들이 좀더 쉽게 교회에 나와 예배에 참여하도록 배려하는 형식과 접근방법을 택한 예배 형태를 말하는 것이다. 그렇기 때문에 자유로운 형식과 파격적인 변화를 추구하는 것이다.

1) 계층 개방

한국에서 구도자 예배를 열린 예배라고 부르게 된 것은 최근 "열린 음악회", "열린 교육", "열린 사회", "열린 학교" 심지어는 "열린(개방) 교도소" 등 "열린"(open)이라는 용어를 즐겨 사용하게 되면서 그 영향을 받은 것이라고 할 수 있다. 이것은 세대가 바뀜에 따라서 예배 형태가 바뀌어야 한다고 전제한 데서 비롯된 것이다.

    열린 예배가 추구하는 것은 교회에 친숙하지 않은 사람에게 편안함을 주고 쉽게 들어와 부담 없이 예배에 참여할 수 있는 자리를 만들어 주자는 것이다. 즉 참여하는 회중의 차원에서 폐쇄적이 아니라 열렸다는 뜻이다. 기존의 예배는 신자들 외의 사람들에게는 다소 폐쇄적이며 적응하기 어려운 문화적 장벽이 있는 것으로 여겨지는 경향이 있다. 심지어 기존의 신자도 전통적 예배 형태에 대해 부정적 입장을 가지고 있는 경우들이 많다.

    그래서 알렌(Ronald Allen)은 모든 사람은 예배가 개선되기를 원하고 있으며 이런 논의는 이제 더 이상 논쟁거리가 되지 않는다고 예배 형태의 변형 가능성에 대해서 주장했다. 이러한 상황에서 볼 때 열린 예배는 시대적 요청이라고 이해하는 사람들이 늘고 있다.

2) 성육신의 원리

열린 예배를 주장하는 교회는 이 예배 형태에 성육신의 원리를 적용시키고 있다. 즉 예배가 경직되고 형태화되고 예식화됨으로 인해 구도자가 교회와 예배에 쉽게 접근하기 어렵다면 그것은 바른 예배를 드리기에 앞서 예배를 막고, 전도를 막는 일이 된다는 것이다. 따라서 이런 경직되고 예전화된 자세와 형식을 벗어버리고 내려앉음으로써 구도자를 얻을 수 있다면 그것을 택하겠다는 것이 열린 예배가 추구하는 목표라고 할 수 있다. 그럼으로써 열린 예배를 주장하는 교회는 열린 예배가 과연 옳은가 그른가를 논하기 이전에 어떤 방법으로 구도자를 교회로 초청하고 예배에 참여하도록 할 것인가를 고찰해야 한다고 주장하고 있다. 그래서 그리스도인이 비그리스도인의 언어와 몸짓을 사용하고 영적인 어른이 영적인 아이가 기뻐할 언어와 몸짓을 사용하여 복음의 내용을 일종의 성육신(incarnation)의 원리를 적용하여 그들의 입장에서 전달해야 한다는 것이다.

2 열린 예배의 실태 및 특징과 요소

열린 예배의 실태에 대해서는 그 원조라고 할 수 있는 월로우크릭 교회와 새들백 밸리 교회의 사례 그리고 한국에 이를 처음으로 시도하였거나 성공 사례로 꼽을 수 있는 온누리교회와 창천감리교회의 사례들을 통해서 이에 대한 긍정적인 면과 부정적인 면을 추론하고 신학적 비평을 통해 바른 예배의 방향을 제시하고자 한다.

1) 실태

(1) 월로우크릭 교회(Willow Creek Community Church)의 사례

월로우크릭 교회는 일리노이 주, 사우스 배링턴에 대지 14만7천 평을 확보하여 세워진 미국에서 두 번째로 큰 교회로서 신자수는 14,000명에 이르는 것으로 알려졌다. 이 교회는 1975년에 하이벨스가 트리니티(Trinity) 신학교 재학시절부터 개척한 교회로서 당시 월로우크릭이라는 극장을 빌려 교회를 시작했는데 그 극장의 이름을 그대로 가져와 교회 이름으로 사용하게 된 것이다.

월로우크릭 교회의 예배는 매주일 오전 9시, 11시, 토요일 오후 5시, 7시 각각 두 차례의 열린 예배로 진행된다. 열린 예배는 약 65분간 진행되는데 주말 예배의 경우에는 연극이 공연된다. 여기에 참석하는 연령층은 대개 20~50세 사이의 전문직 남성들로 열린 예배가 목표로 하는 대상자들은 바로 이들이다. 그 이유는 일반적으로 남성들이 복음을 받아들이지 않는 경향이 있기 때문에 이 장벽을 헐기 위함이며, 이들은 가정과 사회에서 가장 영향력을 미치는 위치에 있고 이들이 변화되어 교회에 나오게 되면 이들을 따라서 가족들 역시 교회에 출석할 가능성이 많기 때문이다.

이 교회가 열린 예배를 시작하게 된 동기는 불신자들을 대상으로 한 다음과 같은 몇 가지 정보 조사에서 기인된 것이다. 교회에 대한 불신자들의 선입견은 a) 교회가 돈을 너무 요구한다, b) 설교가 너무 지루하고 판에 박혀 있다, c) 설교는 자신의 삶과 아무런 관계가 없다, d) 목회자들은 지나치게 죄책감을 준다는 것 등이다. 따라서 구도자에게 매력 있는 교회, 출석하기에 부담 없는 교회가 되기 위해서는 위의 네 가지 사항을 극복해야 한다는 전제가 열린 예배를 시작하는 계기가 된 것이다. 그렇기 때문에 윌로우크릭 교회는 위의 사항이 목회의 원리가 되어 열린 예배를 통해 비신자들의 교회 출석을 막는 주요 장애들을 제거하고자 하였다.

이 교회는 성경의 원리에 직접적으로 갈등을 일으키는 것들만 제외하고는 모든 면에서 비신자들의 요구와 소망을 채워주는 것을 원칙으로 하고 있다. 이를 테면 예배중에 춤을 춘다는 것은 경건 위주의 전통적 예배의 사고로는 이해할 수 없는 일이지만 매번 춤을 공연한다. 또 교회 환경은 안락한 극장 같은 분위기 속에서 편안하게 예배드릴 수 있도록 만들었고 현대 악기로 연주되는 배경 음악이 항상 흐르고 있으며 여기서 부르는 모든 음악은 현대 유행음악의 분위기와 유사한 빠른 박자와 흥겨운 풍의 음악이다. 음악이 설교의 내용과도 맥을 같이하고 있기 때문에 설교 내용은 6주 전에 결정되며 그에 따라 음악 연습도 미리 하게 된다. 교회 주변에는 십자가라든지 어떠한 종교적 상징물도 발견할 수 없다. 교회 내, 외를 통틀어 전체적 분위기는 구도자가 편안함을 느끼도록 구상되었다.

최근 미국에서는 이처럼 예배와 교회의 분위기 등에 대해서 전면 개정을 촉구하는 운동이 곳곳에서 일어나고 있다. 이를테면 예배당 내부의 신자들이 앉는 좌석(pew)이 너무 높다든지, 너무 딱딱하다든지, 교회 조명이 너무 밝다든지, 어둡다든지 또는 실내가 너무 덥다든지, 추워서는 안 된다는 것이다. 교회의 모든 환경과 분위기는 구도자에게 편안함을 주는 데 초점을 맞추어야 한다는 것이다.

또한 특이한 것은 헌금을 강조하지 않는데 이것도 역시 구도자를 편안하게 하고 부담을 주지 않기 위함이다. 따라서 "헌금은 하지 않아도 된다"는 것을 미리 광고하며 윌로우크릭 교회에 왔기 때문에 환영받는 것이지, 금전적인 기부 때문에 환영받는 것이 아니라는 것을 강조한다. 또 다른 특징은 예배의 모든 면에서 익명성을 보장해 주고 있다는 것이다. 서명하는 것도 없고 작성하는 것도 없으며 일으켜 세우는 것도 없다. 모든 것에 익명성을 보장해 주는 만큼 의무감도 없다는 것을 강조한다. 설교 중에 구원의 초청도 없으며 기독교 신앙에 대해서 더 알기 원하는 사람은 스스로 접견실(hospitality room)에 가서 신청하면 교인이 된다. 누구도 교인이 될 것을 강요하지 않는다.

윌로우크릭 교회는 구도자 이상 신자들의 신앙 성장을 감안한 새로운 공동체 예배를 수요일과 목요일 저녁 7시 30분에 드린다. 이 때 약 5,000명 정도의 신자가 참석하게 되는데 이 예배에 참석하는 교인들은 대개 적극적인 신자(active member)들이며 이들의 헌금으로 교회가 유지된다고 할 수도 있다. 이들의 영적 욕구를 만족시키기 위해서 다양한 프로그램이 제공되며 특이한 것은 네 부부가 하나의 소그룹 선교회가 되는데 이런 그룹이 약 200개 이상이 있다. 하이벨스는 효과적 목회를 위해 8명의 장로(3명은 여성)를 두고 있으며 설교와 지도력을 겸비하기 어렵다고 전제하고 설교의 부담을 줄이고 조직관리에 주력하기 위해 데스머(Jim Dethmer)를 설교목사로 청빙했다. 윌로우크릭 교회는 창립 당시 얼마동안은 많은 교회들로부터 비난을 받았고 문선명파, 사교 등으로 오해를 받기도 했지만 시간이 지나면서 오히려 비신자들로부터 신뢰를 받게 되었고 교회는 계속 성장하게 된 것이다.

이 교회는 현재 14,000명이 회집하며, 주중 예배에는 5,000명이 참석한다. 교회 내에 90개 이상의 선교단체가 있으며 4,500명의 자원 봉사자들이 이 단체를 운용하고 있다. 전임사역자(full time minister)는 147명이며, 시간제 사역자(part time minister)는 110명이 있다. 이 교회는 헌금 이외의 각종 판매물(책, 음반, 테이프, CD) 수입이 1991~1996년까지 5년간 90억원 정도였으며, 전임 사역자들의 급료는 월 200만원 수준이라고 한다.

이 교회가 이렇게 폭발적으로 성장하게 된 이유에 대해서 담임목사는 "고객을 알고, 그들의 욕구들을 만족시켜 준 것!"이라고 말한다. 앞서 얘기한 불신자들이 교회를 싫어하는 이유의 반대 개념이 바로 고객의 욕구라는 것이다. 담임목사인 하이벨스가 전직 사업가(business man)였다는 사실을 고려할 때 그에게서 이러한 개념이 나온 것은 다소 이해할 만한 일이다.

(2) 새들백 밸리 커뮤니티 교회(Saddleback Valley Community Church)의 사례

미국 LA에 위치한 남침례교단 소속의 새들백 밸리 교회는 1980년에 세워졌는데 그 연도가 윌로우크릭 교회보다는 약간 뒤지지만 담임목사인 릭 워렌이 불신자들을 향한 분명한 비전을 가지고 시작한 교회로서 미국 내에서 뿐만 아니라 한국에도 윌로우크릭 교회 못지 않게 많은 영향을 주고 있는 교회다. 이 교회는 출석교인 12,000명(적극적 신자 8,000명), 재적교인 30,000명이 넘는 대형교회로 성장했는데 개척 당시에는 7명(부인과 4개월 된 자녀 포함)의 신도들과 함께 시작했다. 15년 동안 여러 차례 교회를 이동했으나 1996년에 10만평의 부지를 확보하고 대형 천막 교회에서 예배를 드리다가 현재는 조립식 건물에서 예배드리고 있다.

워렌이 목표로 하는 대상은 기독교적 배경은 가졌으나 교회에 약 15~20년 동안 출석해 본 적이 없는 도시 청년들이었으며, 이들의 특성은 교회에 올 때 자신이 드러나는 것을 원치 않고 모든 활동에서 "익명성"

(anonymity)을 원한다는 사실이었다.

워렌은 더욱 구체적이며 실제적인 분석을 위해 그 지역 주민들을 무작위로 500가정을 방문하여 몇 가지 질문에 대한 답변을 받았다. 질문은 세 가지였는데 (1) 당신은 이 지역이 가장 필요로 하는 것이 무엇이라고 생각하는가? (2) 많은 사람들이 교회에 나가지 않는 이유는 무엇이라고 생각하는가? (3) 이 지역에 새로 교회를 설립하는 목사인 나에게 어떤 충고를 하겠는가? 등이었다.

이것을 통해 워렌은 네 가지 구체적 사실을 발견하게 되었다. 주민들이 교회에 대해 가지고 있는 인상은 (1) 목사의 설교가 너무 지루하다, (2) 성도들이 친절하지 않다, (3) 교회는 사람들보다는 돈에 더 관심이 많다, (4) 아이들을 질적으로 잘 돌보지 못한다 등이었다. 이 조사 후에 워렌은 구도자들이 원하는 형태의 교회와 예배가 될 것을 알렸고, 첫 예배에 205명이 참석하게 되었다.

이것은 정보 조사를 통해 구도자가 원하는 것이 무엇인지를 인지한 후 열린 예배를 통해서 그들을 교회로 이끈 성공적인 사례라고 할 수 있다. 워렌의 목회철학은 고기가 원하는 미끼를 주어야 고기를 잡을 수 있다는 것이다. 이런 목회철학에 기초해서 어떤 것이라도 구도자가 원하는 형태로 변화시켜서 그들을 교회로 들어오도록 하는 것이 그의 전략이다. 이 교회의 열린 예배는 현재 토요일 오후 5시, 7시 2회, 주일 8시 45분, 11시 45분 2회에 걸쳐 시행되고 있는데 내용은 모두 동일하며 시작 찬송, 광고 찬송, 기도, 성경 봉독, 특송, 설교, 찬송 등의 순서로 이어지게 된다.

(3) 한국의 사례

한국에서 성공적으로 열린 예배를 시도하는 교회로 온누리교회를 꼽을 수 있다. 이 교회를 담임하는 하용조 목사는 열린 예배를 시작하는 동기를 설명하면서 한국교회는 마이너스 성장을 하고 있으며 교회가 많은 사람들에게 더 이상 매력 있는 곳이 아니라는 목소리가 높아지고 있다고 전제하고 그렇기 때문에 교회 성장과 함께 많은 사람들에게 매력 있는 교회가 되기 위해서 이것을 시도하게 되었다고 한다. 기존 신자들에게 익숙한 주일예배가 구도자에게는 모든 면에서 전혀 생소하기 때문에 그들이 수용하기가 어렵다는 것이다. 기독교 문화와 교회 예배에 낯선 구도자들은 교회에서 낯선 용어들과 어색한 분위기, 모르는 찬송, 헌금의 부담, 이런 것들로 주위의 눈치를 살펴야 하는 경우가 있다는 것이다. 또 그 날의 설교가 무슨 말인지, 그것이 자신과 무슨 관계가 있는지 전혀 모를 수도 있다. 그런 상태에서는 구도자를 수용하기도 어렵고 그들의 삶이 거듭나기를 바라는 것은 무리라고 전제했다.

 온누리교회의 열린 예배는 1996년 11월 16일 제5차 제직수련회에서 계획을 설명하고 같은 해 12월 16일부터 18일까지의 "크리스마스 페스티발"을 열린 예배 형식으로 시도했으며, 1997년 1월 11일에 기존예배의 틀을 벗어나 발레나 영상 혹은 연극을 통해 메시지를 전하는 형식으로 진행하고 있는데 대략 500명 정도가 출석했다. 당시 온누리교회의 열린 예배는 매주 토요일 오후 5시에 밴드에 의한 복음성가를 연주함으로써 시작되었다. 사회자의 환영사, 중창단에 의한 찬양, 광고 및 봉헌기도, 간증, 발레, 영화상영 중 그 주에 준비된 것 한 가지를 발표하며 독창 또는 기악 연주, 설교 등의 순서로 진행되었는데 여기서도 예배 순서 담당자들은 청바지 등 캐주얼한 복장으로 순서를 진행했다. 이 교회가 목표로 하는 열린 예배의 대상은 30~50대 남성이다. 그 이유는 한국사회에서 그 나이의 남성들이 대체로 복음을 접하기 가장 어렵고 또 전도하기가 가장 까다로울 뿐 아니라 가정과 사회에서 영향력이 있는 그룹이기 때문이다. 이것은 윌로우크릭 교회의 전략과 동일한데, 하용조 목사는 예배의 형식을 바꾸는 것은 세상과의 타협이 아니라고 하면서 형식의 파괴를 긍정적으로 보았다.

서울 신촌의 창천감리교회는 "목요 문화 쉼터"라는 이름으로 열린 예배 형태의 집회를 갖고 있다. 인기 가수들의 연주회와 연극 공연, 영화감상, 명사 초청토론회 등을 통해 교회를 개방했다는 점에서 획기적인 일로 평가된다. 이 행사에 교회 예산의 10% 이상(1억여 원)을 투자한 것도 획기적이며 교회의 핵심 장소인 본당에서 대중 공연이 벌어진다는 면에서도 파격적인 일이다. "문화 쉼터"라는 이름의 열린 예배 초기 담당자는 이를 "믿지 않는 청년들을 위해 그들의 눈높이에 맞춘 새로운 형식의 예배"라고 주장하고 있으며 현재 담당목사 역시 눈높이를 신자가 아닌 사람들에게 맞추고 언제라도 이들이 신앙에 다가설 수 있는 계기를 충분히 마련해 주는 것을 목표로 하고 있다고 했다. 이 문화 쉼터에는 청소년 1,000여 명 정도가 참석하고 있는데 이 교회가 윌로우크릭 교회의 영향을 직·간접적으로 받았는지는 분명하지 않으나 그 원칙은 대동소이한 것이다.

그 외에도 국내에는 경동교회에서 문화공간을 운영하면서 마당극, 뮤지컬, 전통춤, 복음성가, 영화, 연극, 라이브 콘서트 공연을 통해 젊은이들에게 다가서고 있다. 또 1991년부터 사랑의 교회에서도 윌로우크릭 교회의 영향을 받아 이를 시행하고 있다. 특히 이 교회는 설교에 중점을 두고 신자, 불신자들이 공히 관심을 가지고 있는 내용들(불안, 공포, 스트레스, 분노, 슬픔, 고통, 경쟁, 성공, 섹스, 불륜, 이혼, 돈 등)의 주제 설교를 통해서 구도자의 삶의 정황에서 나타나는 문제를 해결하고자 하는 실제적인 접근을 시도하고 있다. 그밖에도 여러 교회에서 열린 예배를 시도하여 그 영향력이 점차 확산될 것으로 보이며 미국에 있는 한인 교회들도 앞다투어 이를 시행하고 있다.

2) 특징과 요소
위의 사례들을 통해서 열린 예배의 특징과 요소를 살펴볼 때, 그것은 기존의 예배가 가지고 있는 부분(설교)도 있으며 기존 예배의 그것을 더욱 확장한 것(음악), 그리고 기존의 예배 전통을 파괴한 형태(복음성가, 복장, 드라마, 헌금 등)도 나타난다.

(1) 기획

기성교회에서는 "예배를 기획한다"는 용어를 사용하지 않는다. 하지만 열린 예배에서는 예배를 하나의 프로그램으로 생각하고 있기 때문에 이를 기획하고 연습하고 준비한다는 개념이 도입된다. 부정적인 측면에서는 예배가 인위적인 감동을 조작해내는 TV의 쇼프로그램 같은 개념으로 이해될 여지가 있는 것이 사실이다.

(2) 음악

열린 예배의 요소에서 음악은 가장 중요한 요소 가운데 하나이다. 교회에서 가장 세대차이를 느끼게 하는 것이 바로 음악이다. 처음으로 교회를 구경하러 오는 사람(구도자)에게 음악 이상으로 큰 영향을 줄 수 있는 의사소통의 도구는 없다고 열린 예배를 주관하는 이들은 이야기한다. 따라서 이런 구도자에게 감동을 주기 위해서 최상의 음악을 제공하는 것을 필수적으로 생각하고 있다. 진행자들은 예배 분위기를 어떻게 이끌고 나갈 것인가를 사전에 충분히 고려하여 그날의 메시지와 가급적 일치하는 가사를 선곡하게 되며 곡의 템포도 처음에는 약간 느리고 감성적인 음악으로 시작했다가 다음에는 빠른 템포의 곡을 부르게 되며 가사를 보여주기 위해서 멀티미디어를 사용하기도 한다. 여기서 부르는 모든 노래는 기존의 찬송가가 아닌 이른바 "CCM"(Contemporary Christian Music)이라고 부르는 복음성가다. 최근에는 "CWM"(Contemporary Worship Music)이라고 하여 예배 중에 부를 수 있는 CCM을 구분하여 제작하고 부르기도 한다.

(3) 드라마

열린 예배에 나타나는 특징 가운데 하나는 드라마를 활용하는 것이다. 이 부분이 강조될 때는 드라마와 예배를 접목하여 드라마 예배라는 새로운 용어와 개념을 만들어 내어 사용하는 경우도 있다. 1973년 하이벨스는 윌로우크릭 교회를 개척하기 전, 사우스파크 교회(South Park Church)에서 청소년을 위한 수요 성경공부를 인도하고 있었다. 당시 그 모임은 아주 적은 그룹으로 시작되었는데, 몇 달이 지나지 않아 곧 80여 명으로 성장했다. 하이벨스는 그 그룹이 계속 자라기는 하지만 아주 적은 수의 학생들만이 그리스도인이 되는 것을 보면서 믿지 않는 학생들에게 복음을 전할 수 있는 특별한 행사에 대해서 생각하게 되었다. 결국 생각 끝에 믿지 않는 자들을 찾아가는 특별한 행사를 매주일 열기로 하고 이를 실시하게 되었다. 기존 학생들에게는 매주 열리는 이 행사에 믿지 않는 친구를 초청하도록 했다. 그는 주중에는 핵심이 되는 학생들의 모임을 따로 갖고 주말에는 이벤트 형태의 모임을 가졌다. 사실 하이벨스가 열린 예배에 짧은 드라마를 사용하고 미디어를 사용하게 된 것도 이 때 학생들의 조언에 따른 것이었고 예배의 장소를 강당 형식으로 바꾸게 된 것도 마찬가지였다.

(4) 설교

열린 예배에 포함된 설교의 특징은 쉽다는 것이며 일방적 선포의 설교가 아니라 토크 쇼(talk show)의 개념과도 유사한 대화식 설교를 시도한다는 것이다. 열린 예배의 기본 철학은 복음은 어느 시대를 막론하고 변하지 말아야 한다는 것이지만, 복음을 전하는 방법은 시대와 상황에 따라서 달라져야 한다는 것이므로 이러한 설교가 가능해진다. 기존 예배 형태와는 다르게 설교 이후의 순서가 간혹 찬송이 있는 경우도 있지만 일반적으로 헌금, 축도 등의 순서가 없고 바로 끝나게 된다.

(5) 익명성

열린 예배에서 나타나는 특징은 익명성이다. 그것은 구도자에게 부담을 주지 않기 위한 배려다. 익명성은 군중 속에 자신을 숨기려는 현대인의 특징으로 이해되고 있다. 익명성은 무책임성의 문제가 따르기는 하지만 앞으로의 목회 방향은 익명성을 보장해 주는 차원의 목회가 되어야 한다는 주장이 일고 있다. 이를테면 목회상담에서도 자신의 문제를 해결받고 싶으나 개인이 드러나는 것을 원하지 않을 때 전화상담을 통해 문제를 상담하고자 하며 익명성을 보장받고자 하는 성향은 전체적인 목회현장에서 확대되고 있는 추세(trend)라고 할 수 있다.

3) 열린 예배의 분석과 제언

(1) 긍정적 요소

열린 예배가 인기를 모으고 있고 많은 구도자가 모이는 것은 그만한 장점이 있기 때문이다. 그 결정적인 장점은 비신자들에게 효과적으로 접근할 수 있는 프로그램이라고 할 수 있다.

a) 비신자에게 효과적으로 접근

전통적인 교회의 예배가 가지고 있는 문화적으로 적절치 못한 표현방식들과 현대인들에게 비효과적인 접근으로 인해서 이에 적응하지 못하고 교회를 떠나게 되는 교인들도 있는 것이 사실이다. 반면에 열린 예배는 구도자에게 생길 수 있는 여러 가지 부담을 제거해 줌으로써 과거에 전통적인 교회를 떠났던 사람들을 다시 돌아오게 하는 데 크게 기여하고 있다. 불신자들이 한두 번 교회에 출석하다가 그들이 신자가 되고 성숙한 그리스도인의 삶을 사는 데 시간이 걸리는 것을 인정하고 성숙한 신자가 되기까지 기다려주며 필요한 양육과 도움을 주어야 한다는 것이다. 열린 예배에 참석한 사람들이 그 날로 구원을 받는 것은 아니지만 혹 그럴 수도 있으며 성령의 역사하심은 누구도 예상할 수 없기 때문이다. 따라서 열린 예배는 일단 방법을 불문하고 불신자를 불러모으는 데 초점이 맞추어져 있다. 따라서 열린 예배는 예배의 관람자(?)를 어느 정도 인정하는 것이며 예배의 출석률 증가에 초점을 맞추고 어떤 목회적 간

섭도 하지 않는 일종의 "방목하는 목회"(pasturage)라고 할 수 있다.

b) 복음의 핵심 전달

열린 예배는 그 출발이 불신자들을 향한 복음 전도에 있다. 이는 믿지 않는 사람들이 예배당 내에 들어 와 있음을 인정하고 그들에게 초점을 맞추어 메시지를 선포하는 까닭에 복음의 핵심적인 메시지가 강하다는 것이 일반적인 특징이다.

(2) 부정적 요소 및 진정한 열린 예배를 위한 제언

열린 예배에 대한 논쟁은 근본적으로 예배론에 있어서 그 정의에 대한 문제로 압축된다. 이를테면 훈(Paul W. Hoon)의 예배에 대한 정의처럼 기독교 예배가 그리스도 안에 내포된 하나님 자신의 계시와 그것에 대한 인간의 반응이라고 한다면 인간이 하나님을 향하여 어떤 반응을 하든 계시에 대한 반응은 모든 것을 수용할 수 있고 그것이 모두 예배가 될 수 있다는 논리가 형성된다. 하지만 이것은 대단히 위험한 정의가 아닐 수 없다.

열린 예배의 문제는 "개념과 양식", "전통과 문화" 사이에서 발생하는 갈등의 문제다. 다시 말해 열린 예배가 문제가 되는 것은 현대의 문화적 상황이 전통적인 예배론에 맞지 않기 때문이다. 문화적 상황을 고려하지 않을 수도 없는 문제지만 위에서 살펴본 대로 열린 예배에 몇 가지 긍정적 요소가 있는 반면 전통적 예배의 질서를 깨는 결정적인 문제를 안고 있다. 따라서 다음과 같은 부정적인 요소들이 제거 또는 수정, 보완된다면 현대 목회 현장에서 새로운 형태의 진정한 열린 예배의 가능성을 모색하여 시도해 볼 수도 있을 것이다.

a) 예배의 본질 고려

열린 예배의 형태는 인간의 오락적 만족에만 머무를 가능성이 농후하다. 인간의 요구에만 그 초점을 맞추다 보면 은연중에 예배의 본질을 잃게 되는 것이 일반적인 현상인데 대중을 의식하고 대중에 이끌리며 편의에 따라 지나치게 예배 형식을 파괴하는 것은 예배의 본질적 성격을 무시하는 처사라고 할 수 있다. 열린 예배의 동기는 "어떻게 하면 예배를 재미있게 드릴 수 있을까? 어떻게 하면 새로운 세대들에게 지루하지 않은 예배 형식을 개발할 수 있을까?" 하는 회중 지향적 동기를 가지고 있는데 이것은 예배 형식을 여흥(entertainment)과 같은 방향으로 이끌어 갈 수 있고 하나님을 영화롭게 하기보다는 예배라는 이름으로 인간 자신의 즐거움을 구하는 위험성이 내재될 수 있다. 예배는 인간 자신의 방법으로, 인간 자신의 마음대로 드릴 수 없는 것이다. 물론 하나님께서 그 구체적인 순서를 정해주신 것은 아니지만 온 마음과 정성을 다하여 자신을 즐겁게 하는 것이 아니라, 하나님을 즐겁게 해드리고 그분에게만 영광을 돌려야 하는 것이다(눅 4:8).

b) 예배의 전통과 예배 요소 고려

열린 예배를 시도하는 교회의 공통점은 구도자와의 문화적 차이를 극복하기 위해서 찬송가를 부르지 않으며 기성 교인들만이 알고 있는 사도신경, 주기도문 등을 외우고 헌금을 드리는 순서를 제외시킨다. 이는 전반적으로 교회 고유의 전통을 무시는 결과를 낳게 되는데 그 모든 이유는 구도자를 위한 것이라는 명목으로 무마된다. 하지만 예배의 본질에서 살펴볼 때 회중을 위한 예배라는 것은 있을 수 없으며 회중이 참여하는 예배를 수립해 나가야 한다.

열린 예배는 전통적인 교회의 형식을 파괴하는 예배의 비형식성(informality)과 탈의식성(deliturgy)을 정착시키려는 해체주의적 시도인데 이것은 상당 부분 포스트모더니즘(post modernism)의 영향에서 비롯되었다고 볼 수 있다. 이처럼 교회의 전통과 질서를 무시하는 것은 결국 교회가 지켜왔던 사도적 전승(apostolic tradition)을 무시하는 것과도 맥을 같이 한다.

세대가 바뀌었다고 해서 교회의 전통이 단번에 무시될 수는 없다. 전통의 역할이라는 것은, 물론 절대적인 것은 아니지만 개인이나 공동체가 잘못을 범하려는 우를 막는 하나의 테두리가 될 수 있는 것이기 때문에 전통을 통해서 이어지는 교육적 역할을 배제하거나 무시해서는 안 되는 것이다.

웨버(Robert E. Webber)는 예배 형태는 문화와 세대와 성향의 차이에 따라서 유동적일 수 있다고 주장했다. 따라서 전통적인 기독교회나 복음주의 교회, 오순절주의 교회 등, 예배의 형태가 동일하지는 않지만 기독교 예배가 포함해야 할 핵심 요소들을 내포하고 있다. 또한 웨버는 복음주의적인 예배가 되기 위해서는 소속 교단의 예배 전통을 무시해서는 안 되며 성경적이며 전통적인 입장을 떠나서는 바른 예배가 될 수 없음을 시사했다.

존스(Ilion T. Jones)에 의하면 자유 예배(free worship)에는 위험성과 함정이 있다. 존스도 예배가 사람들의 심리적 요구를 채울 수 있어야 한다고 전제했지만 품위를 지키지 못한 자유 예배 또는 질서를 떠난 예배는 있을 수 없다는 입장을 밝혔다. 기존의 예배 형태가 사도적 예배와 전적으로 동일한 형태라고 할 수는 없으나 성경적인 입장에서 사도적 예배와 초대교회, 그리고 교부들과 종교개혁적인 예배의 전통을 이어받은 예배 형태라고 할 수 있다. 초대교회 예배에는 찬양, 세(침)례, 신앙고백, 축도, 송영, 방언과 예언 등의 순서가 있었던 것은 분명하나 그 순서가 어떠했는가 하는 것은 누구도 정확하게 알 수 없다.

기존 예배의 틀을 손상시키지 않고서도 문화와 시대적 간격뿐만 아니라 다양한 예배 참여자의 영적 욕구를 충족시킬 수 있을 것이다. 현대교회에서 드리고 있는 예배 형태가 변경불가한 절대적 형태라고 말할 수는 없다. 물론 복음의 본질은 불변적인 것이지만, 복음을 전하는 형식은 가변적이라고 할 수 있다. 하지만 오늘날의 예배 형태는 오랜 전통을 통해 예배의 필수적인 요소들을 담아내도록 형성되어온 것이기 때문에 개별 교파의 신앙의 핵심과 영적 전통이 반영된 최선의 예배 형태라고 할 수 있다. 화이트(James F. White)에 의하면, 현재 한국교회가 드리는 것과 같은 예배 형태는 적어도 3세기 초에 형성된 것으로 보여진다.

화이트는 새로운 형태의 예배에 대해서 부정적인 입장으로 보지는 않았다. 그는 1971년에 펴낸 저서에서 앞으로 예배의 형태는 다소간에 변화될 것이라고 내다보았다. 그러나 그가 분명히 밝힌 것은 예배의 새로운 형태는 반드시 두 가지 기준의 견지에서 평가되어야만 한다고 주장했다. 그 두 가지 기준의 견지라는 것은 신학적이며 역사적인 것이다. 여기서 역사적이라는 것은 전통을 의미하는 것으로서 전통을 이탈하고서는 바른 예배가 될 수 없다는 것을 의미한다.

그러나 열린 예배에는 기존 예배 요소 가운데 찬송가를 부르는 순서가 없다. 물론 기득권을 가지고 전통과 교회제도 속에 들어온 찬송가는 옳은 것이고 복음성가는 그르다고 단정하는 것은 아니다. 교회가 찬송가를 부르는 한, 교회는 교인들에게 찬송을 가르치고 교인은 찬송을 배워 공동예배를 드리는 데 참예할 수 있게 된다. 복음성가만을 배우고 그것에 익숙해져 있다면 이는 기존의 예배 형태에 적응하지 못하는 새로운 형태의 교인을 양산해내는 결과가 된다. 개인 예배일 경우에는 형식이 없이 예배드릴 수 있으나, 공동 예배일 경우에는 반드시 공동체 전체가 참여할 수 있는 동의된 행동양식에 의해서 예배드려야만 한다. 이것은 예배의 형태뿐만 아니라 예배를 드리는 방법 모두를 포함하는 것이다.

웨버는 기독교 음악이 거의 자기도취적인 이기주의를 강조하는 경향이 있음을 지적했으며 흥미 위주의 음악과 예배는 진정으로 하나님을 찬양하는 것이 되지 못한다고 주장했다. 바른 예배를 위해서는 예술적 요소의 분별력 있는 사용과 균형 유지가 필요한 것이다. 찬양, 연극, 음악 등 하나님께서 주신 다양한 재능과 문화적 자원을 예배와 신앙을 위해서 효과적으로 활용하는 것은 잘못된 것이 아니지만 이런 것들은 규모와 균형이 있어야 하며 분별 있게 사용하는 지혜가 필요한 것이다. 대한예수교장로회(합동)는 1953년 제38회 총회에서 "예배당에서 성극과 유희하는 것은 가히 합당치 못하므로 각 당회가 신중히 처리하도록 한다"고 결의했다. 물론 이러한 결의는 시대적 괴리가 나타난다고 볼 수도 있다.

에반스(George Evans)의 주장에 따르면 상징적인 형상이나 공연으로 만족시켜 보려는 시도는 헛된 것이며 영성의 쇠퇴로 이해했다. 예배가 드리는 것이라고 해서 찬양만 드릴 수는 없는 것이며 연극 일색으로만 예배를 진행한다는 것은 진정한 예배의 의미를 그르치는 것이다. 웨버에 따르면 예배 갱신의 원칙은 반드시 성경에 뿌리를 두어야 한다고 주장했는데 성경에서 연극이 예배의 요소라는 것을 입증할 만한 자료가 없다.

열린 예배는 구도자의 익명성을 보장해 주며 그들에게 어떤 부담도 안기지 않으려는 목적으로 헌금 순서를 배제한다. 그러나 하나님께 드리는 예배에서 헌금은 반드시 포함되어야 할 예배 요소이며 이는 헌신의 표시이기도 하다. 물론 헌금만이 헌신을 표현하는 것이라고 할 수는 없으나 헌금 순서가 없다면 헌신하지 못할 교인만을 양산해내는 결과가 될 수도 있다.

이처럼 익명성을 보장해 준다는 것은 교회의 적극적인 신자(active Christian)가 되지 못하고 봉사 없는 방관자만을 키워내는 결과가 될 것이다. 하나님께서 신탁하신 것을 다시 하나님께 바치는 일은 진정한 예배의 방법이기 때문에 예배중에 헌금하는 것은 평신도들이 실제로 참여해야 하는 예배의 중요한 요소인 것이다. 진정한 봉헌 없이 진정한 예배는 존재하지 않는다. 따라서 예배의 요소들이 균형 있게 강조되는 범위 내에서 다소 강조되어야 할 부분들이 있다면 형태를 수정하는 방법이 유익할 것이다.

예배는 위엄과 경외심으로 충만해져야 하며 순서 하나 하나가 예배에 합당한 신령한 순서가 되어야 한다. 웨버도 "자유 예배"라는 것을 인정했지만 이것은 열린 예배와는 그 개념이 전혀 다르며 예배의 순서(찬양, 중보기도, 성경 봉독, 설교, 책임의 응답, 설교, 성만찬, 친교, 축도)가 포함된 것으로 소집단에서 자유롭게 드릴 수 있는 예배를 의미했다.

c) 인본주의, 실용주의적 요소

열린 예배에서 사용하는 용어 가운데 신학적으로 문제가 되는 것은 "기획"이라는 용어다. 예배를 하나의 프로그램으로 생각하여 예배를 기획한다고 하는데 이것은 자칫 잘못하면 예배가 인본주의적이며 인위적인 것이 되어 TV의 쇼(show) 프로그램과 같이 되기 쉬운 것이다. 그런데 열린 예배에서는 인위적으로 기획이라는 용어를 사용하고 있다. 이는 정성껏 준비된 예배와는 그 개념이 다른 것으로서 실수 없이 사람들에게 훌륭하게 보여주기 위해 기획하고 연습의 과정을 거치게 되는데 이것은 인위적이며 인본주의적인 요소를 내포하게 되는 것으로 예배는 하나님께 드리는 것이고 실험으로나 연습으로 드려져서는 안 된다. 열린 예배는 관심의 초점이 회중에게 있는 까닭에 이런 개념과 착상이 발생된 것으로 이해된다.

예배는 인간으로부터 기원된 형식이 아니라, 하나님으로부터 이루어진 것이므로 성경에 근거한 예배가 되기 위해서는 어떤 개인에 의해 조작되거나, 창작될 수 없는 것으로서 성경에 나타난 형태에 그 뿌리를 두어야 한다.

루터는 바른 예배와 거짓 예배를 분류했는데 바른 예배란 하나님의 말씀에 근거한 것이고 거짓 예배란 인간이 자의적으로 고안해 낸 예배라고 했다. 예배는 예배자의 자의적 방식으로 하나님을 경배하는 것이 아니라 하나님께서 기뻐하시는 방법으로 섬겨드려야 한다.

니시오티스(Nikos A. Nissiotis)는 예배는 인간이 그 주도권을 잡고 처음 시작한 것이 아니고 성령을 통해 그리스도 안에서 제정하신 하나님의 구속적 행동이라고 했다. 그러므로 예배는 인간이 그 구속적 은혜에 감사하여 하나님께 드리는 섬김(service)이지 인간이 주도적인 입장에서 그 스스로의 유익(흥미, 즐거움, 축복 등)을 기대하는 것은 잘못된 예배다. 따라서 예배는 사람을 기쁘게 하는 것이 아니라 오직 하나님께 감사와 존귀와 영광을 돌리는 것이며 그분에게 최상의 가치를 돌리는 것을 의미하기 때문에 인간의 유익을 추구하는 것은 그 자체가 예배의 본질에서 어긋나는 것이다. 카슨(Carson)도 기독교 예배는 하나님에게 순종함으로 섬기는 것과 하나님을 즐겁게 찬양하는 것이 핵심 요소로 포함된다고 했다. 하지만 본 뜻에서 어긋나 하나님을 즐겁게 찬양하는 것보다 자신의 감정의 만족을 얻고 자신이 흥을 느끼려고 하는 시도는 바른 예배의 개념에서 벗어나는 것이다.

1988년에 라이드(Standford Reid)는 캐나다 장로교회의 기관지인 "프레스비테리언 레코드"(The Presbyterian Record)지에 실린 "교회의 예배가 우리의 즐거움을 위한 것인가? 아니면 하나님께 드리는 것인가?"(The Church Service, Entertainment or Worship?)라는 글에서 대중을 의식하고 지나치게 예배 형식을 파괴하는 것은 예배의 성격을 무시하는 처사라고 했다.

존스(Richard G. Jones)도 예배는 전적으로 하나님께 드리는 것이어야 하며 예배자가 무엇인가 받으려는 것은 잘못된 생각이라고 지적했다. 다시 말해서 예배를 통해서 어떤 신선한 느낌을 추구하고 그에 따라서 감흥을 받으려고 하는 인위적인 생각은 잘못된 예배의 대표적인 경우이다. 성령께서 인간에게 감동을 허락해 주시면, 허락해 주시는 범위 내에서 감동을 얻게 될 뿐, 인간이 그것을 만들어 내려고 하거나 그러한 요소를 인위적으로 포함시켜서 예배 후에 예배자들로부터 "그 예배 좋았다!"라는 반응을 꼭 얻어내야 할 필요는 없는 것이다.

열린 예배는 어떻게 하면 회중에게 흥미로운 예배를 보여줄 것인가에 관심이 집중되어 있기 때문에 결국 이것은 하나님을 섬기는 것에서 어긋나는 인본주의로 흐르는 오류를 범할 가능성이 다분히 있다. 이러한 것은 실용주의(pragmatism)에 기초된 것이며 전형적인 미국적 사고의 기반으로 열린 예배가 미국에서 비롯된 만큼 실용주의가 은연중에 내포되었으리라고 볼 수 있는데 기독교회의 예배는 실용주의에 기초되어서는 안 되며 신학적이고 성경적이어야만 한다. 항상 예배는 인간보다는 하나님을 지향해야 그것이 복음주의적인 바른 예배가 될 수 있는 것이다.

d) 신학과 신앙 그리고 문화에 대한 검증

문화가 바뀜에 따라서 기독교 신앙의 형태나 전통은 일부 변화된 문화를 수용하지 않으면 사회와 지나친 괴리 현상을 경험하게 되고 교회가 사회로부터 고립될 수 있는 것이 사실이다. 하지만 지나치게 상황화된 예배(contextualized worship)를 통해서 말씀이 왜곡될 수 있음을 우려하지 않을 수 없다. 열린 예배를 문화적, 신학적 검증 없이 현대교회 부흥의 비결이라고 하여 미국의 것을 액면 그대로 적용하는 것은 상당한 무리가 따르는 것이다. 한 교회가 어떤 것을 성공적으로 잘한다고 하여 그것을 목회철학과 목적, 특성, 상황, 신학에 대한 고찰 없이 그대로 적용하는 것에는 신학적인 문제가 있다. 따라서 기성 세대의 목회자들은 문화에 대한 분명한 입장과 통찰력을 가져야 함과 동시에 전통이라는 범위를 염두에 두어야만 한다. 문화가 바뀌었기 때문에 모든 것이 바뀌어야 한다고 주장하는 것은 잘못된 생각이다.

현대 문화가 캐주얼 문화라고 해서 열린 예배라는 이름으로 설교자가 정장을 하지 않고 넥타이도 매지 않으며 청바지와 셔츠를 입고 나와서 현대적 감각으로 몸을 흔들면서 찬양하고 설교하는 것을 기독교 전통과 문화의 시각에서 어떻게 이해할 것인가? 이와 같이 문화를 우위에 두는, 교회의 탈전통적 시도는 자칫 예배의 권위 자체를 무너뜨리는 것이다.

가시적이며 외형적인 형태의 변화만을 초점으로 할 것이 아니라, 내면적인 변화가 우선되어야 한다.

e) 기성 신자들의 소외

열린 예배의 본래적 취지에 의하면 사회적 영향력이 약한 계층의 사람들, 즉 어린이, 청소년, 여성, 노인은 원칙적으로 이 예배의 초청 대상에서 사실상 배제되는 경향이 있다. 그렇다면 열린 예배는 특정 세대만을 겨냥하는 것이므로 실제적으로는 문화적으로나 계층적으로나 세대 간에 또 하나의 닫힌 예배가 될 위험성이 있는 것이다. 고정관념 또는 교회의 전통 때문에 새로운 것에 대한 이해와 변화에 민감하지 못한 기존의 성도들이 겪을 고통과 상처는 어떻게 다루어야 하는가에 대한 깊은 이해와 전략 또한 필요하다.

기존 예배가 구도자에게 민감하지 못한 부분을 인정하고 목회자가 구도자에게 뿐만 아니라 현대교인들이 겪고 있는 삶의 정황(context)과 말씀(text) 사이의 가교 역할을 더욱 성실히 담당하는 설교와 설교자가 되는 것은 시대적인 요청일 것이다. 아무리 열린 예배의 형식을 취한다고 할지라도 마음이 닫혀 있으면 그것은 하나님께서 받으시지 않는 닫힌 예배가 될 수밖에 없기 때문에 형식의 변화가 아니라 내용의 변화를 우선적으로 추구해야 한다. 따라서 열린 예배 일색으로 목회를 해서도 안 될 것이며 기존의 목회와 예배 형태를 보완하고 보충하는 입장을 취할 필요가 있다.

f) 예배와 프로그램의 구별

주일예배에서는 이러한 형태를 피하고 토요일 또는 주중 특정한 날을 선정하여 이런 프로그램을 실시할 수도 있을 것이다. 그러나 이런 형태의 예배를 주일에 하지 않는다고 해서 그 정당성을 인정받을 수 있겠는가 하는 새로운 문제에 봉착하게 된다. 그렇기 때문에 이른바 열린 예배 형식의 집회는 예배가 아닌 특정 이벤트 행사로 실시하는 것이 좋을 것이다.

예배를 예배답게 드리고 프로그램을 프로그램답게 함으로써 그 분위기와 성격을 명확하게 가늠해 주는 것도 목회자의 책임이며 임무이고 신자들을 바르게 교육하는 것이라고 할 수 있다. 칼빈도 하나님이 제정하신 방법대로 예배하지 않는 것은 우상숭배라고 지적했다. 하나님을 올바로 예배한다는 원칙이 그대로 유지되지 않으면 우리가 아무리 무더기로 하나님께 경배를 드리고 찬양을 드린다 해도 전혀 무가치한 것이라고 주장했다.

만일 목회자가 예배의 본질상 명확한 구분을 해주지 않으면 신자들로 하여금 하나님과 예수님의 이름으로 즐겁게 놀이하는 행사는 아무 것이나 예배가 될 수 있다는 매우 위험한 사고를 형성할 수도 있기 때문에 위험하다. 그래서 열린 예배는 자칫 잘못되면 신앙과 문화의 조화가 아니라, 혼합주의(syncretism)가 될 가능성이 있는 것이다. 또한 문제가 되고 있는 것은 믿지 않는 사람들이 과연 하나님을 예배할 수 있는가 하는 문제로 예배는 예수님을 구주로 영접한 사람들이 하나님을 찬양하며 그분에게 존귀와 영광을 드리는 행위인데 하나님을 알지도 못하는 예배의 구경꾼(?)들이 모여서 과연 바른 예배가 될 수 있을런지에 대한 예배론적 고찰이 있어야 할 것이다. 그러나 그 답변은 사실 부정적이다.

3. 맺는 글

열린 예배는 시대적, 문화적으로 포스트모더니즘의 해체주의적 영향을 받은 탈의식적인 예배 형태인데 여기에 신학적이며 문화적이고 전통적인 문제가 있음을 살펴보았다.

무엇보다도 열린 예배의 형태를 볼 때, 예배를 드리는 것이 아니라 예배를 보는 구경꾼을 양산한다든지, 이들이 나중에 훌륭한 교인으로 변할 것을 기대했으나 열린 예배에만 익숙해지고 이런 분위기에 고착화되어 기존 예배 형태에 전혀 적응하지 못하고 탈의식적 예배에만 적응된 새로운 형태의 신자를 양산해 낼 수도 있는 위험성과 괴리를 안고 있음을 살펴보았다. 티셔츠 차림의 목사가 자유스럽게 찬양을 하고 간증 같은 설교, 대규모 뮤직 밴드가 동원된 찬양, 형식 없는 경박한 집회는 신학적인 입장에서 예배라는 이름으로 수용하기에는 무리가 따른다. 전도집회는 전도집회답게, 예배는 예배답게 하는 것이 바른 것이며 탈의식적이고 찬양집회 같은 유형의 모임이 예배를 대신할 수는 없는 것이다. 그러므로 기존의 예배의 형태를 변형시키지 않고 예배 외의 "구도자를 위한 교육", "초청의 시간", "찬양 집회", "열린 만남의 시간" 등의 이름으로 지금 시도하고 있는 열린 예배보다 더욱 열린 형태의 무형식, 탈의식 등을 시도하여 자유스러운 분위기 가운데서 젊은이들을 흡수할 수 있는 집회가 필요하리라고 본다.

  기성교회는 구도자가 부담 없이 교회에 접근할 수 있는 노력을 기울이는 데 최선을 다했다고 보기 어렵다. 그러므로 이를 반성하고 위의 제언을 통해서 천편일률적인 예배 형태에서 탈피하고 각개 교단과 교회의 실정 그리고 신학과 기독교 전통에 어긋남이 없는 예배의 개혁이 일어나야 할 것이며 현대 목회에서 진정한 열린 예배를 시도하려는 노력이 필요하리라고 본다. 중요한 것은 예배의 본질을 파괴하지 않은 상태에서 보충, 수정하는 차원에서 새로운 시도가 이루어져야 할 것이다. 기존의 교회 형태, 예배 형태, 설교 등이 구도자에게 다소간의 부담이 되고 그들이 교회에 들어오기에 어려운 방해 요소가 된다면 과감하게 눈높이를 조절해야 할 필요가 있다. 그러나 교회가 급작스럽게 교회의 본질과 전통을 깨뜨려 가면서 이것을 시도하기에는 다소간에 무리가 따른다고 할 수 있다.

  물론 성경은 어느 곳에서도 하나의 고정된 예배 순서를 지시하고 있지는 않다. 성경에 언급된 예배의 요소와 교회의 전통을 따라서 개교회(local church)에서 자유롭게 결정하고 시행할 수 있는 것이나, 그 자유로 인해서 예배 순서가 비신학과 무질서가 혼합된, 예배의 본뜻에 어긋나는 예배가 된다면 이것은 잘못된 것이므로 그 위험 요소를 배제해야 할 필요가 있다. 현대 예배의 문제는 젊은이들의 취향에 맞도록 예배 형태를 고치려는 데 있다. 이러한 시도가 과연 젊은 세대들을 교회로 이끄는 데 결정적인 역할을 하는지 제대로 살펴보아야 할 것이다. 교회는 젊은 세대에게 진정으로 성경에 입각한 바른 예배를 통해서 하나님을 만나도록 하고, 단순한 감정의 자극을 통해서가 아니라 하나님을 올바로 섬김으로써 진정한 행복을 맛볼 수 있도록 해야 할 것이다.

요단사역정신

"그러므로 너희는 가서 모든 민족을 제자로 삼아 아버지와 아들과 성령의 이름으로 침(세)례를 베풀고 내가 너희에게 분부한 모든 것을 가르쳐 지키게 하라 볼지어다 내가 세상 끝날까지 너희와 항상 함께 있으리라 하시니라"

1. For God and Church
   하나님의 영광과 그의 몸 된 교회의 영적 성장과 성숙을 위한 도서를 엄선하여 출판한다.

2. Prayer-focused Ministry
   기획・편집・제작・보급의 전 과정을 기도 가운데 진행한다.

3. Path to Church Growth
   건강한 교회를 세우는 축복의 통로로 섬긴다.

4. Good Stewardship and Professionalism
   선한 청지기와 프로정신으로 문서 사역에 임한다.

5. Creating a Culture of Christianity by Developing Contents
   각종 문화 컨텐츠를 개발함으로 기독교 문화 창달에 기여한다.